OEUVRES

DE

VOLTAIRE.

—

TOME XXV.

DE L'IMPRIMERIE DE A. FIRMIN DIDOT,
RUE JACOB, N° 24.

ŒUVRES
DE
VOLTAIRE

AVEC

PRÉFACES, AVERTISSEMENTS,
NOTES, ETC.

PAR M. BEUCHOT.

TOME XXV.

HISTOIRE DE RUSSIE.

A PARIS,

CHEZ LEFÈVRE, LIBRAIRE,
RUE DE L'ÉPERON, N° 6.

WERDET ET LEQUIEN FILS,
RUE DU BATTOIR, N° 20.

M DCCC XXIX.

PRÉFACE

DU NOUVEL ÉDITEUR.

Voltaire qui avait, en 1731, publié son *Histoire de Charles XII*, pensait, quelques années après, à devenir l'historien de son rival, Pierre Ier, empereur de Russie. On le voit, en 1737, prier Frédéric, prince royal de Prusse, de transmettre à un agent qu'il avait en Russie une série de questions[1]. Plusieurs autres lettres, soit de Frédéric, soit de Voltaire[2], prouvent l'existence d'un projet que Voltaire n'avait pas encore exécuté, et peut-être même avait abandonné, lorsqu'en 1748 il publia les *Anecdotes sur le czar Pierre-le-Grand*[3].

Mais, lorsqu'en 1757 le comte Shouvaloff se fut mis en correspondance avec Voltaire, et l'eut engagé à écrire l'*Histoire de Pierre Ier*, le philosophe de Ferney se rendit promptement à ses desirs.

La première partie de l'*Histoire de Russie sous Pierre-le-Grand* fut imprimée en 1759, et c'est la date que porte l'édition originale. Toutefois la publication n'eut lieu

---

[1] Lettre de mai 1737.

[2] Voyez, dans la *Correspondance*, les lettres de Frédéric des 6 mars, 6 août, 12 et 19 novembre 1737; 26 janvier, 4 février, 28 mars 1738; et celles de Voltaire d'octobre 1737, janvier et avril 1738.

[3] Ces *Anecdotes* sont dans le troisième volume des *Mélanges*, ou tome XXXIX.

que l'année suivante, parceque l'auteur attendait le consentement de la cour de Pétersbourg [4], où son volume fut gardé un an [5]. Avant l'impression, Voltaire avait déjà envoyé en Russie son ouvrage manuscrit; on le soumit à Lomonossoff, homme non moins remarquable par ses talents que par ses connaissances, et auteur d'une *Pétréide*, poëme en deux chants. Quelques unes des observations de Lomonossoff, publiées dans le *Télégraphe de Moscou*, n° 6 de 1828, ont été reproduites, la même année, dans le septième cahier du *Bulletin du Nord, journal scientifique et littéraire*, imprimé en la même ville.

Parmi les remarques de Lomonossoff il en est une qui porte sur ces paroles du chapitre II, page 71 : « C'est « d'un homme devenu patriarche de toutes les Russies, « que Pierre-le-Grand descendait en droite ligne. » C'est juste, dit Lomonossoff; mais Pierre-le-Grand ne fut pas tzar par la raison que son grand-père avait été patriarche. Voltaire n'a tenu aucun compte de cette critique; mais il a fait son profit de toutes les autres, à en juger par celles qui sont conservées dans les journaux russes dont j'ai parlé.

Le volume de 1759 avait une préface divisée en six paragraphes. Le premier a été changé et divisé en deux : les autres forment à présent les paragraphes III à VII de la *Préface historique et critique*.

L'ouvrage était en circulation depuis peu de temps, lorsqu'on vit paraître une *Lettre du czar Pierre à M. de Voltaire sur son Histoire de Russie*, 1761, in-12 de 39

---

[4] Lettre de Voltaire à Tressan, du 23 septembre 1760.
[5] Lettre à Mairan, du 9 auguste 1760.

pages. Ce pamphlet, sorti des presses de Dalles, à Toulouse, avait pour auteur La Beaumelle, qui depuis longtemps s'acharnait sur Voltaire, et qui, suivant son usage, remplit son écrit de passion et de personnalités.

Dans sa lettre à Shouvaloff, du 11 juin 1761, Voltaire accuse réception de *Remarques sur le premier tome de l'Histoire de Russie.* Ces remarques avaient été imprimées, en 1760 et 1761, dans les premier et deuxième volumes du *Nouveau Magasin des sciences utiles*, qui se publiait à Hambourg ; elles sont de Gérard-Frédéric Muller, né en 1705, mort en 1783[6]. Voltaire ne savait pas quel en était l'auteur ; mais à sa manière d'écrire certains noms, à sa prodigalité des *s*, *c*, *k*, *h*, il pensait que ce devait être un Allemand : il ne se trompait pas, comme on voit ; et, plus piqué que convaincu de ses critiques, il lui souhaitait plus d'esprit et moins de consonnes.

C'est probablement de la même main que sont les *Observations extraites d'un journal de Hambourg*, rapportées dans le *Journal encyclopédique*, du 1er décembre 1762, avec des notes qui semblent avoir été dictées par Voltaire. C'est à quelques unes de ces observations que répondait Voltaire dans le passage qui fait partie de ma note, page 19.

La seconde partie de l'*Histoire de Russie* ne vit le jour qu'en 1763. L'auteur, pour la terminer, interrompit, comme je l'ai dit, ses *Commentaires sur Corneille*. En tête de cette seconde partie, était une préface intitulée :

---

[6] C'est le même à qui est adressée la lettre latine qu'on trouvera dans la *Correspondance*, à la date du 28 juin 1746.

[7] Préface du tome XXXV.

Au lecteur ; dont la partie conservée forme, depuis 1768, le paragraphe VIII de la *Préface historique et critique* de Voltaire (voyez page 19 et suivantes). J'ai mis en variante la partie qui avait été retranchée, lorsqu'en 1768 l'auteur fondit en une seule les deux préfaces de 1759 et 1763.

C'est dans la préface de 1763 (aujourd'hui paragraphe VIII), qu'il est question de l'exil en Sibérie de Charles de Talleyrand, prince de Chalais. Voltaire discute et conteste l'ambassade auprès d'Ivan Basilovitz, dont on prétend que Charles de Talleyrand fut chargé. Malgré les justes raisonnements de Voltaire, cette fable a été répétée depuis. P.-C. Levesque qui, auteur d'une *Histoire de Russie*, n'était pas fâché de prendre Voltaire en défaut, a lu, en 1796, à l'Institut, un mémoire sur les anciennes relations de la France avec la Russie, et il fait tout son possible pour accréditer le récit d'Oléarius, sur l'ambassade et l'exil de Talleyrand. Or, de ces deux circonstances, l'exil n'est contesté ni par Voltaire ni par personne. La difficulté réelle porte uniquement sur le titre d'ambassadeur du roi de France, donné par Oléarius à Talleyrand. Ce titre ayant encore été donné à Talleyrand, dans un article d'un journal français, du 29 mars 1827, le prince russe, A. Labanoff, publia une *Lettre à M. le rédacteur du Globe, au sujet de la prétendue ambassade en Russie de Charles de Talleyrand*, Paris, F. Didot, in-8°; *seconde édition, augmentée d'un post-scriptum, contenant une lettre de Louis XIII*, 1828, in-8°. Le prince Labanoff appuie l'opinion de Voltaire, et réfute celle de Levesque. La question de l'ambassade est tranchée par la lettre de Louis XIII, du 3 mars 1635, adressée à l'empereur et grand-duc Michel Feodorovitz. Le roi de France réclame Talleyrand comme son sujet, mais dit qu'il *était arrivé à Moscou de la part de Bethlem Gabor*. C'était donc de Bethlem Gabor (prince de Transylvanie, comme le dit le prince Labanoff), et non du roi de France, que Talleyrand tenait sa mission ou ambassade.

La lettre de Louis XIII avait été publiée, en 1782, avec des *Éclaircissements*, par G.-F. Muller, dans le tome XVI du *Magasin pour l'histoire et la géographie*, par *Busching*; l'article est intitulé : *Éclaircissements sur une lettre du roi de France Louis XIII*, etc. Ces *Éclaircissements*, publiés peu avant la mort de Muller, mais quatre ans après celle de Voltaire, qui ne pouvait ni en profiter ni y répondre, ont dû cependant être écrits en 1763, puisque Muller parle du tome second de l'*Histoire de Russie*, comme venant de paraître. L'humeur contre Voltaire perce à chaque phrase, et va (page 351) jusqu'à reprocher à Voltaire de répéter la fable du chapeau cloué sur la tête d'un ambassadeur. Lorsque Voltaire parla, en 1759 (voyez pages 66-67), du chapeau cloué, ce fut comme d'un *conte*; lorsqu'il en parla en 1763 (voyez page 22), ce fut comme d'un *mensonge*. Je ne prétends pas que Voltaire soit infaillible; mais on voit que parfois ses détracteurs sont bien injustes.

La première partie de l'*Histoire de Russie* avait dix-neuf chapitres; la seconde n'en a que seize, mais ils sont suivis de *Pièces justificatives* concernant cette histoire.

Une critique de la deuxième partie se trouve dans le

recueil allemand de Busching, ayant pour titre : *Pièces et nouvelles littéraires de la Russie*, 1764.

Au chapitre III de la deuxième partie (voyez page 245), Voltaire cite, sans le nommer, *un ministre dont on a imprimé des Mémoires sur la cour de Russie*. Ce ministre doit être Weber, ambassadeur ou envoyé de Saxe. C'est du moins à ce Weber que Mylius (*Bibl. anonymorum*, n° 846, page 147, et n° 2370, page 302) attribue un ouvrage allemand, publié en 1721, in-4°, dont il existe deux traductions françaises : l'une sous le titre de *Mémoires pour servir à l'histoire de l'empire russien, sous le règne de Pierre-le-Grand*, La Haye, 1725, in-12; l'autre intitulée : *Nouveaux Mémoires sur l'état présent de la Grande-Russie ou Moscovie*, Paris, 2 volumes in-12.

Palissot, qui a donné une édition choisie et peu estimée des *OEuvres de Voltaire* en 55 volumes in-8°, a ajouté à l'*Histoire de l'empire de Russie* des notes qui lui avaient été fournies par P.-C. Levesque, dont j'ai parlé ci-dessus et page 96, et qu'il m'a semblé inutile de reproduire.

Dans la plupart des éditions, c'est à la suite de l'*Histoire de Pierre-le-Grand* qu'on a mis les *Anecdotes* sur ce prince. Ces deux ouvrages sur le même personnage ne sont aucunement liés l'un à l'autre. C'est donc au tome XXXIX (IIIe des *Mélanges*) que j'ai placé les *Anecdotes*.

Les notes sans signature, et qui sont indiquées par des lettres, sont de Voltaire.

Les notes signées d'un K. sont des éditeurs de Kehl,

Condorcet et Decroix; il est impossible de faire rigoureusement la part de chacun.

Les additions que j'ai faites à quelques unes de ces notes en sont séparées par un —, et sont, comme mes notes, signées de l'initiale de mon nom.

BEUCHOT.

Ce 20 décembre 1829.

PRÉFACE
HISTORIQUE ET CRITIQUE.

§ Ier.

¹ Lorsque, vers le commencement du siècle où nous sommes, le czar Pierre jetait les fondements de Pétersbourg, ou plutôt de son empire, personne ne prévoyait le succès. Quiconque aurait imaginé alors qu'un souverain de Russie pourrait envoyer des flottes victorieuses aux Dardanelles, subjuguer la Crimée, chasser les Turcs de quatre grandes provinces, dominer

---

¹ Dans l'édition de 1759, cette préface commençait ainsi :
« Qui aurait dit, en 1700, qu'une cour magnifique et polie serait établie
« au fond du golfe de Finlande ; que les habitants du Solikam, de Casan, et
« des bords du Volga et du Saïk, seraient au rang de nos troupes les plus
« disciplinées, qu'ils remporteraient des victoires en Allemagne, après avoir
« vaincu les Suédois et les Ottomans ; qu'un empire de deux mille lieues,
« presque inconnu de nous jusqu'alors, serait policé en cinquante années ;
« que son influence s'étendrait sur toutes nos cours, et qu'en 1759, le plus
« zélé protecteur des lettres en Europe serait un Russe ? Qui l'aurait dit eût
« passé pour le plus chimérique de tous les hommes. Pierre-le-Grand ayant
« fait et préparé seul toute cette révolution, que personne n'avait pu pré-
« voir, est peut-être de tous les princes celui dont les faits méritent le plus
« d'être transmis à la postérité.

« La cour de Pétersbourg a fait parvenir à l'historien chargé de cet ou-
« vrage tous les documents authentiques. Il est dit dans le corps de cette his-
« toire que ces mémoires sont déposés dans la bibliothèque publique de Ge-
« nève, ville assez fréquentée, et voisine des terres où cet historien demeure
« Mais comme toutes les instructions et tout le journal de Pierre-le-Grand
« ne lui ont pas encore été communiqués, il a pris le parti de garder chez lui

sur la mer Noire, établir la plus brillante cour de l'Europe, et faire fleurir tous les arts au milieu de la guerre ; quiconque l'eût dit, n'eût passé que pour un visionnaire.

Mais un visionnaire plus avéré est l'écrivain qui prédit en 1762, dans je ne sais quel *Contrat social* ou insocial, que l'empire de Russie allait tomber. Il dit en propres mots [1] : « Les Tartares, ses sujets ou ses « voisins, deviendront ses maîtres et les nôtres : cela « me paraît infaillible. »

C'est une étrange manie que celle d'un polisson qui parle en maître aux souverains, et qui prédit infailliblement la chute prochaine des empires, du fond du tonneau où il prêche, et qu'il croit avoir appartenu autrefois à Diogène [2]. Les étonnants progrès de l'impératrice Catherine II et de la nation russe sont une

---

« ces archives, qui seront montrées à tous les curieux, avec la même facilité « qu'elles le seraient par les gardes de la bibliothèque de Genève ; et le tout « y sera déposé quand le second volume sera achevé.

« Le public a quelques prétendues histoires, etc. »

Dans l'édition in-4° de 1768, le second alinéa est réduit à ces mots : « La « cour de Pétersbourg a fait parvenir à l'historien chargé de cet ouvrage tous « les documents authentiques. Il n'a écrit que sur des preuves incontesta- « bles. Le public, etc. »

Le début actuel est de 1775, ainsi que la disposition des paragraphes. Jusque-là, ce qui forme aujourd'hui le paragraphe 2, fesait partie du paragraphe 1er. Le paragraphe 3 actuel n'était que le 2, et successivement pour les quatre suivants. Quant au paragraphe 8, il fut et est composé d'une partie de l'avis *Au lecteur,* qui se lisait en tête de la première édition de la seconde partie. B.

[1] *Contrat social* de J.-J. Rousseau, livre II, chapitre VIII, dit : « Cette ré- « volution me paraît infaillible. » B.

[2] Nous ne croyons pas que jamais les Tartares se rendent les maîtres de l'Europe. Les lumières, dont il ne faut pas confondre les progrès avec la perfection des arts, de la poésie, de l'éloquence, ne peuvent manquer de s'ac-

preuve assez forte que Pierre-le-Grand a bâti sur un fondement ferme et durable.

Il est même de tous les législateurs, après Mahomet, celui dont le peuple s'est le plus signalé après lui. Les Romulus et les Thésée n'en approchent pas[1].

Une preuve assez belle qu'on doit tout en Russie à Pierre-le-Grand, est ce qui arriva dans la cérémonie de l'action de graces rendue à Dieu, selon l'usage, dans la cathédrale de Pétersbourg, pour la victoire du comte d'Orlof, qui brûla la flotte ottomane tout entière en 1770.

Le prédicateur, nommé Platon[2], et digne de ce nom, passa, au milieu de son discours, de la chaire où il

---

croître et de se répandre; et elles opposent aux Tartares une barrière que la férocité ne peut vaincre.

Mais le célèbre Jean-Jacques avait pris le parti de soutenir que plus on était ignorant, plus on avait de raison et de vertu. Nous sommes fâchés que, dans ce passage et dans quelques autres, M. de Voltaire ait paru refuser à un homme libre le droit de parler avec liberté des souverains, et de juger leurs actions; mais si l'on examine ces passages, on verra que dans tous il défend un prince qu'il regarde comme un homme supérieur, contre un écrivain qu'il n'estime point. Ce n'est donc pas à un citoyen qu'il refuse le droit de juger les rois, c'est à un déclamateur qu'il refuse celui de juger un grand homme. On peut croire qu'il s'est trompé dans son jugement sur le mérite d'un philosophe ou d'un historien, mais on ne doit pas l'accuser d'avoir commis envers le genre humain le crime de s'être élevé contre un de ses droits. K.

[1] Le czar Pierre avait des états immenses, beaucoup d'hommes, et de productions; il forma une armée et une flotte, et dès-lors il eut formé un puissant empire. Rome n'était qu'un village, et en quatre siècles de victoires continuelles elle forma un empire six fois plus peuplé que celui de Russie et six fois plus grand, si on ne compte pas les déserts pour des provinces. K.

[2] Il était archevêque de Twer : voyez la lettre de Voltaire à Catherine, du 15 mai 1771. B.

parlait au tombeau de Pierre-le-Grand, et embrassant la statue de ce fondateur : « C'est toi, dit-il, qui as « remporté cette victoire, c'est toi qui as construit « parmi nous le premier vaisseau, etc., etc. » Ce trait que nous avons rapporté ailleurs [1], et qui charmera la postérité la plus reculée, est, comme la conduite de plusieurs officiers russes, un exemple du sublime.

Un comte de Shouvaloff[2], chambellan de l'impératrice Élisabeth, l'homme de l'empire peut-être le plus instruit, voulut, en 1759, communiquer à l'historien de Pierre les documents authentiques nécessaires, et on n'a écrit que d'après eux.

§ II.

Le public a quelques prétendues histoires de Pierre-le-Grand ; la plupart ont été composées sur des gazettes. Celle qu'on a donnée à Amsterdam, en quatre volumes, sous le nom du boyard Nestesuranoy, est une de ces fraudes typographiques trop communes. Tels sont les Mémoires d'Espagne, sous le nom de don Juan de Colmenar; l'*Histoire de Louis XIV*, composée par le jésuite La Motte sur de prétendus mémoires d'un ministre d'état, et attribuée à La Martinière; telles sont l'histoire de l'empereur Charles VI, et celle du prince Eugène, et tant d'autres.

[1] Dans l'article Église de ses *Questions sur l'Encyclopédie*, publié en 1771, Voltaire avait (voyez tome XXIX, page 56), parlé des « Sermons « que l'ancien Platon grec n'aurait pas désavoués; » mais il n'en citait aucun trait. B.

[2] On trouvera dans la *Correspondance*, aux années 1757 à 1762, 1767, 1768, 1769, 1771 et 1773, un assez grand nombre de lettres de Voltaire à ce seigneur russe. B.

C'est ainsi qu'on a fait servir le bel art de l'imprimerie au plus méprisable des commerces. Un libraire de Hollande commande un livre comme un manufacturier fait fabriquer des étoffes; et il se trouve malheureusement des écrivains que la nécessité force de vendre leur peine à ces marchands, comme des ouvriers à leurs gages; de là tous ces insipides panégyriques et ces libelles diffamatoires dont le public est surchargé: c'est un des vices les plus honteux de notre siècle.

Jamais l'histoire n'eut plus besoin de preuves authentiques que dans nos jours, où l'on trafique si insolemment du mensonge. L'auteur qui donne au public l'*Histoire de l'empire de Russie sous Pierre-le-Grand*, est le même qui écrivit, il y a trente ans, l'*Histoire de Charles XII* sur les Mémoires de plusieurs personnes publiques qui avaient long-temps vécu auprès de ce monarque. La présente histoire est une confirmation et un supplément de la première.

On se croit obligé ici, par respect pour le public et pour la vérité, de mettre au jour un témoignage irrécusable, qui apprendra quelle foi on doit ajouter à l'*Histoire de Charles XII*.

Il n'y a pas long-temps que le roi de Pologne, duc de Lorraine, se fesait relire cet ouvrage à Commerci; il fut si frappé de la vérité de tant de faits dont il avait été le témoin, et si indigné de la hardiesse avec laquelle on les a combattus dans quelques libelles et dans quelques journaux, qu'il voulut fortifier par le sceau de son témoignage la créance que mérite l'historien, et que, ne pouvant écrire lui-même, il ordonna à un de ses grands officiers d'en dresser un acte authentique[1].

Cet acte envoyé à l'auteur lui causa une surprise d'autant plus agréable, qu'il venait d'un roi aussi instruit de tous ces événements que Charles XII lui-même, et qui d'ailleurs est connu dans l'Europe par son amour pour le vrai, autant que par sa bienfesance.

On a une foule de témoignages aussi incontestables sur l'histoire du siècle de Louis XIV, ouvrage non moins vrai et non moins important, qui respire l'amour de la patrie, mais dans lequel cet esprit de patriotisme n'a rien dérobé à la vérité, et n'a jamais ni outré le bien, ni déguisé le mal; ouvrage composé sans intérêt, sans crainte, et sans espérance, par un homme que sa situation met en état de ne flatter personne.

Il y a peu de citations dans le *Siècle de Louis XIV*, parceque les événements des premières années, connus de tout le monde, n'avaient besoin que d'être mis dans leur jour, et que l'auteur a été témoin des derniers. Au contraire, on cite toujours ses garants dans l'*Histoire de l'empire de Russie*, et le premier de ces témoins, c'est Pierre-le-Grand lui-même.

§ III.

On ne s'est point fatigué, dans cette *Histoire de*

---

[1] Dans l'édition originale, ou de 1759, il y avait: « Ordonna à un de ses « grands officiers de dresser l'acte suivant. » Puis était rapportée la lettre du comte de Tressan, qu'on a lue à la page 30 du tome XXIV, et qu'il était inutile de répéter ici. Cette disposition et le texte actuel sont de 1768, dans l'édition in-4°. B.

Pierre-le-Grand, à rechercher vainement l'origine de la plupart des peuples qui composent l'empire immense de Russie, depuis le Kamtschatka jusqu'à la mer Baltique. C'est une étrange entreprise de vouloir prouver par des pièces authentiques que les Huns vinrent autrefois du nord de la Chine en Sibérie, et que les Chinois eux-mêmes sont une colonie d'Égyptiens. Je sais que des philosophes d'un grand mérite[1] ont cru voir quelque conformité entre ces peuples; mais on a trop abusé de leurs doutes; on a voulu convertir en certitude leurs conjectures[2].

Voici, par exemple, comme on s'y prend aujourd'hui pour prouver que les Égyptiens sont les pères des Chinois. Un ancien a conté que l'Égyptien Sésostris alla jusqu'au Gange : or, s'il alla vers le Gange, il put aller à la Chine, qui est très loin du Gange ; donc il y alla : or la Chine alors n'était point peuplée ; il est donc clair que Sésostris la peupla. Les Égyptiens, dans leurs fêtes, allumaient des chandelles ; les Chinois ont des lanternes ; donc on ne peut douter que les Chinois ne soient une colonie d'Égypte. De plus, les Égyptiens ont un grand fleuve ; les Chinois en ont un. Enfin il est évident que les premiers rois de la Chine ont porté les noms des anciens rois d'Égypte : car dans le nom de la famille Yu, on peut trouver les caractères qui, arrangés d'une autre façon, forment le mot *Menès*. Il est donc incontestable que l'empereur Yu prit son nom de *Menès*, roi d'Égypte, et l'em-

---

[1] Mairan. B. — [2] Ceci est contre De Guignes : voyez, dans la *Correspondance*, la lettre à Mairan, du 9 auguste 1760. B.

pereur Ki est évidemment le roi *Atoës* en changeant *k* en *a* et *i* en *toës*.

Mais si un savant de Tobolsk ou de Pékin avait lu quelqu'un de nos livres, il pourrait prouver bien plus démonstrativement que nous venons des Troyens. Voici comme il pourrait s'y prendre, et comme il étonnerait son pays par ses profondes recherches. Les livres les plus anciens, dirait-il, et les plus respectés dans le petit pays d'Occident nommé *France*, sont les romans : ils étaient écrits dans une langue pure, dérivée des anciens Romains qui n'ont jamais menti : or plus de vingt de ces livres authentiques déposent que Francus, fondateur de la monarchie des Francs, était fils d'Hector : le nom d'Hector s'est toujours conservé depuis dans la nation; et même dans ce siècle, un de ses plus grands généraux s'appelait Hector de Villars.

Les nations voisines ont reconnu si unanimement cette vérité, que l'Arioste, un des plus savants Italiens, avoue, dans son *Roland*, que les chevaliers de Charlemagne combattaient pour avoir le casque d'Hector. Enfin une preuve sans réplique, c'est que les anciens Francs, pour perpétuer la mémoire des Troyens, leurs pères, bâtirent une nouvelle ville de Troyes en Champagne ; et ces nouveaux Troyens ont toujours conservé une si grande aversion pour les Grecs leurs ennemis, qu'il n'y a pas aujourd'hui quatre de ces Champenois qui veuillent apprendre le grec. Ils n'ont même jamais voulu recevoir de jésuites chez eux ; et c'est probablement parcequ'ils avaient entendu dire que quelques jésuites expliquaient autrefois Homère aux jeunes lettrés.

Il est certain que de tels raisonnements feraient un grand effet à Pékin et à Tobolsk : mais aussi un autre savant renverserait cet édifice, en prouvant que les Parisiens descendent des Grecs ; car, dirait-il, le premier président d'un tribunal de Paris s'appelait Achille de Harlai. Achille vient certainement de l'Achille grec, et Harlai vient d'Aristos, en changeant *istos* en *lai*. Les Champs Élysées, qui sont encore à la porte de la ville, et le mont Olympe, qu'on voit encore près de Mézières, sont des monuments contre lesquels l'incrédulité la plus déterminée ne peut tenir. D'ailleurs toutes les coutumes d'Athènes sont conservées dans Paris ; on y juge les tragédies et les comédies avec autant de légèreté qu'elles l'étaient par les Athéniens ; on y couronne les généraux des armées sur les théâtres comme dans Athènes ; et en dernier lieu [1] le maréchal de Saxe reçut publiquement des mains d'une actrice une couronne qu'on ne lui aurait pas donnée dans la cathédrale. Les Parisiens ont des académies qui viennent de celles d'Athènes, une église, une liturgie, des paroisses, des diocèses, toutes inventions grecques, tous mots tirés du grec ; les maladies des Parisiens sont grecques, *apoplexie, phthisie, péripneumonie, cachexie, dyssenterie, jalousie*, etc.

Il faut avouer que ce sentiment balancerait beau-

---

[1] Voltaire écrivait cela en 1759 : c'était en 1745, après la bataille de Fontenoy, que le maréchal de Saxe, de retour à Paris, assistant dans les balcons de l'Opéra à une représentation d'*Armide*, s'était vu présenter une couronne de laurier par mademoiselle De Metz, qui fesait le rôle de la Gloire. B.

coup l'autorité du savant personnage qui a démontré tout-à-l'heure que nous sommes une colonie troyenne. Ces deux opinions seraient encore combattues par d'autres profonds antiquaires ; les uns feraient voir que nous sommes Égyptiens, attendu que le culte d'Isis fut établi au village d'Issi, sur le chemin de Paris à Versailles. D'autres prouveraient que nous sommes des Arabes, comme le témoignent le mot d'*almanach*, d'*alambic*, d'*algèbre*, d'*amiral*. Les savants chinois et sibériens seraient très embarrassés à décider, et nous laisseraient enfin pour ce que nous sommes.

Il paraît qu'il faut s'en tenir à cette incertitude sur l'origine de toutes les nations. Il en est des peuples comme des familles ; plusieurs barons allemands se font descendre en droite ligne d'Arminius : on composa pour Mahomet une généalogie par laquelle il venait d'Abraham et d'Agar.

Ainsi la maison des anciens czars de Russie venait du roi de Hongrie Bela ; ce Bela d'Attila ; Attila, de Turck, père des Huns, et Turck était fils de Japhet. Son frère Russ avait fondé le trône de Russie ; un autre frère, nommé Camari, établit sa puissance vers le Volga.

Tous ces fils de Japhet étaient, comme chacun sait, les petits-fils de Noé, inconnu à toute la terre, excepté à un petit peuple très long-temps inconnu lui-même. Les trois enfants de ce Noé allèrent vite s'établir à mille lieues les uns des autres, de peur de se donner des secours, et firent probablement avec leurs sœurs des millions d'habitants en très peu d'années.

Plusieurs graves personnages ont suivi exactement

ces filiations avec la même sagacité qu'ils ont découvert comment les Japonais avaient peuplé le Pérou. L'histoire a été long-temps écrite dans ce goût, qui n'est pas celui du président de Thou et de Rapin de Thoyras.

§ IV.

S'il faut être un peu en garde contre les historiens qui remontent à la tour de Babel et au déluge, il ne faut pas moins se défier de ceux qui particularisent toute l'histoire moderne, qui entrent dans tous les secrets des ministres, et qui vous donnent audacieusement la relation exacte de toutes les batailles dont les généraux auraient eu bien de la peine à rendre compte.

Il s'est donné depuis le commencement du dernier siècle près de deux cents grands combats en Europe, la plupart plus meurtriers que les batailles d'Arbelle et de Pharsale : mais très peu de ces actions ayant eu de grandes suites, elles sont perdues pour la postérité. S'il n'y avait qu'un livre dans le monde, les enfants en sauraient par cœur toutes les lignes, on en compterait toutes les syllabes ; s'il n'y avait eu qu'une bataille, le nom de chaque soldat serait connu, et sa généalogie passerait à la dernière postérité : mais dans cette longue suite à peine interrompue de guerres sanglantes que se font les princes chrétiens, les anciens intérêts, qui tous ont changé, sont effacés par les nouveaux ; les batailles données il y a vingt ans sont oubliées pour celles qu'on donne de nos jours ; comme, dans Paris, les nouvelles d'hier sont étouffées par celles d'aujourd'hui, qui vont l'être à leur tour par celles de demain ; et presque tous les événements sont précipités les uns par les autres dans un éternel oubli. C'est une réflexion qu'on ne saurait trop faire ; elle sert à consoler des malheurs qu'on essuie ; elle montre le néant des choses humaines. Il ne reste, pour fixer l'attention des hommes, que les révolutions frappantes qui ont changé les mœurs et les lois des grands états ; et c'est à ce titre que l'histoire de Pierre-le-Grand mérite d'être connue.

Si on s'est trop appesanti sur quelques détails de combats et de prises de villes qui ressemblent à d'autres combats et à d'autres siéges, on en demande pardon au lecteur philosophe ; et on n'a d'autre excuse, sinon que ces petits faits étant liés aux grands, marchent nécessairement à leur suite.

On a réfuté Nordberg dans les endroits qui ont paru les plus importants, et on l'a laissé se tromper impunément sur les petites choses.

§ V.

On a fait l'*Histoire de Pierre-le-Grand* la plus courte et la plus pleine qu'on a pu. Il y a des histoires de petites provinces, de petites villes, d'abbayes même de moines, en plusieurs volumes in-folio : les Mémoires d'un abbé [1] retiré quelques années en Espagne, où il n'a presque rien fait, contiennent huit tomes : un seul a suffi pour la vie d'Alexandre.

Il se peut qu'il y ait encore des hommes enfants qui aiment mieux les *fables des Osiris, des Bacchus, des Hercule, des Thésée*, consacrées par l'antiquité, que l'histoire véritable d'un prince moderne, soit par-

---

[1] L'abbé de Montgon. K.

ceque ces noms antiques d'Osiris et d'Hercule flattent plus l'oreille que celui de Pierre, soit parceque des géants et des lions terrassés plaisent plus à une imagination faible que des lois et des entreprises utiles. Cependant il faut avouer que la défaite du géant d'Épidaure et du voleur Sinnis, et le combat contre la truie de Crommion, ne valent pas les exploits du vainqueur de Charles XII, du fondateur de Pétersbourg, et du législateur d'un empire redoutable.

Les anciens nous ont appris à penser, il est vrai : mais il serait bien étrange de préférer le Scythe Anacharsis, parcequ'il était ancien, au Scythe moderne, qui a policé tant de peuples [1].

Cette histoire contient la vie publique du czar, laquelle a été utile, non sa vie privée, sur laquelle on n'a que quelques anecdotes d'ailleurs assez connues. Les secrets de son cabinet, de son lit, et de sa table, ne peuvent être bien dévoilés par un étranger, et ne doivent point l'être. Si quelqu'un eût pu donner de tels mémoires, c'eût été un prince Menzikoff, un général Czeremetoff, qui l'ont vu si long-temps dans son intérieur ; ils ne l'ont pas fait ; et tout ce qui, aujourd'hui, ne serait appuyé que sur des bruits pu-

---

[1] Dans l'édition de 1759, et dans toutes celles qui ont paru du vivant de l'auteur, on lisait de plus ici :

« On ne voit pas que le législateur de la Russie doive céder à Lycurgue et « à Solon. Les lois de l'un, qui recommande l'amour des garçons aux bour- « geois d'Athènes, et qui le défendent aux esclaves ; les lois de l'autre, qui « ordonnent aux filles de combattre toutes nues à coups de poing dans la « place publique, sont-elles préférables aux lois de celui qui a formé les « hommes et les femmes à la fermeté, qui a créé la discipline militaire sur « terre et sur mer, et qui a ouvert à son pays la carrière de tous les arts ? »— « Cette histoire contient sa vie publique, laquelle, etc. » B.

blics, ne mériterait point de créance. Les esprits sages aiment mieux voir un grand homme travailler vingt-cinq ans au bonheur d'un vaste empire, que d'apprendre d'une manière très incertaine ce que ce grand homme pouvait avoir de commun avec le vulgaire de son pays. Suétone rapporte ce que les premiers empereurs de Rome avaient fait de plus secret; mais avait-il vécu familièrement avec douze Césars?

§ VI.

Quand il ne s'agit que de style, que de critique, que de petits intérêts d'auteur, il faut laisser aboyer [1] les petits feseurs de brochures; on se rendrait presque aussi ridicule qu'eux, si on perdait son temps à leur répondre ou même à les lire : mais quand il s'agit de faits importants, il faut quelquefois que la vérité s'abaisse à confondre même les mensonges des hommes méprisables : leur opprobre ne doit pas plus empêcher la vérité de s'expliquer, que la bassesse d'un criminel de la lie du peuple n'empêche la justice d'agir contre lui : c'est par cette double raison qu'on a été obligé d'imposer silence au coupable ignorant [2] qui avait corrompu l'*Histoire du siècle de Louis XIV*, par des notes aussi absurdes que calomnieuses, dans lesquelles il outrageait brutalement une branche de la maison de France et toute la maison d'Autriche, et cent familles illustres de l'Europe, dont les anticham-

---

[1] Voltaire, qui avait déjà dit cela en 1736, dans son *Discours préliminaire* en tête d'*Alzire*, y est encore revenu en 1773, dans l'article XIII de ses *Fragments sur l'histoire générale,* etc.; voyez tome XLVII. B.

[2] La Beaumelle. Voyez ma préface du tome XIX. B.

bres lui étaient aussi inconnues que les faits qu'il osait falsifier.

C'est un grand inconvénient attaché au bel art de l'imprimerie, que cette facilité malheureuse de publier les impostures et les calomnies.

Le prêtre de l'Oratoire Levassor, et le jésuite La Motte, l'un mendiant en Angleterre, l'autre mendiant en Hollande, écrivirent tous deux l'histoire pour gagner du pain : l'un choisit le roi de France Louis XIII pour l'objet de sa satire; l'autre prit pour but Louis XIV [1]. Leur qualité de moines apostats ne devait pas leur concilier la créance publique; cependant c'est un plaisir de voir avec quelle confiance ils annoncent tous deux qu'ils sont chargés du dépôt de la vérité : ils rebattent sans cesse cette maxime, qu'il faut oser dire tout ce qui est vrai : ils devaient ajouter qu'il faut commencer par en être instruit.

Leur maxime dans leur bouche est leur propre condamnation : mais cette maxime en elle-même mérite bien d'être examinée, puisqu'elle est devenue l'excuse de toutes les satires.

Toute vérité publique, importante, utile, doit être dite, sans doute : mais s'il y a quelque anecdote odieuse sur un prince, si, dans l'intérieur de son domestique, il s'est livré, comme tant de particuliers, à des fai-

---

[1] Levassor est auteur d'une *Histoire de Louis XIII* (voyez son article, tome XIX, dans la *Liste des écrivains*, en tête du *Siècle de Louis XIV*). L'*Histoire de la vie et du règne de Louis XIV* (par La Motte), 1740, cinq volumes in-4°; id., six volumes in-4°, a fourni plusieurs remarques à Voltaire : voyez, tome XX, les chapitres xxi, xxv, xxvi, xxvii et xxx du *Siècle de Louis XIV*; et tome XXXIX, le paragraphe xiv de l'opuscule intitulé : *Des mensonges imprimés*. B.

blesses de l'humanité, connues peut-être d'un ou deux confidents, qui vous a chargé de révéler au public ce que ces deux confidents ne devaient révéler à personne? Je veux que vous ayez pénétré dans ce mystère, pourquoi déchirez-vous le voile dont tout homme a droit de se couvrir dans le secret de sa maison? et par quelle raison publiez-vous ce scandale? Pour flatter la curiosité des hommes, répondez-vous, pour plaire à leur malignité, pour débiter mon livre, qui, sans cela, ne serait pas lu. Vous n'êtes donc qu'un satirique, qu'un feseur de libelles, qui vendez des médisances; et non pas un historien.

Si cette faiblesse d'un homme public, si ce vice secret que vous cherchez à faire connaître, a influé sur les affaires publiques, s'il a fait perdre une bataille, dérangé les finances de l'état, rendu les citoyens malheureux, vous devez en parler : votre devoir est de démêler ce petit ressort caché qui a produit de grands événements; hors de là vous devez vous taire.

Que nulle vérité ne soit cachée: c'est une maxime qui peut souffrir quelques exceptions. Mais en voici une qui n'en admet point : « Ne dites à la postérité « que ce qui est digne de la postérité. »

§. VII.

Outre le mensonge dans les faits, il y a encore le mensonge dans les portraits. Cette fureur de charger une histoire de portraits a commencé en France par les romans. C'est *Clélie*[1] qui mit cette manie à la

[1] Roman de mademoiselle Scudéry, en dix volumes, dont la première édition est de 1656. B.

mode. Sarrasin, dans l'aurore du bon goût, fit l'*Histoire de la conspiration de Valstein*, qui n'avait jamais conspiré; il ne manque pas, en fesant le portrait de Valstein, qu'il n'avait jamais vu, de traduire presque tout ce que Salluste dit de Catilina, que Salluste avait beaucoup vu. C'est écrire l'histoire en bel esprit; et qui veut trop faire parade de son esprit ne réussit qu'à le montrer, ce qui est bien peu de chose.

Il convenait au cardinal de Retz de peindre les principaux personnages de son temps, qu'il avait tous pratiqués, et qui avaient été ou ses amis ou ses ennemis; il ne les a pas peints sans doute de ces couleurs fades dont Maimbourg enlumine dans ses histoires romanesques les princes des temps passés. Mais était-il un peintre fidèle? la passion, le goût de la singularité, n'égaraient-ils pas son pinceau? Devait-il, par exemple, s'exprimer ainsi sur la reine, mère de Louis XIV: « Elle avait de cette sorte d'esprit qui lui
« était nécessaire pour ne pas paraître sotte aux yeux
« de ceux qui ne la connaissaient pas; plus d'aigreur
« que de hauteur, plus de hauteur que de grandeur,
« plus de manière que de fond, plus d'application à
« l'argent que de libéralité, plus de libéralité que d'in-
« térêt, plus d'intérêt que de désintéressement, plus
« d'attachement que de passion, plus de dureté que
« de fierté, plus d'intention de piété que de piété, plus
« d'opiniâtreté que de fermeté, et plus d'incapacité
« que tout ce que dessus? »

Il faut avouer que les obscurités de ces expressions, cette foule d'antithèses et de comparatifs, et le burlesque de cette peinture si indigne de l'histoire, ne doivent pas plaire aux esprits bien faits. Ceux qui aiment la vérité doutent de celle du portrait, en lui comparant la conduite de la reine; et les cœurs vertueux sont aussi révoltés de l'aigreur et du mépris que l'historien déploie en parlant d'une princesse qui le combla de bienfaits, qu'ils sont indignés de voir un archevêque faire la guerre civile, comme il l'avoue, uniquement pour le plaisir de la faire.

S'il faut se défier de ces portraits tracés par ceux qui étaient si à portée de bien peindre, comment pourrait-on croire sur sa parole un historien, s'il affectait de vouloir pénétrer un prince qui aurait vécu à six cents lieues de lui? Il faut en ce cas le peindre par ses actions, et laisser à ceux qui ont approché long-temps de sa personne le soin de dire le reste.

Les harangues sont une autre espèce de mensonge oratoire que les historiens se sont permis autrefois. On fesait dire à ses héros ce qu'ils auraient pu dire. Cette liberté, surtout, pouvait se prendre avec un personnage d'un temps éloigné; mais aujourd'hui ces fictions ne sont plus tolérées: on exige bien plus; car si on mettait dans la bouche d'un prince une harangue qu'il n'eût pas prononcée, on ne regarderait l'historien que comme un rhéteur.

Une troisième espèce de mensonge, et la plus grossière de toutes, mais qui fut long-temps la plus séduisante, c'est le merveilleux: il domine dans toutes les histoires anciennes, sans en excepter une seule.

On trouve même encore quelques prédictions dans l'*Histoire de Charles XII* par Nordberg: mais on n'en voit dans aucun de nos historiens sensés qui ont écrit dans ce siècle; les signes, les prodiges, les apparitions, sont renvoyés à la fable. L'histoire avait besoin d'être éclairée par la philosophie.

§ VIII[1].

Il y a un article important qui peut intéresser la dignité des couronnes. Oléarius, qui accompagnait,

[1] Ce qui forme aujourd'hui le paragraphe viii est une partie de ce qui formait, en 1763, la préface *Au lecteur*, de la seconde partie. Voici ce qui précédait le passage conservé :

« L'empire de Russie est devenu de notre temps si considérable pour
« l'Europe, que Pierre, son vrai fondateur, en est encore plus intéressant.
« C'est lui qui a donné au Nord une nouvelle face; et, après lui, sa nation a
« été sur le point de changer le sort de l'Allemagne; et son influence s'est
« étendue sur la France et sur l'Espagne, malgré l'immense distance des
« lieux. L'établissement de cet empire est peut-être la plus grande époque
« pour l'Europe, après la découverte du Nouveau-Monde. C'est uniquement
« ce qui engage l'auteur de la première partie de l'*Histoire de Pierre-le-*
« *Grand* a donner la seconde.

« Il y a quelques fautes dans plusieurs exemplaires du premier tome, dont
« on doit avertir le lecteur.

....

« Page 26, *Russie rouge*, lisez : *avec une partie de la Russie rouge*. Au
« reste, il est bon d'apprendre aux critiques mal instruits que la Volhinie, la
« Podolie, et quelques contrées voisines, ont été appelées *Russie rouge* par
« tous les géographes.

....

« On peut laisser au pays d'Orembourg l'épithète de *petit*, parcequ'en effet
« ce gouvernement est petit en comparaison de la Sibérie à laquelle il touche.
« On peut substituer une *peau d'ours* à la *peau de mouton*, que plusieurs
« voyageurs prétendent être adorée par les Ostiaks. Si ces bonnes gens
« rendent un culte à ce qui leur est utile, une fourrure d'ours est encore
« plus adorable qu'une peau de mouton, et il faut avoir une peau d'âne pour
« s'appesantir sur ces bagatelles.

« Que les barques construites par le czar Pierre Ier aient été appelées ou
« non *demi-galères*; que Pierre ait logé d'abord dans une maison de bois
« ou dans une maison de briques, cela est, je crois, fort indifférent.

« Il y a des choses moins indignes des yeux d'un lecteur sage. Il est dit, en 1634 [1], des envoyés de Holstein en Russie et en Perse, rapporte, au livre troisième de son histoire, que le czar Ivan Basilovitz avait relégué en Sibérie un ambassadeur de l'empereur : c'est un fait dont aucun autre historien, que je sache, n'a jamais parlé : il n'est pas vraisemblable que l'empereur eût souffert une violation du droit des gens si extraordinaire et si outrageante.

Le même Oléarius dit dans un autre endroit : « Nous « partîmes le 13 février, de compagnie avec un cer- « tain ambassadeur de France, qui s'appelait Charles « de Talleyrand, prince de Chalais, etc. Louis l'avait « envoyé avec Jacques Roussel en ambassade en Tur- « quie et en Moscovie ; mais son collègue lui rendit « de si mauvais offices auprès du patriarche, que le « grand-duc le relégua en Sibérie. »

Au livre troisième, il dit que cet ambassadeur, prince de Chalais, et le nommé Roussel son collègue, qui était marchand, étaient envoyés de Henri IV [2]. Il

---

« par exemple, au premier volume, que les peuples du Kamtschatka sont « sans religion. Des mémoires récents, etc. »

Voyez les sept alinéa du chapitre 1er que j'indique comme ajoutés en 1763, et fondus dans le texte en 1768 ; après quoi l'auteur reprenait :

« Au reste, il est bon d'avertir que l'illustre géographe Delisle appelle « ce pays *Kamshat*. Nous retranchons d'ordinaire les *ka* et les *koy*, qui sont « à la fin des noms russes ; et c'est ainsi qu'en usent les Italiens.

« Il y a un article plus important qui peut intéresser, etc. »

C'est dès 1768 que ce qui forme aujourd'hui le paragraphe VIII a été mis à la suite de la préface de 1759. B.

[1] Le prince A. Labanoff, dans sa *Lettre à M. le rédacteur du Globe*, 1827, in-8°, dit qu'il faut lire 1635, et que 1634 est une faute d'impression. La faute de Voltaire vient de ce que la date de 1634 se trouve dans une phrase d'Oléarius, qui précède celle où il est question du marquis d'Exideuil. B.

[2] L'ouvrage allemand d'Oléarius, intitulé : *Nouvelle relation d'un voyage*

est assez probable que Henri IV, mort en 1610, n'envoya point d'ambassade en Moscovie en 1634. Si Louis XIII avait fait partir pour ambassadeur un homme d'une maison aussi illustre que celle de Talleyrand, il ne lui eût point donné un marchand pour collègue ; l'Europe aurait été informée de cette ambassade ; et l'outrage singulier fait au roi de France eût fait encore plus de bruit.

Ayant contesté ce fait incroyable, et voyant que la fable d'Oléarius avait pris quelque crédit, je me suis cru obligé de demander des éclaircissements au dépôt des affaires étrangères en France. Voici ce qui a donné lieu à la méprise d'Oléarius.

Il y eut en effet un homme de la maison de Talleyrand qui, ayant la passion des voyages, alla jusqu'en Turquie, sans en parler à sa famille, et sans demander de lettres de recommandation. Il rencontra un marchand hollandais, nommé Roussel, député d'une compagnie de négoce, et qui n'était pas sans liaison

---

en Moscovie et en Perse, a eu plusieurs éditions ; la traduction française, par A. de Vicquefort, a été aussi imprimée plusieurs fois. L'édition de 1727 est celle qu'a consultée Voltaire. Car c'est dans cette édition, page 207, qu'on nomme *Henri IV*, le roi de France au nom duquel on suppose la mission de Talleyrand. M. le prince A. Labanoff dit qu'Oléarius parle simplement *du roi de France* (sans le nommer). L'édition de 1656, de la traduction française d'Oléarius, porte : *le roi défunt*, expression qui désigne évidemment Louis XIII, qui d'ailleurs est nommé en toutes lettres dans le passage d'Oléarius, que vient de transcrire Voltaire. Charles de Talleyrand avait été envoyé en Russie par Bethlem-Gabor, prince de Transylvanie ; c'est ce qu'explique le prince Labanoff dans un *Postscriptum* de sa *Lettre à M. le rédacteur du Globe*, postscriptum qui contient une lettre de Louis XIII, du 3 mars 1635, par laquelle le monarque français demande au czar la liberté de Talleyrand. Cette lettre de Louis XIII avait été publiée, dès 1782, par G.-F. Muller, comme je l'ai dit dans ma préface. B.

avec le ministère de France. Le marquis de Talleyrand se joignit avec lui pour aller voir la Perse; et s'étant brouillé en chemin avec son compagnon de voyage, Roussel le calomnia auprès du patriarche de Moscou; on l'envoya en effet en Sibérie; il trouva le moyen d'avertir sa famille, et au bout de trois ans, le secrétaire d'état, M. Desnoyers, obtint sa liberté de la cour de Moscou.

Voilà le fait mis au jour : il n'est digne d'entrer dans l'histoire qu'autant qu'il met en garde contre la prodigieuse quantité d'anecdotes de cette espèce, rapportées par les voyageurs [1].

Il y a des erreurs historiques; il y a des mensonges historiques. Ce que rapporte Oléarius n'est qu'une erreur; mais quand on dit qu'un czar [2] fit clouer le chapeau d'un ambassadeur sur sa tête, c'est un mensonge. Qu'on se trompe sur le nombre et la force des vaisseaux d'une armée navale, qu'on donne à une contrée plus ou moins d'étendue, ce n'est qu'une erreur, et une erreur très pardonnable. Ceux qui répètent les anciennes fables, dans lesquelles l'origine de toutes les nations est enveloppée, peuvent être accusés d'une faiblesse commune à tous les auteurs de l'antiquité;

---

[1] « Voltaire ayant ainsi prouvé l'invraisemblance du fait rapporté par « Oléarius, on n'y songea plus pendant long-temps (dit M. le prince A. La-« banoff dans sa *Lettre* déjà citée); Levesque est même le seul qui en ait parlé « depuis en 1796, dans un mémoire qu'il lut à l'Institut sur les anciennes « relations de la France avec la Russie. Il voulut combattre l'opinion de Vol-« taire, et rétablir le fait supposé; mais il échoua entièrement, et cette fable « retomba dans l'oubli comme elle le méritait. » B.

[2] C'est au czar Ivan Basilovitz qu'on attribue cette cruauté : voyez, dans la *Correspondance*, la lettre à Schouvalof, du 11 juin 1761. B.

ce n'est pas là mentir, ce n'est proprement que transcrire des contes.

L'inadvertance nous rend encore sujets à bien des fautes, qu'on ne peut appeler mensonges. Si dans la nouvelle géographie d'Hubner on trouve que les bornes de l'Europe sont à l'endroit où le fleuve Oby se jette dans la mer Noire, et que l'Europe a trente millions [1] d'habitants, voilà des inattentions que tout lecteur instruit rectifie. Cette géographie vous présente souvent des villes grandes, fortifiées, peuplées, qui ne sont plus que des bourgs presque déserts; il est aisé alors de s'apercevoir que le temps a tout changé; l'auteur a consulté des anciens; et ce qui était vrai de leur temps ne l'est plus aujourd'hui.

On se trompe encore en tirant des inductions. Pierre-le-Grand abolit le patriarcat. Hubner ajoute qu'il se déclara patriarche lui-même [2]. Des anecdotes prétendues de Russie vont plus loin, et disent qu'il officia pontificalement : ainsi d'un fait avéré on tire des conclusions erronées, ce qui n'est que trop commun.

Ce que j'ai appelé mensonge historique est plus commun encore; c'est ce que la flatterie, la satire, ou l'amour insensé du merveilleux, font inventer. L'historien qui, pour plaire à une famille puissante, loue un tyran, est un lâche; celui qui veut flétrir la mémoire d'un bon prince est un monstre; et le romancier qui donne ses imaginations pour la vérité est méprisé. Tel qui autrefois fesait respecter des fables par

---

[1] Voyez ma note, tome XXX, page 49. B.
[2] Voyez tome XXX, pages 51-52. B.

des nations entières, ne serait pas lu aujourd'hui des derniers des hommes.

Il y a des critiques plus menteurs encore, qui altèrent des passages, ou qui ne les entendent pas; qui, inspirés par l'envie, écrivent avec ignorance contre des ouvrages utiles : ce sont les serpents qui rongent la lime, il faut les laisser faire.

HISTOIRE
DE
L'EMPIRE DE RUSSIE
SOUS PIERRE-LE-GRAND.

PREMIÈRE PARTIE.

AVANT-PROPOS.

Dans les premières années du siècle où nous sommes, le vulgaire ne connaissait dans le Nord de héros que Charles XII. Sa valeur personnelle, qui tenait beaucoup plus d'un soldat que d'un roi, l'éclat de ses victoires et même de ses malheurs, frappaient tous les yeux qui voient aisément ces grands événements, et qui ne voient pas les travaux longs et utiles. Les étrangers doutaient même alors que les entreprises du czar Pierre Ier pussent se soutenir; elles ont subsisté, et se sont perfectionnées [1] sous les impératrices Anne et Élisabeth, mais surtout sous Catherine II,

---

[1] L'édition de 1759 porte: « Se sont perfectionnées surtout sous l'impé-
« ratrice Élisabeth, sa fille. Cet empire, etc. » Dans l'édition in-4° de 1768,
il y a: « Élisabeth, sa fille, et encore plus sous Catherine seconde. Cet em-
« pire, etc. » La version actuelle est de 1775. B.

qui a porté si loin la gloire de la Russie. Cet empire est aujourd'hui compté parmi les plus florissants états, et Pierre est dans le rang des plus grands législateurs. Quoique ses entreprises n'eussent pas besoin de succès aux yeux des sages, ses succès ont affermi pour jamais sa gloire. On juge aujourd'hui que Charles XII méritait d'être le premier soldat de Pierre-le-Grand[1]. L'un n'a laissé que des ruines, l'autre est un fondateur en tout genre. J'osai porter à peu près ce jugement, il y a trente années[2], lorsque j'écrivis l'histoire de Charles. Les mémoires qu'on me fournit aujourd'hui sur la Russie me mettent en état de faire connaître cet empire, dont les peuples sont si anciens, et chez qui les lois, les mœurs, et les arts, sont d'une création nouvelle. L'histoire de Charles XII était amusante, celle de Pierre Ier est instructive.

CHAPITRE I.

Description de la Russie.

L'empire de Russie est le plus vaste de notre hémisphère; il s'étend d'occident en orient l'espace de plus de deux mille lieues communes de France, et il a plus de huit cents lieues du sud au nord dans sa plus grande largeur. Il confine à la Pologne et à la mer Glaciale; il touche à la Suède et à la Chine. Sa longueur, de

---

[1] Montesquieu avait dit (*Esprit des lois*, livre X, chapitre XIII), en parlant de Charles XII : « Il n'était point Alexandre, mais il aurait été le meilleur soldat d'Alexandre. » B.

[2] Dès 1731 Voltaire avait écrit que Pierre Ier était *Beaucoup plus grand homme* que Charles XII. Voyez tome XXIV, page 15. B.

l'île de Dago à l'occident de la Livonie, jusqu'à ses bornes les plus orientales, comprend près de cent soixante et dix degrés; de sorte que, quand on a midi à l'occident, on a près de minuit à l'orient de l'empire. Sa largeur est de trois mille six cents verstes du sud au nord, ce qui fait huit cent cinquante de nos lieues communes [1].

Nous connaissions si peu les limites de ce pays dans le siècle passé, que, lorsqu'en 1689 nous apprîmes que les Chinois et les Russes étaient en guerre, et que l'empereur Cam-hi [2] d'un côté, et de l'autre les czars Ivan et Pierre, envoyaient, pour terminer leurs différents, une ambassade à trois cents lieues de Pékin, sur les limites des deux empires, nous traitâmes d'abord cet événement de fable.

Ce qui est compris aujourd'hui sous le nom de Russie, ou des Russies, est plus vaste que tout le reste de l'Europe, et que ne le fut jamais l'empire romain, ni celui de Darius conquis par Alexandre; car il contient plus de onze cent mille de nos lieues carrées. L'empire romain et celui d'Alexandre n'en contenaient chacun qu'environ cinq cent cinquante mille, et il n'y a pas un royaume en Europe qui soit la douzième partie de l'empire romain. Pour rendre la Russie aussi peuplée, aussi abondante, aussi couverte de villes que nos pays méridionaux, il faudra encore des siècles et des czars tels que Pierre-le-Grand.

[1] L'*Encyclopédie* fait le verste de 547 toises, et en compte 104 pour un degré de latitude; d'autres le font de 545 toises, et en donnent 104 ½ au même degré. (Note de feu Decroix.)

[2] Voyez ci-après, chapitre vii de la première partie. Le nom de Cam-hi est quelquefois écrit Kang-hi et Kang-ki. B.

Un ambassadeur anglais qui résidait, en 1733, à Pétersbourg, et qui avait été à Madrid, dit, dans sa relation manuscrite, que dans l'Espagne, qui est le royaume de l'Europe le moins peuplé, on peut compter quarante personnes par chaque mille carré, et que dans la Russie on n'en peut compter que cinq : nous verrons au chapitre second si ce ministre ne s'est pas abusé. Il est dit dans la *Dîme*, faussement attribuée au maréchal de Vauban [1], qu'en France chaque mille carré contient à peu près deux cents habitants l'un portant l'autre. Ces évaluations ne sont jamais exactes, mais elles servent à montrer l'énorme différence de la population d'un pays à celle d'un autre.

Je remarquerai ici que de Pétersbourg à Pékin on trouverait à peine une grande montagne dans la route que les caravanes pourraient prendre par la Tartarie indépendante, en passant par les plaines des Calmouks et par le grand désert de Cobi ; et il est à remarquer que d'Archangel à Pétersbourg, et de Pétersbourg aux extrémités de la France septentrionale, en passant par Dantzick, Hambourg, Amsterdam, on ne voit pas seulement une colline un peu haute. Cette observation peut faire douter de la vérité du système dans lequel on veut que les montagnes n'aient été formées que par le roulement des flots de la mer, en supposant que tout ce qui est terre aujourd'hui a été mer très long-temps. Mais comment les flots, qui dans cette supposition ont formé les Alpes, les Pyrénées, et le Taurus, n'auraient-ils pas formé aussi quelque coteau élevé de la Normandie à la Chine dans un es-

---

[1] Voyez ma note, tome XXXIV, page 40. B.

pace tortueux de trois mille lieues? La géographie ainsi considérée pourrait prêter des lumières à la physique, ou du moins donner des doutes.

Nous appelions autrefois la Russie du nom de Moscovie, parceque la ville de Moscou, capitale de cet empire, était la résidence des grands-ducs de Russie : aujourd'hui l'ancien nom de Russie a prévalu.

Je ne dois point rechercher ici pourquoi on a nommé les contrées depuis Smolensko jusqu'au-delà de Moscou la Russie blanche, et pourquoi Hubner la nomme noire, ni pour quelle raison la Kiovie doit être la Russie rouge.

Il se peut encore que Madiès le Scythe, qui fit une irruption en Asie, près de sept siècles avant notre ère, ait porté ses armes dans ces régions, comme ont fait depuis Gengis et Tamerlan, et comme probablement on avait fait long-temps avant Madiès. Toute antiquité ne mérite pas nos recherches; celles des Chinois, des Indiens, des Perses, des Égyptiens, sont constatées par des monuments illustres et intéressants. Ces monuments en supposent encore d'autres très antérieurs, puisqu'il faut un grand nombre de siècles avant qu'on puisse seulement établir l'art de transmettre ses pensées par des signes durables, et qu'il faut encore une multitude de siècles précédents pour former un langage régulier. Mais nous n'avons point de tels monuments dans notre Europe aujourd'hui si policée; l'art de l'écriture fut long-temps inconnu dans tout le Nord : le patriarche Constantin, qui a écrit en russe l'histoire de Kiovie, avoue que dans ces pays on n'avait point l'usage de l'écriture au cinquième siècle.

Que d'autres examinent si des Huns, des Slaves et des Tatars ont conduit autrefois des familles errantes et affamées vers la source du Borysthène. Mon dessein est de faire voir ce que le czar Pierre a créé, plutôt que de débrouiller inutilement l'ancien chaos. Il faut toujours se souvenir qu'aucune famille sur la terre ne connaît son premier auteur, et que par conséquent aucun peuple ne peut savoir sa première origine.

Je me sers du nom de Russes pour désigner les habitants de ce grand empire. Celui de Roxelans [1], qu'on leur donnait autrefois, serait plus sonore; mais il faut se conformer à l'usage de la langue dans laquelle on écrit. Les gazettes et d'autres mémoires depuis quelque temps emploient le mot de Russiens; mais comme ce mot approche trop de Prussiens, je m'en tiens à celui de Russes, que presque tous nos auteurs leur ont donné; et il m'a paru que le peuple le plus étendu de la terre doit être connu par un terme qui le distingue absolument des autres nations.

Il faut d'abord que le lecteur se fasse, la carte à la main, une idée nette de cet empire, partagé aujourd'hui en seize grands gouvernements, qui seront un jour subdivisés, quand les contrées du septentrion et de l'orient auront plus d'habitants.

Voici quels sont ces seize gouvernements, dont plusieurs renferment des provinces immenses.

[1] M. Daunou a lu à l'institut un mémoire sur les Roxelans, qui n'est point encore imprimé (10 décembre 1829). B.

De la Livonie.

La province la plus voisine de nos climats est celle de la Livonie. C'est une des plus fertiles du Nord. Elle était païenne au douzième siècle. Des négociants de Brême et de Lubeck y commercèrent, et des religieux croisés, nommés *porte-glaives*, unis ensuite à l'ordre teutonique, s'en emparèrent au treizième siècle, dans le temps que la fureur des croisades armait les chrétiens contre tout ce qui n'était pas de leur religion. Albert, margrave de Brandebourg, grand-maître de ces religieux conquérants, se fit souverain de la Livonie et de la Prusse brandebourgeoise vers l'an 1514. Les Russes et les Polonais se disputèrent dès-lors cette province. Bientôt les Suédois y entrèrent : elle fut long-temps ravagée par toutes ces puissances. Le roi de Suède Gustave-Adolphe la conquit. Elle fut cédée à la Suède, en 1660, par la célèbre paix d'Oliva; et enfin le czar Pierre l'a conquise sur les Suédois, comme on le verra dans le cours de cette histoire [1].

La Courlande, qui tient à la Livonie, est toujours vassale de la Pologne, mais dépend beaucoup de la Russie. Ce sont là les limites occidentales de cet empire dans l'Europe chrétienne.

Des gouvernements de Revel, de Pétersbourg, et de Vibourg.

Plus au nord se trouve le gouvernement de Revel et de l'Estonie. Revel fut bâtie par les Danois au trei-

---

[1] Chapitre XIX de la première partie. B.

zième siècle. Les Suédois ont possédé l'Estonie depuis que le pays se fut mis sous la protection de la Suède, en 1561; et c'est encore une des conquêtes de Pierre.

Au bord de l'Estonie est le golfe de Finlande. C'est à l'orient de cette mer, et à l'embouchure de la Neva et du lac Ladoga, qu'est la ville de Pétersbourg, la plus nouvelle et la plus belle ville de l'empire, bâtie par le czar Pierre, malgré tous les obstacles réunis qui s'opposaient à sa fondation.

Elle s'élève sur le golfe de Cronstadt, au milieu de neuf bras de rivières qui divisent ses quartiers; un château occupe le centre de la ville, dans une île formée par le grand cours de la Neva : sept canaux tirés des rivières baignent les murs d'un palais, ceux de l'amirauté, du chantier des galères, et plusieurs manufactures. Trente-cinq grandes églises sont autant d'ornements à la ville; et parmi ces églises il y en a cinq pour les étrangers, soit catholiques romains, soit réformés, soit luthériens : ce sont cinq temples élevés à la tolérance, et autant d'exemples donnés aux autres nations. Il y a cinq palais; l'ancien, que l'on nomme celui d'été, situé sur la rivière de Neva, est bordé d'une balustrade immense de belles pierres tout le long du rivage. Le nouveau palais d'été, près de la porte triomphale, est un des plus beaux morceaux d'architecture qui soient en Europe; les bâtiments élevés pour l'amirauté, pour le corps des cadets, pour les colléges impériaux, pour l'académie des sciences, la bourse, le magasin des marchandises, celui des galères, sont autant de monuments magnifiques. La maison de la police; celle de la pharmacie publique, où tous les vases sont de porcelaine; le magasin pour la cour, la fonderie, l'arsenal, les ponts, les marchés, les places, les casernes pour la garde à cheval et pour les gardes à pied, contribuent à l'embellissement de la ville, autant qu'à sa sûreté. On y compte actuellement quatre cent mille ames. Aux environs de la ville sont des maisons de plaisance dont la magnificence étonne les voyageurs : il y en a une dont les jets d'eau sont très supérieurs à ceux de Versailles. Il n'y avait rien en 1702 : c'était un marais impraticable. Pétersbourg est regardé comme la capitale de l'Ingrie, petite province conquise par Pierre Ier; Vibourg conquis par lui, et la partie de la Finlande perdue et cédée par la Suède, en 1742, sont un autre gouvernement.

Archangel.

Plus haut, en montant au nord, est la province d'Archangel, pays entièrement nouveau pour les nations méridionales de l'Europe. Il prit son nom de saint Michel l'archange, sous la protection duquel il fut mis long-temps après que les Russes eurent reçu le christianisme, qu'ils n'ont embrassé qu'au commencement du onzième siècle. Ce ne fut qu'au milieu du seizième que ce pays fut connu des autres nations. Les Anglais, en 1533, cherchèrent un passage entre les mers du nord et de l'est pour aller aux Indes orientales. Chancelor, capitaine d'un des vaisseaux équipés pour cette expédition, découvrit le port d'Archangel dans la mer Blanche. Il n'y avait dans ce désert qu'un couvent avec la petite église de Saint-Michel l'archange.

De ce port, ayant remonté la rivière de la Duina, les Anglais arrivèrent au milieu des terres, et enfin à la ville de Moscou. Ils se rendirent aisément les maîtres du commerce de la Russie, lequel, de la ville de Novogorod où il se fesait par terre, fut transporté à ce port de mer. Il est, à la vérité, inabordable sept mois de l'année : cependant il fut beaucoup plus utile que les foires de la grande Novogorod, tombées en décadence par les guerres contre la Suède. Les Anglais obtinrent le privilége d'y commercer sans payer aucun droit ; et c'est ainsi que toutes les nations devraient peut-être négocier ensemble. Les Hollandais partagèrent bientôt le commerce d'Archangel, qui ne fut pas connu des autres peuples.

Long-temps auparavant, les Génois et les Vénitiens avaient établi un commerce avec les Russes par l'embouchure du Tanaïs, où ils avaient bâti une ville appelée Tana : mais depuis les ravages de Tamerlan dans cette partie du monde, cette branche du commerce des Italiens avait été détruite ; celui d'Archangel a subsisté, avec de grands avantages pour les Anglais et les Hollandais, jusqu'au temps où Pierre-le-Grand a ouvert la mer Baltique à ses états.

Laponie russe ; du gouvernement d'Archangel.

A l'occident d'Archangel, et dans son gouvernement, est la Laponie russe, troisième partie de cette contrée ; les deux autres appartiennent à la Suède et au Danemark. C'est un très grand pays, qui occupe environ huit degrés de longitude, et qui s'étend en latitude du cercle polaire au cap Nord. Les peuples qui l'habitent étaient confusément connus de l'antiquité sous le nom de Troglodytes et de Pygmées septentrionaux; ces noms convenaient en effet à des hommes hauts pour la plupart de trois coudées, et qui habitent des cavernes : ils sont tels qu'ils étaient alors, d'une couleur tannée, quoique les autres peuples septentrionaux soient blancs; presque tous petits, tandis que leurs voisins et les peuples d'Islande, sous le cercle polaire, sont d'une haute stature; ils semblent faits pour leur pays montueux, agiles, ramassés, robustes; la peau dure, pour mieux résister au froid; les cuisses, les jambes déliées, les pieds menus, pour courir plus légèrement au milieu des rochers dont leur terre est toute couverte; aimant passionnément leur patrie, qu'eux seuls peuvent aimer, et ne pouvant même vivre ailleurs. On a prétendu, sur la foi d'Olaüs, que ces peuples étaient originaires de Finlande, et qu'ils se sont retirés dans la Laponie, où leur taille a dégénéré. Mais pourquoi n'auraient-ils pas choisi des terres moins au nord, où la vie eût été plus commode? pourquoi leur visage, leur figure, leur couleur, tout diffère-t-il entièrement de leurs prétendus ancêtres? Il serait peut-être aussi convenable de dire que l'herbe qui croît en Laponie vient de l'herbe du Danemark, et que les poissons particuliers à leurs lacs viennent des poissons de Suède. Il y a grande apparence que les Lapons sont indigènes, comme leurs animaux sont une production de leur pays, et que la nature les a faits les uns pour les autres.

Ceux qui habitent vers la Finlande ont adopté quelques expressions de leurs voisins, ce qui arrive à tous les peuples : mais quand deux nations donnent aux choses d'usage, aux objets qu'elles voient sans cesse, des noms absolument différents, c'est une grande présomption qu'un de ces peuples n'est pas une colonie de l'autre. Les Finlandais appellent un ours *karu ;* et les Lapons *muriet :* le soleil, en finlandais, se nomme *auringa ;* en langue laponne, *béve*. Il n'y a là aucune analogie. Les habitants de Finlande et de la Laponie suédoise ont adoré autrefois une idole qu'ils nommaient *Iumalac ;* et depuis le temps de Gustave-Adolphe, auquel ils doivent le nom de luthériens, ils appellent Jésus-Christ le fils d'Iumalac. Les Lapons moscovites sont aujourd'hui censés de l'Église grecque ; mais ceux qui errent vers les montagnes septentrionales du cap Nord se contentent d'adorer un Dieu sous quelques formes grossières, ancien usage de tous les peuples nomades.

Cette espèce d'hommes peu nombreuse a très peu d'idées, et ils sont heureux de n'en avoir pas davantage ; car alors ils auraient de nouveaux besoins qu'ils ne pourraient satisfaire ; ils vivent contents et sans maladies, en ne buvant guère que de l'eau dans le climat le plus froid, et arrivent à une longue vieillesse. La coutume qu'on leur imputait de prier les étrangers de faire à leurs femmes et à leurs filles l'honneur de s'approcher d'elles, vient probablement du sentiment de la supériorité qu'ils reconnaissaient dans ces étrangers, en voulant qu'ils pussent servir à corriger les défauts de leur race. C'était un usage établi chez les peuples vertueux de Lacédémone. Un époux priait un jeune homme bien fait de lui donner de beaux enfants qu'il pût adopter. La jalousie et les lois empêchent les autres hommes de donner leurs femmes : mais les Lapons étaient presque sans lois, et probablement n'étaient point jaloux.

Moscou.

Quand on a remonté la Duina du nord au sud, on arrive au milieu des terres à Moscou, la capitale de l'empire. Cette ville fut long-temps le centre des états russes, avant qu'on se fût étendu du côté de la Chine et de la Perse.

Moscou, situé par le 55.ᵉ degré et demi de latitude, dans un terrain moins froid et plus fertile que Pétersbourg, est au milieu d'une vaste et belle plaine, sur la rivière de Moska[a], et de deux autres petites qui se perdent avec elle dans l'Occa, et vont ensuite grossir le fleuve du Volga. Cette ville n'était, au treizième siècle, qu'un assemblage de cabanes peuplées de malheureux, opprimés par la race de Gengis-kan.

Le Kremelin[b], qui fut le séjour des grands-ducs, n'a été bâti qu'au quatorzième siècle, tant les villes ont peu d'antiquité dans cette partie du monde. Ce Kremelin fut construit par des architectes italiens, ainsi que plusieurs églises, dans ce goût gothique, qui était alors celui de toute l'Europe; il y en a deux du célèbre Aristote de Bologne, qui florissait au quinzième siècle; mais les maisons des particuliers n'étaient que des huttes de bois.

[a] En russe, *Moskwa*. — [b] En russe, *Kremln*.

Le premier écrivain qui nous fit connaître Moscou est Oléarius, qui, en 1633, accompagna une ambassade d'un duc de Holstein, ambassade aussi vaine dans sa pompe qu'inutile dans son objet. Un Holstenois devait être frappé de l'immensité de Moscou, de ses cinq enceintes, du vaste quartier des czars, et d'une splendeur asiatique qui régnait alors à cette cour. Il n'y avait rien de pareil en Allemagne, nulle ville à beaucoup près aussi vaste, aussi peuplée.

Le comte de Carlisle, au contraire, ambassadeur de Charles II, en 1663, auprès du czar Alexis, se plaint, dans sa relation, de n'avoir trouvé ni aucune commodité de la vie dans Moscou, ni hôtellerie dans la route, ni secours d'aucune espèce. L'un jugeait comme un Allemand du Nord, l'autre comme un Anglais; et tous deux par comparaison. L'Anglais fut révolté de voir que la plupart des boyards avaient pour lit des planches ou des bancs, sur lesquels on étendait une peau ou une couverture; c'est l'usage antique de tous les peuples : les maisons presque toutes de bois étaient sans meubles, presque toutes les tables à manger sans linge; point de pavé dans les rues, rien d'agréable et de commode, très peu d'artisans, encore étaient-ils grossiers, et ne travaillaient qu'aux ouvrages indispensables. Ces peuples auraient paru des Spartiates s'ils avaient été sobres.

Mais la cour, dans les jours de cérémonie, paraissait celle d'un roi de Perse. Le comte de Carlisle dit qu'il ne vit qu'or et pierreries sur les robes du czar et de ses courtisans : ces habits n'étaient pas fabriqués dans le pays; cependant il était évident qu'on pouvait rendre les peuples industrieux, puisqu'on avait fondu à Moscou, long-temps auparavant, sous le règne du czar Boris Godono, la plus grosse cloche qui soit en Europe, et qu'on voyait dans l'église patriarcale des ornements d'argent qui avaient exigé beaucoup de soins. Ces ouvrages, dirigés par des Allemands et des Italiens, étaient des efforts passagers; c'est l'industrie de tous les jours, et la multitude des arts continuellement exercés qui fait une nation florissante. La Pologne alors, et tous les pays voisins des Russes, ne leur étaient pas supérieurs. Les arts de la main n'étaient pas plus perfectionnés dans le nord de l'Allemagne; les beaux-arts n'y étaient guère plus connus au milieu du dix-septième siècle.

Quoique Moscou n'eût rien alors de la magnificence et des arts de nos grandes villes d'Europe, cependant son circuit de vingt mille pas, la partie appelée la ville chinoise, où les raretés de la Chine s'étalaient; le vaste quartier du Kremelin, où est le palais des czars, quelques dômes dorés, des tours élevées et singulières, et enfin le nombre de ses habitants, qui monte à près de cinq cent mille; tout cela fesait de Moscou une des plus considérables villes de l'univers.

Théodore, ou Fœdor, frère aîné de Pierre-le-Grand, commença à policer Moscou. Il fit construire plusieurs grandes maisons de pierre, quoique sans aucune architecture régulière. Il encourageait les principaux de sa cour à bâtir, leur avançant de l'argent, et leur fournissant des matériaux. C'est à lui qu'on doit les premiers haras de beaux chevaux, et quelques embellissements utiles. Pierre, qui a tout fait, a eu soin de

Moscou, en construisant Pétersbourg; il l'a fait paver, il l'a orné et enrichi par des édifices, par des manufactures : enfin, un chambellan [a] de l'impératrice Élisabeth, fille de Pierre, y a été l'instituteur d'une université depuis quelques années. C'est le même qui m'a fourni tous les mémoires sur lesquels j'écris. Il était bien plus capable que moi de composer cette histoire, même dans ma langue; tout ce qu'il m'a écrit fait foi que ce n'est que par modestie qu'il m'a laissé le soin de cet ouvrage.

Smolensko.

A l'occident du duché de Moscou est celui de Smolensko, partie de l'ancienne Sarmatie européane. Les duchés de Moscovie et de Smolensko composaient la Russie blanche proprement dite. Smolensko, qui appartenait d'abord aux grands-ducs de Russie, fut conquise par le grand-duc de Lithuanie au commencement du quinzième siècle, reprise cent ans après par ses anciens maîtres. Le roi de Pologne, Sigismond III, s'en empara en 1611. Le czar Alexis, père de Pierre, la recouvra en 1654; et depuis ce temps elle a fait toujours partie de l'empire de Russie. Il est dit dans l'éloge du czar Pierre [1], prononcé à Paris dans l'académie des sciences, que les Russes, avant lui, n'avaient rien conquis à l'occident et au midi : il est évident qu'on s'est trompé.

---

[a] M. de Shouvaloff.
[1] Par Fontenelle. B.

Des gouvernements de Novogorod et de Kiovie ou Ukraine.

Entre Pétersbourg et Smolensko est la province de Novogorod. On dit que c'est dans ce pays que les anciens Slaves, ou Slavons, firent leur premier établissement. Mais d'où venaient ces Slaves, dont la langue s'est étendue dans le nord-est de l'Europe? *Sla* signifie un chef, et *esclave*, appartenant au chef. Tout ce qu'on sait de ces anciens Slaves, c'est qu'ils étaient des conquérants. Ils bâtirent la ville de Novogorod la grande, située sur une rivière navigable dès sa source, laquelle jouit long-temps d'un florissant commerce, et fut une puissante alliée des villes anséatiques. Le czar Ivan Basilovitz[a] la conquit en 1467, et en emporta toutes les richesses, qui contribuèrent à la magnificence de la cour de Moscou, presque inconnue jusqu'alors.

Au midi de la province de Smolensko, vous trouvez la province de Kiovie, qui est la petite Russie, avec une partie de la Russie rouge, ou l'Ukraine, traversée par le Dnieper, que les Grecs ont appelé Borysthène. La différence de ces deux noms, l'un dur à prononcer, l'autre mélodieux, sert à faire voir, avec cent autres preuves, la rudesse de tous les anciens peuples du Nord, et les graces de la langue grecque. La capitale, Kiou, autrefois Kisovie, fut bâtie par les empereurs de Constantinople, qui en firent une colonie : on y voit encore des inscriptions grecques de douze cents années : c'est la seule ville qui ait quelque an-

---

[a] En russe, *Iwan Wassiliewitsch*.

tiquité dans ces pays où les hommes ont vécu tant de siècles sans bâtir des murailles. Ce fut là que les grands-ducs de Russie firent leur résidence dans l'onzième siècle, avant que les Tartares asservissent la Russie.

Les Ukraniens, qu'on nomme Cosaques, sont un ramas d'anciens Roxelans, de Sarmates, de Tartares réunis. Cette contrée fesait partie de l'ancienne Scythie. Il s'en faut beaucoup que Rome et Constantinople, qui ont dominé sur tant de nations, soient des pays comparables pour la fertilité à celui de l'Ukraine. La nature s'efforce d'y faire du bien aux hommes ; mais les hommes n'y ont pas secondé la nature ; vivant des fruits que produit une terre aussi inculte que féconde, et vivant encore plus de rapines ; amoureux à l'excès d'un bien préférable à tout, la liberté, et cependant ayant servi tour-à-tour la Pologne et la Turquie. Enfin, ils se donnèrent à la Russie, en 1654, sans trop se soumettre ; et Pierre les a soumis.

Les autres nations sont distinguées par leurs villes et leurs bourgades. Celle-ci est partagée en dix régiments. A la tête de ces dix régiments était un chef élu à la pluralité des voix, nommé hetman ou itman. Ce capitaine de la nation n'avait pas le pouvoir suprême. C'est aujourd'hui un seigneur de la cour que les souverains de Russie leur donnent pour hetman ; c'est un véritable gouverneur de province, semblable à nos gouverneurs de ces pays d'états qui ont encore quelques priviléges.

Il n'y avait d'abord dans ce pays que des païens et des mahométans ; ils ont été baptisés chrétiens de la communion romaine quand ils ont servi la Pologne ; et ils sont aujourd'hui baptisés chrétiens de l'Église grecque, depuis qu'ils sont à la Russie.

Parmi eux sont compris ces Cosaques zaporaviens, qui sont à peu près ce qu'étaient nos flibustiers, des brigands courageux. Ce qui les distingue de tous les autres peuples, c'est qu'ils ne souffrent jamais de femmes dans leurs peuplades, comme on prétend que les amazones ne souffraient point d'hommes chez elles. Les femmes qui leur servent à peupler demeurent dans d'autres îles du fleuve : point de mariage, point de famille : ils enrôlent les enfants mâles dans leurs milices, et laissent-les filles à leurs mères. Souvent le frère a des enfants de sa sœur, et le père de sa fille. Point d'autres lois chez eux que les usages établis par les besoins : cependant ils ont quelques prêtres du rit grec. On a construit depuis quelque temps le fort Sainte-Élisabeth, sur le Borysthène, pour les contenir. Ils servent dans les armées comme troupes irrégulières ; et malheur à qui tombe dans leurs mains !

Des gouvernements de Belgorod, de Veronise, et de Nischgorod.

Si vous remontez au nord-est de la province de Kiovie, entre le Borysthène et le Tanaïs, c'est le gouvernement de Belgorod qui se présente : il est aussi grand que celui de Kiovie. C'est une des plus fertiles provinces de la Russie ; c'est elle qui fournit à la Pologne une quantité prodigieuse de ce gros bétail qu'on connaît sous le nom de bœufs de l'Ukraine. Ces deux provinces sont à l'abri des incursions des petits Tartares, par des lignes qui s'étendent du Borysthène au Tanaïs, garnies de forts et de redoutes.

Remontez encore au nord, passez le Tanaïs, vous entrez dans le gouvernement de Véronise, qui s'étend jusqu'aux bords des Palus-Méotides. Auprès de la capitale, que nous nommons Véronise[a], à l'embouchure de la rivière de ce nom, qui se jette dans le Tanaïs, Pierre-le-Grand a fait construire sa première flotte; entreprise dont on n'avait point encore d'idée dans tous ces vastes états. Vous trouvez ensuite le gouvernement de Nischgorod, fertile en grains, traversé par le Volga.

Astracan.

De cette province vous entrez, au midi, dans le royaume d'Astracan. Ce pays commence au 43e degré et demi de latitude, sous le plus beau des climats, et finit vers le 50e, comprenant environ autant de degrés de longitude que de latitude; borné d'un côté par la mer Caspienne, de l'autre par les montagnes de la Circassie, et s'avançant encore au-delà de la mer Caspienne, le long du mont Caucase; arrosé du grand fleuve Volga, du Jaïk, et de plusieurs autres rivières entre lesquelles on peut, à ce que prétend l'ingénieur anglais Perri, tirer des canaux qui, en servant de lit aux inondations, feraient le même effet que les canaux du Nil, et augmenteraient la fertilité de la terre. Mais, à la droite et à la gauche du Volga et du Jaïk, ce beau pays était infesté plutôt qu'habité par des Tartares

[a] En Russie, on écrit et on prononce *Voronesteh*.

qui n'ont jamais rien cultivé, et qui ont toujours vécu comme étrangers sur la terre.

L'ingénieur Perri, employé par Pierre-le-Grand dans ces quartiers, y trouva de vastes déserts couverts de pâturages, de légumes, de cerisiers, d'amandiers. Des moutons sauvages, d'une nourriture excellente, paissaient dans ces solitudes. Il fallait commencer par dompter et par civiliser les hommes de ces climats pour y seconder la nature, qui a été forcée dans le climat de Pétersbourg.

Ce royaume d'Astracan est une partie de l'ancien Capshak, conquis par Gengis-kan, et ensuite par Tamerlan; ces Tartares dominèrent jusqu'à Moscou. Le czar Jean Basilides, petit-fils d'Ivan Basilovitz, et le plus grand conquérant d'entre les Russes, délivra son pays du joug tartare, au seizième siècle, et ajouta le royaume d'Astracan à ses autres conquêtes en 1554.

Astracan est la borne de l'Asie et de l'Europe, et peut faire le commerce de l'une et de l'autre, en transportant par le Volga les marchandises apportées par la mer Caspienne. C'était encore un des grands projets de Pierre-le-Grand : il a été exécuté en partie. Tout un faubourg d'Astracan est habité par des Indiens.

Orenbourg.

Au sud-est du royaume d'Astracan est un petit pays nouvellement formé, qu'on appelle Orenbourg : la ville de ce nom a été bâtie en 1734, sur le bord du fleuve Jaïk. Ce pays est hérissé des branches du mont Caucase. Des forteresses élevées de distance en distance défendent les passages des montagnes et des rivières qui en descendent. C'est dans cette région, auparavant inhabitée, qu'aujourd'hui les Persans viennent déposer et cacher à la rapacité des brigands leurs effets échappés aux guerres civiles. La ville d'Orenbourg est devenue le refuge des Persans et de leurs fortunes, et s'est accrue de leurs calamités ; les Indiens, les peuples de la grande Bukarie, y viennent trafiquer ; elle devient l'entrepôt de l'Asie.

Des gouvernements de Casan et de la grande Permie.

Au-delà du Volga et du Jaïk, vers le septentrion, est le royaume de Casan, qui, comme Astracan, tomba dans le partage d'un fils de Gengis-kan, et ensuite d'un fils de Tamerlan, conquis de même par Jean Basilides. Il est encore peuplé de beaucoup de Tartares mahométans. Cette grande contrée s'étend jusqu'à la Sibérie : il est constant qu'elle a été florissante et riche autrefois ; elle a conservé encore quelque opulence. Une province de ce royaume, appelée la grande Permie, et ensuite le Solikam, était l'entrepôt des marchandises de la Perse et des fourrures de Tartarie. On a trouvé dans cette Permie une grande quantité de monnaie au coin des premiers califes, et quelques idoles d'or des Tartares[a] ; mais ces monuments d'anciennes richesses ont été trouvés au milieu de la pauvreté et dans des déserts : il n'y avait plus aucune trace de commerce ; ces révolutions n'arrivent que trop vite et trop aisément dans un pays ingrat, puisqu'elles sont arrivées dans les plus fertiles.

[a] *Mémoires de Stralemberg*, confirmés par mes *Mémoires russes*.

Ce célèbre prisonnier suédois, Stralemberg[1], qui mit si bien à profit son malheur, et qui examina tous ces vastes pays avec tant d'attention, est le premier qui a rendu vraisemblable un fait qu'on n'avait jamais pu croire, concernant l'ancien commerce de ces régions. Pline et Pomponius-Mela rapportent que du temps d'Auguste, un roi des Suèves fit présent à Metellus Celer de quelques Indiens jetés par la tempête sur les côtes voisines de l'Elbe. Comment des habitants de l'Inde auraient-ils navigué sur les mers germaniques ? Cette aventure a paru fabuleuse à tous nos modernes, surtout depuis que le commerce de notre hémisphère a changé par la découverte du cap de Bonne-Espérance : mais autrefois il n'était pas plus étrange de voir un Indien trafiquer dans les pays septentrionaux de l'Occident, que de voir un Romain passer dans l'Inde par l'Arabie. Les Indiens allaient en Perse, s'embarquaient sur la mer d'Hyrcanie, remontaient le Rha, qui est le Volga, allaient jusqu'à la grande Permie par la Kama, et de là pouvaient aller s'embarquer sur la mer du Nord ou sur la Baltique. Il y a eu de tout temps des hommes entreprenants. Les Tyriens firent de plus surprenants voyages.

Si, après avoir parcouru de l'œil toutes ces vastes provinces, vous jetez la vue sur l'orient, c'est là que les limites de l'Europe et de l'Asie se confondent encore. Il aurait fallu un nouveau nom pour cette grande partie du monde. Les anciens divisèrent en Europe, Asie, et Afrique, leur univers connu : ils n'en avaient pas vu la dixième partie ; c'est ce qui fait que quand

---

[1] Voyez page 53. B.

on a passé les Palus-Méotides, on ne sait plus où l'Europe finit, et où l'Asie commence ; tout ce qui est au-delà du mont Taurus était désigné par le mot vague de Scythie, et le fut ensuite par celui de Tartarie ou Tatarie. Il serait convenable peut-être d'appeler terres arctiques ou terres du nord tout le pays qui s'étend depuis la mer Baltique jusqu'aux confins de la Chine, comme on donne le nom de terres australes à la partie du monde non moins vaste, située sous le pôle antarctique, et qui fait le contre-poids du globe.

Du gouvernement de la Sibérie, des Samoïèdes, des Ostiaks, du Kamtschatka, etc.

Des frontières des provinces d'Archangel, de Résan, d'Astracan, s'étend à l'orient la Sibérie avec les terres ultérieures jusqu'à la mer du Japon ; elle touche au midi de la Russie par le mont Caucase ; de là au pays de Kamtschatka, on compte environ douze cents lieues de France ; et de la Tartarie septentrionale, qui lui sert de limite, jusqu'à la mer Glaciale, on en compte environ quatre cents, ce qui est la moindre largeur de l'empire. Cette contrée produit les plus riches fourrures, et c'est ce qui servit à en faire la découverte en 1563. Ce ne fut pas sous le czar Fœdor-Ivanovitz, mais sous Ivan Basilides, au seizième siècle, qu'un particulier des environs d'Archangel, nommé Anika, homme riche pour son état et pour son pays, s'aperçut que des hommes d'une figure extraordinaire, vêtus d'une manière jusqu'alors inconnue dans ce canton, et parlant une langue que personne n'entendait, descendaient tous les ans une rivière qui tombe dans la Duina[a], et venaient apporter au marché des martres et des renards noirs qu'ils troquaient pour des clous et des morceaux de verre, comme les premiers sauvages de l'Amérique donnaient leur or aux Espagnols; il les fit suivre par ses enfants et par ses valets jusque dans leur pays. C'étaient des Samoïèdes, peuples qui paraissent semblables aux Lapons, mais qui ne sont pas de la même race. Ils ignorent comme eux l'usage du pain; ils ont comme eux le secours des rangifères ou rennes, qu'ils attellent à leurs traîneaux. Ils vivent dans des cavernes, dans des huttes au milieu des neiges[b]: mais d'ailleurs la nature a mis entre cette espèce d'hommes et celle des Lapons des différences très marquées. On assure que leur mâchoire supérieure est plus avancée au niveau de leur nez, et que leurs oreilles sont plus rehaussées. Les hommes et les femmes n'ont de poil que sur la tête; le mamelon est d'un noir d'ébène. Les Lapons et les Laponnes ne sont marqués à aucun de ces signes. On m'a averti, par des mémoires envoyés de ces contrées si peu connues, qu'on s'est trompé dans la belle *Histoire naturelle* du jardin du Roi[1], lorsqu'en parlant de tant de choses curieuses concernant la nature humaine, on a confondu l'espèce des Lapons avec l'espèce des Samoïèdes. Il y a beaucoup plus de races d'hommes qu'on ne pense. Celles des Samoïèdes et des Hottentots paraissent les deux extrêmes de notre con-

[a] Mémoires envoyés de Pétersbourg. — [b] Idem. — [1] Par Buffon. B.

tinent; et si l'on fait attention aux mamelles noires des femmes Samoïèdes, et au tablier que la nature a donné aux Hottentotes, qui descend, dit-on, à la moitié de leurs cuisses, on aura quelque idée des variétés de notre espèce animale; variétés ignorées dans nos villes, où presque tout est inconnu, hors ce qui nous environne.

Les Samoïèdes ont dans leur morale des singularités aussi grandes qu'en physique: ils ne rendent aucun culte à l'Être suprême; ils approchent du manichéisme, ou plutôt de l'ancienne religion des mages, en ce seul point qu'ils reconnaissent un bon et un mauvais principe. Le climat horrible qu'ils habitent semble en quelque manière excuser cette créance si ancienne chez tant de peuples, et si naturelle aux ignorants et aux infortunés.

On n'entend parler chez eux ni de larcins ni de meurtres: étant presque sans passions, ils sont sans injustice. Il n'y a aucun terme dans leur langue pour exprimer le vice et la vertu. Leur extrême simplicité ne leur a pas encore permis de former des notions abstraites; le sentiment seul les dirige; et c'est peut-être une preuve incontestable que les hommes aiment la justice par instinct, quand leurs passions funestes ne les aveuglent pas.

On persuada quelques uns de ces sauvages de se laisser conduire à Moscou. Tout les y frappa d'admiration. Ils regardèrent l'empereur comme leur dieu, et se soumirent à lui donner tous les ans une offrande de deux martres zibelines par habitant. On établit bientôt quelques colonies au-delà de l'Oby et de l'Irtis[a]; on y bâtit même des forteresses. Un Cosaque fut envoyé dans le pays en 1595, et le conquit pour les czars avec quelques soldats et quelque artillerie, comme Cortès subjugua le Mexique; mais il ne conquit guère que des déserts.

En remontant l'Oby, à la jonction de la rivière d'Irtis avec celle de Tobolsk, on trouva une petite habitation dont on a fait la ville de Tobolsk[b], capitale de la Sibérie, aujourd'hui considérable. Qui croirait que cette contrée a été long-temps le séjour de ces mêmes Huns qui ont tout ravagé jusqu'à Rome sous Attila, et que ces Huns venaient du nord de la Chine? Les Tartares usbecks ont succédé aux Huns, et les Russes aux Usbecks. On s'est disputé ces contrées sauvages, ainsi qu'on s'est exterminé pour les plus fertiles. La Sibérie fut autrefois plus peuplée qu'elle ne l'est, surtout vers le midi : on en juge par des tombeaux et par des ruines.

Toute cette partie du monde, depuis le soixantième degré ou environ jusqu'aux montagnes éternellement glacées qui bornent les mers du Nord, ne ressemble en rien aux régions de la zone tempérée; ce ne sont ni les mêmes plantes, ni les mêmes animaux sur la terre, ni les mêmes poissons dans les lacs et dans les rivières.

Au-dessous de la contrée des Samoïèdes est celle des Ostiaks le long du fleuve Oby. Ils ne tiennent en rien des Samoïèdes, sinon qu'ils sont, comme eux et comme tous les premiers hommes, chasseurs, pas-

---

[a] En russe, *Irtisch*. — [b] En russe, *Tobolskoy*.

teurs, et pêcheurs ; les uns sans religion, parcequ'ils ne sont pas rassemblés ; les autres, qui composent des hordes, ayant une espèce de culte, fesant des vœux au principal objet de leurs besoins; ils adorent, dit-on, une peau de mouton [1], parceque rien ne leur est plus nécessaire que ce bétail ; de même que les anciens Égyptiens agriculteurs choisissaient un bœuf, pour adorer dans l'emblême de cet animal la divinité qui l'a fait naître pour l'homme. Quelques auteurs prétendent que ces Ostiaks adorent une peau d'ours, attendu qu'elle est plus chaude que celle de mouton ; il se peut qu'ils n'adorent ni l'une ni l'autre.

Les Ostiaks ont aussi d'autres idoles dont ni l'origine ni le culte ne méritent pas plus notre attention que leurs adorateurs. On a fait chez eux quelques chrétiens vers l'an 1712 ; ceux-là sont chrétiens comme nos paysans les plus grossiers, sans savoir ce qu'ils sont. Plusieurs auteurs prétendent que ce peuple est originaire de la grande Permie : mais cette grande Permie est presque déserte : pourquoi ses habitants se seraient-ils établis si loin et si mal ? Ces obscurités ne valent pas nos recherches. Tout peuple qui n'a point cultivé les arts doit être condamné à être inconnu.

C'est surtout chez ces Ostiaks, chez les Burates, et les Jakutes, leurs voisins, qu'on trouve souvent dans la terre de cet ivoire dont on n'a jamais pu savoir l'origine : les uns le croient un ivoire fossile ; les autres, les dents d'une espèce d'éléphant dont la race est détruite. Dans quel pays ne trouve-t-on pas des produc-

---

[1] Dans la variante rapportée page 19, Voltaire dit qu'on peut substituer une *peau d'ours* à la *peau de mouton*. B.

tions de la nature qui étonnent, et qui confondent la philosophie?

Plusieurs montagnes de ces contrées sont remplies de cet amiante, de ce lin incombustible dont on fait tantôt de la toile, tantôt une espèce de papier.

Au midi des Ostiaks sont les Burates, autre peuple qu'on n'a pas encore rendu chrétien. A l'est il y a plusieurs hordes qu'on n'a pu entièrement soumettre. Aucun de ces peuples n'a la moindre connaissance du calendrier. Ils comptent par neiges, et non par la marche apparente du soleil : comme il neige régulièrement et long-temps chaque hiver, ils disent je suis âgé de tant de neiges, comme nous disons j'ai tant d'années.

Je dois rapporter ici ce que raconte l'officier suédois Stralemberg, qui, ayant été pris à Pultava, passa quinze ans en Sibérie, et la parcourut tout entière; il dit qu'il y a encore des restes d'un ancien peuple dont la peau est bigarrée et tachetée; qu'il a vu des hommes de cette race; et ce fait m'a été confirmé par des Russes nés à Tobolsk. Il semble que la variété des espèces humaines ait beaucoup diminué; on trouve peu de ces races singulières que probablement les autres ont exterminées : par exemple, il y a très peu de ces Maures blancs ou de ces Albinos, dont un a été présenté à l'académie des sciences de Paris[1], et que j'ai vu. Il en est ainsi de plusieurs animaux dont l'espèce est très rare.

Quant aux Borandiens, dont il est parlé souvent

---

[1] En 1744 : voyez, tome XXXVIII, la *Relation concernant un Maure blanc*. B.

dans la savante *Histoire du jardin du Roi*[1] de France, mes Mémoires disent que ce peuple est absolument inconnu.

Tout le midi de ces contrées est peuplé de nombreuses hordes de Tartares. Les anciens Turcs sont sortis de cette Tartarie pour aller subjuguer tous les pays dont ils sont aujourd'hui en possession. Les Calmouks, les Monguls, sont ces mêmes Scythes qui, conduits par Madiès, s'emparèrent de la Haute-Asie, et vainquirent le roi des Mèdes, Cyaxares. Ce sont eux que Gengis-Kan et ses enfants menèrent depuis jusqu'en Allemagne, et qui formèrent l'empire du Mogol sous Tamerlan. Ces peuples sont un grand exemple des changements arrivés chez toutes les nations. Quelques unes de leurs hordes, loin d'être redoutables, sont devenues vassales de la Russie.

Telle est une nation de Calmouks qui habite entre la Sibérie et la mer Caspienne. C'est là qu'on a trouvé, en 1720, une maison souterraine de pierre, des urnes, des lampes, des pendants d'oreilles, une statue équestre d'un prince oriental portant un diadême sur sa tête, deux femmes assises sur des trônes, un rouleau de manuscrits envoyé par Pierre-le-Grand à l'académie des inscriptions de Paris, et reconnu pour être en langue du Thibet : tous témoignages singuliers que les arts ont habité ce pays aujourd'hui barbare, et preuves subsistantes de ce qu'a dit Pierre-le-Grand plus d'une fois, que les arts avaient fait le tour du monde.

La dernière province est le Kamtschatka, le pays

---

[1] Voyez ma note, page 49. B.

le plus oriental du continent [1]. Le nord de cette contrée fournit aussi de belles fourrures; les habitants s'en revêtaient l'hiver, et marchaient nus l'été. On fut surpris de trouver dans les parties méridionales des hommes avec de longues barbes, tandis que dans les parties septentrionales, depuis le pays des Samoïèdes jusqu'à l'embouchure du fleuve Amour ou Amur, les hommes n'ont pas plus de barbe que les Américains. C'est ainsi que dans l'empire de Russie il y a plus de différentes espèces, plus de singularités, plus de mœurs différentes que dans aucun pays de l'univers.

[2] Des mémoires récents m'apprennent que ce peuple sauvage a aussi ses théologiens, qui font descendre les habitants de cette presqu'île d'une espèce d'être supérieur qu'ils appellent Kouthou. Ces Mémoires disent qu'ils ne lui rendent aucun culte, qu'ils ne l'aiment ni ne le craignent.

Ainsi ils auraient une mythologie, et ils n'ont point de religion; cela pourrait être vrai, et n'est guère vraisemblable : la crainte est l'attribut naturel des hommes. On prétend que dans leurs absurdités ils distinguent des choses permises et des choses défendues : ce qui est permis, c'est de satisfaire toutes ses passions; ce qui est défendu, c'est d'aiguiser un couteau ou une hache quand on est en voyage, et de sau-

---

[1] En 1759, on lisait ici cette phrase : « Les habitants étaient absolument « sans religion quand on l'a découvert. Le Nord, etc. » Elle devait disparaitre lors de l'insertion faite, dès 1768, des sept alinéa qui suivent celui-ci. B.

[2] Cet alinéa et les six qui le suivent sont de 1763; ils étaient alors dans la préface *Au lecteur*, dont j'ai parlé dans ma note, page 19. Ils ont été intercalés ici dès 1768. B.

ver un homme qui se noie. Si en effet c'est un péché parmi eux de sauver la vie à son prochain, ils sont en cela différents de tous les hommes, qui courent par instinct au secours de leurs semblables, quand l'intérêt ou la passion ne corrompt pas en eux ce penchant naturel. Il semble qu'on ne pourrait parvenir à faire un crime d'une action si commune et si nécessaire qu'elle n'est pas même une vertu, que par une philosophie également fausse et superstitieuse, qui persuaderait qu'il ne faut pas s'opposer à la providence, et qu'un homme destiné par le ciel à être noyé ne doit pas être secouru par un homme : mais les barbares sont bien loin d'avoir même une fausse philosophie.

Cependant ils célèbrent, dit-on, une grande fête, qu'ils appellent dans leur langage d'un mot qui signifie *purification;* mais de quoi se purifient-ils si tout leur est permis? et pourquoi se purifient-ils s'ils ne craignent ni n'aiment leur dieu Kouthou ?

Il y a sans doute des contradictions dans leurs idées, comme dans celles de presque tous les peuples; les leurs sont un défaut d'esprit, et les nôtres en sont un abus; nous avons beaucoup plus de contradictions qu'eux, parceque nous avons plus raisonné.

Comme ils ont une espèce de dieu, ils ont aussi des démons; enfin, il y a parmi eux des sorciers, ainsi qu'il y en a toujours eu chez toutes les nations les plus policées. Ce sont les vieilles qui sont sorcières dans le Kamtschatka, comme elles l'étaient parmi nous avant que la saine physique nous éclairât. C'est donc partout l'apanage de l'esprit humain d'avoir des idées absurdes, fondées sur notre curiosité et sur notre faiblesse. Les Kamtschatkales ont aussi des prophètes qui expliquent les songes; et il n'y a pas long-temps que nous n'en avons plus.

Depuis que la cour de Russie a assujetti ces peuples en bâtissant cinq forteresses dans leur pays, on leur a annoncé la religion grecque. Un gentilhomme russe très instruit m'a dit qu'une de leurs grandes objections était que ce culte ne pouvait être fait pour eux, puisque le pain et le vin sont nécessaires à nos mystères, et qu'ils ne peuvent avoir ni pain ni vin dans leur pays.

Ce peuple d'ailleurs mérite peu d'observations; je n'en ferai qu'une : c'est que, si on jette les yeux sur les trois quarts de l'Amérique, sur toute la partie méridionale de l'Afrique, sur le Nord, depuis la Laponie jusqu'aux mers du Japon, on trouve que la moitié du genre humain n'est pas au-dessus des peuples du Kamtschatka.

D'abord, un officier cosaque alla par terre de la Sibérie au Kamtschatka, en 1701, par ordre de Pierre, qui, après la malheureuse journée de Narva, étendait encore ses soins d'un bord du continent à l'autre. Ensuite, en 1725, quelque temps avant que la mort le surprît au milieu de ses grands projets, il envoya le capitaine Béring, danois, avec ordre exprès d'aller par la mer du Kamtschatka sur les terres de l'Amérique, si cette entreprise était praticable. Béring ne put réussir dans sa première navigation. L'impératrice Anne l'y envoya encore en 1733. Spengenberg, capitaine de vaisseau, associé à ce voyage, partit le premier du Kamtschatka; mais il ne put se mettre en mer qu'en 1739, tant il avait fallu de temps pour arriver au port où l'on s'embarqua, pour y construire des vaisseaux, pour les gréer et les fournir des choses nécessaires. Spengenberg pénétra jusqu'au nord du Japon par un détroit que forme une longue suite d'îles, et revint sans avoir découvert que ce passage.

En 1741, Béring courut cette mer accompagné de l'astronome Delisle de La Croyère, de cette famille Delisle qui a produit de si savants géographes; un autre capitaine allait de son côté à la découverte. Béring et lui atteignirent les côtes de l'Amérique, au nord de la Californie. Ce passage, si long-temps cherché par les mers du Nord, fut donc enfin découvert [1]; mais on ne trouva nul secours sur ces côtes désertes. L'eau douce manqua; le scorbut fit périr une partie de l'équipage: on vit, l'espace de cent millés, les rivages septentrionaux de la Californie; on aperçut des canots de cuir qui portaient des hommes semblables aux Canadiens. Tout fut infructueux. Béring mourut dans une île à laquelle il donna son nom. L'autre capitaine, se trouvant plus près de la Californie, fit descendre à terre dix hommes de son équipage; ils ne reparurent plus. Le capitaine fut forcé de regagner le Kamtschatka après les avoir attendus inutilement, et Delisle expira en descendant à terre. Ces désastres sont la destinée de presque toutes les premières tentatives sur les mers septentrionales. On ne sait pas en-

[1] La découverte importante de Béring est celle du détroit qui porte son nom, et qui sépare l'Asie de l'Amérique vers le soixante-septième degré de latitude nord; point essentiel de géographie, jusqu'alors très problématique, et qu'il a le premier constaté d'une manière certaine. (Note de feu Decroix.)

core quel fruit on tirera de ces découvertes si pénibles et si dangereuses.

Nous avons marqué tout ce qui compose en général la domination de la Russie depuis la Finlande à la mer du Japon. Toutes les grandes parties de cet empire ont été unies en divers temps, comme dans tous les autres royaumes du monde. Des Scythes, des Huns, des Massagètes, des Slavons, des Cimbres, des Gètes, des Sarmates, sont aujourd'hui les sujets des czars : les Russes proprement dits sont les anciens Roxelans ou Slavons.

Si l'on y fait réflexion, la plupart des autres états sont ainsi composés. La France est un assemblage de Goths, de Danois appelés Normands, de Germains septentrionaux appelés Bourguignons, de Francs, d'Allemands, de quelques Romains mêlés aux anciens Celtes. Il y a dans Rome et dans l'Italie beaucoup de familles descendues des peuples du nord, et l'on n'en connaît aucune des anciens Romains. Le souverain pontife est souvent le rejeton d'un Lombard, d'un Goth, d'un Teuton, ou d'un Cimbre. Les Espagnols sont une race d'Arabes, de Carthaginois, de Juifs, de Tyriens, de Visigoths, de Vandales incorporés avec les habitants du pays. Quand les nations se sont ainsi mêlées, elles sont long-temps à se civiliser, et même à former leur langage : les unes se policent plus tôt, les autres plus tard. La police et les arts s'établissent si difficilement, les révolutions ruinent si souvent l'édifice commencé, que si l'on doit s'étonner, c'est que la plupart des nations ne vivent pas en Tartares,

CHAPITRE II.

Suite de la description de la Russie. Population, finances, armées, usages, religion. État de la Russie avant Pierre-le-Grand.

Plus un pays est civilisé, plus il est peuplé. Ainsi la Chine et l'Inde sont les plus peuplés de tous les empires, parcequ'après la multitude des révolutions qui ont changé la face de la terre, les Chinois et les Indiens ont formé le corps de peuple le plus anciennement policé que nous connaissions. Leur gouvernement a plus de quatre mille ans d'antiquité; ce qui suppose, comme on l'a dit [1], des essais et des efforts tentés dans des siècles précédents. Les Russes sont venus tard; et ayant introduit chez eux les arts tout perfectionnés, il est arrivé qu'ils ont fait plus de progrès en cinquante ans qu'aucune nation n'en avait fait par elle-même en cinq cents années. Le pays n'est pas peuplé à proportion de son étendue, il s'en faut beaucoup; mais tel qu'il est, il possède autant de sujets qu'aucun état chrétien.

Je peux, d'après les rôles de la capitation, et du dénombrement des marchands, des artisans, des paysans mâles, assurer qu'aujourd'hui la Russie contient au moins vingt-quatre millions d'habitants. De ces vingt-quatre millions d'hommes la plupart sont des serfs comme dans la Pologne, dans plusieurs provinces de l'Allemagne, et autrefois dans presque toute

[1] Page 29. B.

l'Europe. On compte en Russie et en Pologne les richesses d'un gentilhomme et d'un ecclésiastique, non par leur revenu en argent, mais par le nombre de leurs esclaves.

Voici ce qui résulte d'un dénombrement fait en 1747 des mâles qui payaient la capitation :

Marchands....................................	198,000
Ouvriers	16,500
Paysans incorporés avec les marchands et les ouvriers.................................	1,950
Paysans appelés *odonoskis*, qui contribuent à l'entretien de la milice.......................	430,220
Autres qui n'y contribuent pas................	26,080
Ouvriers de différents métiers, dont les parents sont inconnus................................	1,000
Autres qui ne sont point incorporés dans les classes des métiers..................................	4,700
Paysans dépendants immédiatement de la couronne, environ....................................	555,000
Employés aux mines de la couronne, tant chrétiens que mahométans et païens...................	64,000
Autres paysans de la couronne travaillant aux mines et aux fabriques des particuliers.............	24,200
Nouveaux convertis à l'Église grecque...........	57,000
Tartares et Ostiaks païens.....................	241,000
Mourses, Tartares, Morduates, et autres, soit païens, soit grecs, employés aux travaux de l'amirauté..	7,800
Tartares contribuables, appelés *tepteris* et *bobilitz*, etc..	28,900
	1,656,350

De l'autre part...........................	1,656,350
Serfs de plusieurs marchands et autres privilégiés, lesquels, sans posséder de terres, peuvent avoir des esclaves...................	9,100
Paysans des terres destinées à l'entretien de la cour.	418,000
Paysans des terres appartenantes en propre à sa majesté, indépendamment du droit de la couronne................................	60,500
Paysans des terres confisquées à la couronne......	13,600
Serfs des gentilshommes....................	3,550,000
Serfs appartenants à l'assemblée du clergé, et qui défraient ses dépenses.....................	37,500
Serfs des évêques.........................	116,400
Serfs des couvents, que Pierre avait beaucoup diminués..................................	721,500
Serfs des églises cathédrales et paroissiales........	23,700
Paysans travaillant aux ouvrages de l'amirauté, ou autres ouvrages publics, environ.............	4,000
Travailleurs aux mines et fabriques des particuliers.	16,000
Paysans des terres données aux principaux manufacturiers...............................	14,500
Travailleurs aux mines de la couronne..........	3,000
Bâtards élevés par des prêtres................	40
Sectaires appelés *raskolnikis*.................	2,200
TOTAL...............	6,646,390

Voilà en nombre rond six millions six cent quarante mille mâles payant la capitation. Dans ce dénombrement, les enfants et les vieillards sont comptés, mais les filles et les femmes ne le sont point, non plus que les garçons qui naissent depuis l'établissement d'un cadastre jusqu'à la confection d'un autre cadastre.

Triplez seulement le nombre des têtes taillables, en y comptant les femmes et les filles, vous trouverez près de vingt millions d'ames.

Il faut ajouter à ce nombre l'état militaire, qui monte à trois cent cinquante mille hommes. Ni la noblesse de tout l'empire, ni les ecclésiastiques, qui sont au nombre de deux cent mille, ne sont soumis à cette capitation. Les étrangers dans l'empire sont tous exempts, de quelque profession et de quelque pays qu'ils soient. Les habitants des provinces conquises, savoir, la Livonie, l'Estonie, l'Ingrie, la Carélie, et une partie de la Finlande; l'Ukraine et les Cosaques du Tanaïs, les Calmoucks, et d'autres Tartares, les Samoïèdes, les Lapons, les Ostiaks, et tous les peuples idolâtres de la Sibérie, pays plus grand que la Chine, ne sont pas compris dans le dénombrement.

Par ce calcul, il est impossible que le total des habitants de la Russie ne montât au moins à vingt-quatre millions en 1759, lorsqu'on m'envoya de Pétersbourg ces Mémoires, tirés des archives de l'empire [1]. A ce compte, il y a huit personnes par mille carré. L'ambassadeur anglais dont j'ai parlé [2] n'en donne que cinq; mais il n'avait pas sans doute des Mémoires aussi fidèles que ceux dont on a bien voulu me faire part.

Le terrain de la Russie est donc, proportion gardée,

---

[1] Voltaire, dans ses *Questions sur l'Encyclopédie* (voyez le *Dictionnaire philosophique*, tome XXXIII, page 339), au mot DÉNOMBREMENT, déclarait, en 1771, ne pas garantir cette évaluation. On porte aujourd'hui (1829) à soixante millions la population de tout l'empire russe, y compris 3,900,000 pour la Pologne, et 3,445,000 pour les possessions en Asie. B.

[2] Le comte de Carlisle. Voyez page 38. B.

précisément cinq fois moins peuplé que l'Espagne ; mais il a près de quatre fois plus d'habitants : il est à peu près aussi peuplé que la France et que l'Allemagne : mais en considérant sa vaste étendue, le nombre des peuples y est trente fois plus petit.

Il y a une remarque importante à faire sur ce dénombrement ; c'est que de six millions six cent quarante mille contribuables, on en trouve environ neuf cent mille appartenants au clergé de la Russie, en n'y comprenant ni le clergé des pays conquis, ni celui de l'Ukraine et de la Sibérie.

Ainsi sur sept personnes contribuables le clergé en avait une ; mais il s'en faut bien qu'en possédant ce septième ils jouissent de la septième partie des revenus de l'état, comme en tant d'autres royaumes, où ils ont au moins la septième partie de toutes les richesses ; car leurs paysans payaient une capitation au souverain ; et il faut compter pour beaucoup les autres revenus de la couronne de Russie dont le clergé ne touche rien.

Cette évaluation est très différente de celle de tous les écrivains qui ont fait mention de la Russie ; les ministres étrangers qui ont envoyé des Mémoires à leurs souverains, s'y sont tous trompés. Il faut fouiller dans les archives de l'empire.

Il est très vraisemblable que la Russie a été beaucoup plus peuplée qu'aujourd'hui, dans les temps où la petite-vérole venue du fond de l'Arabie, et l'autre venue d'Amérique, n'avaient point encore fait de ravages dans ces climats où elles se sont enracinées. Ces deux fléaux, par qui le monde est plus dépeuplé que par la guerre, sont dus, l'un à Mahomet, l'autre à Christophe Colomb. La peste, originaire d'Afrique, approchait rarement des contrées du septentrion. Enfin les peuples du Nord, depuis les Sarmates jusqu'aux Tartares qui sont au-delà de la grande muraille, ayant inondé le monde de leurs irruptions, cette ancienne pépinière d'hommes doit avoir étrangement diminué.

Dans cette vaste étendue de pays, on compte environ sept mille quatre cents moines, et cinq mille six cents religieuses, malgré le soin que prit Pierre-le-Grand de les réduire à un plus petit nombre; soin digne d'un législateur dans un empire où ce qui manque principalement c'est l'espèce humaine. Ces treize mille personnes cloîtrées et perdues pour l'état avaient, comme le lecteur a pu le remarquer, sept cent vingt mille [1] serfs pour cultiver leurs terres, et c'est évidemment beaucoup trop. Cet abus, si commun et si funeste à tant d'états, n'a été corrigé que par l'impératrice Catherine II. Elle a osé venger la nature et la religion, en ôtant au clergé et aux moines des richesses odieuses; elle les a payés du trésor public, et a voulu les forcer d'être utiles en les empêchant d'être dangereux.

Je trouve, par un état des finances de l'empire, en 1725, en comptant le tribut des Tartares, tous les impôts et tous les droits en argent, que le total allait

---

[1] Dans l'état, pages 61, 62, il est question de 721,500 ; mais Voltaire néglige ici les fractions. C'était par faute typographique que l'édition originale portait *soixante et douze mille* ; voyez, dans la *Correspondance*, la lettre à Schouvalof, du 11 juin 1760. B.

à treize millions de roubles, ce qui fait soixante-cinq millions de nos livres de France, indépendamment des tributs en nature. Cette somme modique suffisait alors pour entretenir trois cent trente-neuf mille cinq cents hommes, tant sur terre que sur mer. Les revenus et les troupes ont augmenté depuis [1].

Les usages, les vêtements, les mœurs, en Russie, avaient toujours plus tenu de l'Asie que de l'Europe chrétienne : telle était l'ancienne coutume de recevoir les tributs des peuples en denrées, de défrayer les ambassadeurs dans leurs routes et dans leur séjour, et celle de ne se présenter ni dans l'église ni devant le trône avec une épée, coutume orientale, opposée à notre usage ridicule et barbare d'aller parler à Dieu, aux rois, à ses amis, et aux femmes, avec une longue arme offensive qui descend au bas des jambes. L'habit long, dans les jours de cérémonie, semblait plus noble que le vêtement court des nations occidentales de l'Europe. Une tunique doublée de pelisse avec une longue simarre enrichie de pierreries, dans les jours solennels, et ces espèces de hauts turbans, qui élevaient la taille, étaient plus imposants aux yeux que les perruques et le justaucorps, et plus convenables aux climats froids : mais cet ancien vêtement de tous les peuples paraît moins fait pour la guerre et moins commode pour les travaux. Presque tous les autres usages étaient grossiers; mais il ne faut pas se figurer que les mœurs fussent aussi barbares que le disent tant d'écrivains. Albert Krauts parle d'un ambassa-

---

[1] On évalue aujourd'hui (1829) les revenus de la Russie à quatre cents millions, et ses troupes à plus d'un million. B.

deur italien à qui un czar fit clouer son chapeau sur la tête, parcequ'il ne se découvrait pas en le haranguant. D'autres attribuent cette aventure à un Tartare; enfin, on a fait ce conte d'un ambassadeur français.

Oléarius prétend que le czar Michel Fédérovitz relégua en Sibérie un marquis d'Exideuil, ambassadeur du roi de France Henri IV; mais jamais assurément ce monarque n'envoya d'ambassadeur à Moscou[a]. C'est ainsi que les voyageurs parlent du pays de Borandie, qui n'existe pas; ils ont trafiqué avec les peuples de la Nouvelle-Zemble, qui à peine est habitée; ils ont eu de longues conversations avec des Samoïèdes, comme s'ils avaient pu les entendre. Si on retranchait des énormes compilations de voyages ce qui n'est ni vrai ni utile, ces ouvrages et le public y gagneraient.

Le gouvernement ressemblait à celui des Turcs par la milice des strélitz, qui, comme celle des janissaires, disposa quelquefois du trône, et troubla l'état presque toujours autant qu'elle le soutint. Ces strélitz étaient au nombre de quarante mille hommes. Ceux qui étaient dispersés dans les provinces subsistaient de brigandages; ceux de Moscou vivaient en bourgeois, trafiquaient, ne servaient point, et poussaient à l'excès l'insolence. Pour établir l'ordre en Russie, il

---

[a] Voyez la préface. — Dans la première édition, Voltaire avait mis dans le texte : « Et jamais il n'y eut en France de marquis d'Exideuil. » Il a supprimé cette phrase parcequ'elle était inexacte, puisque le titre de marquis d'Exideuil appartenait, depuis 1587, à la famille Talleyrand. Voyez au reste, page 22, la note extraite d'une *Lettre* de M. le prince Labanoff, et ma préface. B.

fallait les casser ; rien n'était ni plus nécessaire ni plus dangereux.

L'état ne possédait pas, au dix-septième siècle, cinq millions de roubles (environ vingt-cinq millions de France) de revenu. C'était assez quand Pierre parvint à la couronne, pour demeurer dans l'ancienne médiocrité ; ce n'était pas le tiers de ce qu'il fallait pour en sortir et pour se rendre considérable en Europe : mais aussi beaucoup d'impôts étaient payés en denrées, selon l'usage des Turcs : usage qui foule bien moins les peuples que celui de payer leurs tributs en argent.

Titre de Czar.

Quant au titre de czar, il se peut qu'il vienne des tzars ou tchars du royaume de Casan. Quand le souverain de Russie, Jean ou Ivan Basilides, eut, au seizième siècle, conquis ce royaume, subjugué par son aïeul, mais perdu ensuite, il en prit le titre, qui est demeuré à ses successeurs. Avant Ivan Basilides, les maîtres de la Russie portaient le nom de *veliki knès* (grand-prince, grand-seigneur, grand-chef), que les nations chrétiennes traduisent par celui de grand-duc. Le czar Michel Fédérovitz prit avec l'ambassade holstenoise les titres de grand-seigneur et grand-knès, conservateur de tous les Russes, prince de Vladimir, Moscou, Novogorod, etc.; tzar de Casan, tzar d'Astracan, tzar de Sibérie. Ce nom des tzars était donc le titre de ces princes orientaux ; il était donc vraisemblable qu'ils dérivaient plutôt des Tshas de Perse que des Césars de Rome, dont probablement les tzars sibériens n'avaient jamais entendu parler sur les bords du fleuve Oby.

Un titre, quel qu'il soit, n'est rien, si ceux qui le portent ne sont grands par eux-mêmes. Le nom d'empereur, qui ne signifiait que général d'armée, devint le nom des maîtres de la république romaine : on le donne aujourd'hui aux souverains des Russes, à plus juste titre qu'à aucun autre potentat, si l'on considère l'étendue et la puissance de leur domination.

Religion.

La religion de l'état fut toujours, depuis le onzième siècle, celle qu'on nomme grecque par opposition à la latine : mais il y avait plus de pays mahométans et de païens que de chrétiens. La Sibérie, jusqu'à la Chine, était idolâtre; et, dans plus d'une province, toute espèce de religion était inconnue.

L'ingénieur Perri et le baron de Stralemberg, qui ont été si long-temps en Russie, disent qu'ils ont trouvé plus de bonne foi et de probité dans les païens que dans les autres : ce n'est pas le paganisme qui les rendait plus vertueux; mais, menant une vie pastorale, éloignés du commerce des hommes, et vivant comme dans ces temps qu'on appelle le premier âge du monde, exempts de grandes passions, ils étaient nécessairement plus gens de bien.

Le christianisme ne fut reçu que très tard dans la Russie, ainsi que dans tous les autres pays du Nord. On prétend qu'une princesse nommée Olha l'y introduisit à la fin du dixième siècle, comme Clotilde, nièce d'un prince arien, le fit recevoir chez les Francs; la femme d'un Micislas, duc de Pologne, chez les Polonais; et la sœur de l'empereur Henri II, chez les Hongrois. C'est le sort des femmes d'être sensibles aux persuasions des ministres de la religion, et de persuader les autres hommes.

Cette princesse Olha, ajoute-t-on, se fit baptiser à Constantinople : on l'appela Hélène ; et dès qu'elle fut chrétienne, l'empereur Jean Zimiscès ne manqua pas d'en être amoureux. Apparemment qu'elle était veuve. Elle ne voulut point de l'empereur. L'exemple de la princesse Olha ou Olga ne fit pas d'abord un grand nombre de prosélytes : son fils, qui régna long-temps[a], ne pensa point du tout comme sa mère ; mais son petit-fils Vladimir, né d'une concubine, ayant assassiné son frère pour régner, et ayant recherché l'alliance de l'empereur de Constantinople, Basile, ne l'obtint qu'à condition qu'il se ferait baptiser. C'est à cette époque de l'année 987 que la religion grecque commença en effet à s'établir en Russie. Un patriarche de Constantinople, nommé Chrysoberge, envoya un évêque baptiser Vladimir, pour ajouter à son patriarcat cette partie du monde[b].

Vladimir acheva donc l'ouvrage commencé par son aïeule. Un Grec fut le premier métropolitain de Russie ou patriarche. C'est de là que les Russes ont adopté dans leur langue un alphabet tiré en partie du grec ; ils y auraient gagné, si le fond de leur langue, qui est

---

[a] On l'appelait Sviatoslaf.
[b] Tiré d'un manuscrit particulier, intitulé : *Du Gouvernement ecclésiastique de Russie.* B.

la slavone, n'était toujours demeuré le même, à quelques mots près qui concernent leur liturgie et leur hiérarchie[1]. Un des patriarches grecs, nommé Jérémie, ayant un procès au divan, et étant venu à Moscou demander des secours, renonça enfin à sa prétention sur les Églises russes, et sacra patriarche l'archevêque de Novogorod, nommé Job, en 1588.

Depuis ce temps l'Église russe fut aussi indépendante que son empire. Il était en effet dangereux, honteux, et ridicule, que l'Église russe dépendît d'une Église grecque esclave des Turcs. Le patriarche de Russie fut dès-lors sacré par les évêques russes, non par le patriarche de Constantinople. Il eut rang dans l'Église grecque après celui de Jérusalem ; mais il fut en effet le seul patriarche libre et puissant, et par conséquent le seul réel. Ceux de Jérusalem, de Constantinople, d'Antioche, d'Alexandrie, ne sont que les chefs mercenaires et avilis d'une Église esclave des Turcs. Ceux même d'Antioche et de Jérusalem ne sont plus regardés comme patriarches, et n'ont pas plus de crédit que les rabbins des synagogues établies en Turquie.

C'est d'un homme devenu patriarche de toutes les Russies que descendait Pierre-le-Grand en droite

[1] Dans la première édition, au lieu de la dernière phrase de cet alinéa, on lisait : « Le patriarche Photius, si célèbre par son érudition immense, « par ses querelles avec l'Église romaine et par ses malheurs, envoya « baptiser Volodimer, pour ajouter à son patriarcat cette partie du « monde. » Cette faute de faire Photius contemporain de la princesse Olha, fut indiquée par un Russe à Voltaire, qui dit d'abord qu'au lieu de *Photius*, il fallait lire *Polyeucte* (voyez sa lettre à Schouvalof, du 11 juin 1761), et changea ce passage dès 1768 ; au lieu de Vladimir, Voltaire écrivait Volodimer. B.

ligne. Bientôt ces premiers prélats voulurent partager l'autorité des czars. C'était peu que le souverain marchât nu-tête une fois l'an devant le patriarche, en conduisant son cheval par la bride. Ces respects extérieurs ne servent qu'à irriter la soif de la domination. Cette fureur de dominer causa de grands troubles, comme ailleurs.

Le patriarche Nicon, que les moines regardent comme un saint, et qui siégeait du temps d'Alexis, père de Pierre-le-Grand, voulut élever sa chaire au-dessus du trône; non seulement il usurpait le droit de s'asseoir dans le sénat à côté du czar, mais il prétendait qu'on ne pouvait faire ni la guerre ni la paix sans son consentement. Son autorité, soutenue par ses richesses et par ses intrigues, par le clergé et par le peuple, tenait son maître dans une espèce de sujétion. Il osa excommunier quelques sénateurs qui s'opposèrent à ses excès; et enfin, Alexis, qui ne se sentait pas assez puissant pour le déposer par sa seule autorité, fut obligé de convoquer un synode de tous les évêques. On l'accusa d'avoir reçu de l'argent des Polonais; on le déposa; on le confina pour le reste de ses jours dans un cloître, et les prélats élurent un autre patriarche.

Il y eut toujours, depuis la naissance du christianisme en Russie, quelques sectes, ainsi que dans les autres états; car les sectes sont souvent le fruit de l'ignorance, aussi bien que de la science prétendue. Mais la Russie est le seul grand état chrétien où la religion n'ait pas excité de guerres civiles, quoiqu'elle ait produit quelques tumultes.

La secte de ces raskolnikis, composée aujourd'hui d'environ deux mille mâles, et de laquelle il est fait mention dans le dénombrement [a], est la plus ancienne; elle s'établit, dès le douzième siècle, par des zélés qui avaient quelque connaissance du Nouveau Testament; ils eurent et ont encore la prétention de tous les sectaires, celle de le suivre à la lettre, accusant tous les autres chrétiens de relâchement, ne voulant point souffrir qu'un prêtre qui a bu de l'eau-de-vie confère le baptême, assurant avec Jésus-Christ qu'il n'y a ni premier ni dernier parmi les fidèles, et surtout qu'un fidèle peut se tuer pour l'amour de son Sauveur. C'est, selon eux, un très grand péché de dire *alleluia* trois fois; il ne faut le dire que deux, et ne donner jamais la bénédiction qu'avec trois doigts. Nulle société, d'ailleurs, n'est ni plus réglée ni plus sévère dans ses mœurs : ils vivent comme les quakers [1], mais ils n'admettent point comme eux les autres chrétiens dans leurs assemblées; c'est ce qui fait que les autres leur ont imputé toutes les abominations dont les païens accusèrent les premiers Galiléens, dont ceux-ci chargèrent les gnostiques, dont les catholiques ont chargé les protestants. On leur a souvent imputé d'égorger un enfant, de boire son sang, et de se mêler ensemble dans leurs cérémonies secrètes, sans distinction de parenté, d'âge, ni même de sexe. Quelquefois on les a persécutés : ils se sont alors enfermés dans leurs bourgades, ont mis le feu à leurs maisons,

---

[a] Page 62.

[1] Sur les quakers: voyez, tomes XVII, page 455; XXIX, 43; XXX, 186; XXXVII, 117. B.

et se sont jetés dans les flammes. Pierre a pris avec eux le seul parti qui puisse les ramener, celui de les laisser vivre en paix.

Au reste, il n'y a, dans un si vaste empire, que vingt-huit siéges épiscopaux; et du temps de Pierre, on n'en comptait que vingt-deux : ce petit nombre était peut-être une des raisons qui avaient tenu l'Église russe en paix. Cette église, d'ailleurs, était si peu instruite, que le czar Fœdor, frère de Pierre-le-Grand, fut le premier qui introduisit le plain-chant chez elle.

Fœdor, et surtout Pierre, admirent indifféremment dans leurs armées et dans leurs conseils ceux du rite grec, latin, luthérien, calviniste : ils laissèrent à chacun la liberté de servir Dieu suivant sa conscience, pourvu que l'état fût bien servi. Il n'y avait, dans cet empire de deux mille lieues de longueur, aucune église latine. Seulement, lorsque Pierre eut établi de nouvelles manufactures dans Astracan, il y eut environ soixante familles catholiques dirigées par des capucins; mais quand les jésuites voulurent s'introduire dans ses états, il les en chassa par un édit, au mois d'avril 1718. Il souffrait les capucins comme des moines sans conséquence, et regardait les jésuites comme des politiques dangereux. Ces jésuites s'étaient établis en Russie en 1685; ils furent expulsés quatre ans après; ils revinrent encore, et furent encore chassés [1].

---

[1] Les jésuites avaient été rechassés de Russie en 1718. Cependant il s'en trouvait dans ce pays à la fin du dix-huitième siècle. Voici comment : lors de la suppression de la société des jésuites par le bref de Clément XIV, du

L'Église grecque est flattée de se voir étendue dans un empire de deux mille lieues, tandis que la romaine n'a pas la moitié de ce terrain en Europe. Ceux du rite grec ont voulu surtout conserver dans tous les temps leur égalité avec ceux du rite latin, et ont toujours craint le zèle de l'Église de Rome, qu'il ont pris pour de l'ambition, parcequ'en effet l'Église romaine, très resserrée dans notre hémisphère, et se disant universelle [1], a voulu remplir ce grand titre.

Il n'y a jamais eu en Russie d'établissements pour les Juifs, comme ils en ont dans tant d'états de l'Europe depuis Constantinople jusqu'à Rome. Les Russes ont toujours fait leur commerce par eux-mêmes, et par les nations établies chez eux. De toutes les Églises grecques, la leur est la seule qui ne voie pas des synagogues à côté de ses temples.

---

21 juillet 1773, une partie de la Pologne venait de passer sous la domination de la Russie, et le bref d'extinction n'y fut point publié. Les jésuites qui s'y trouvaient firent comme si le bref n'existait pas. Toutefois ils s'abstinrent de recevoir des novices. Mais en 1779, avec la permission de l'évêque diocésain, autorisé, dit-on, par Pie VI, ils en reçurent. L'ordre se trouvait ainsi perpétué en Russie. Il y eut réclamation des puissances qui avaient demandé le bref du 21 juillet. Catherine insista pour garder les jésuites dont elle croyait avoir besoin pour l'instruction de la jeunesse dans ses états; le pape Pie VI les lui laissa, et, le 7 mars 1801, Pie VII approuva par un bref la société en Russie. Une bulle du même pape rétablit la société le 7 auguste 1814. Dix-sept mois après leur rétablissement général, les jésuites ont été chassés de Russie par un ukase du 1er janvier 1816. Cet ukase se trouve altéré dans le Moniteur du 1er février 1816, qui annonce le donner d'après le *Journal de Francfort*. B.

[1] Le titre de *catholique* qu'elle prend, vient de *catholicos*, qui en grec signifie *universel*. B.

Suite de l'état où était la Russie avant Pierre-le-Grand.

La Russie, qui doit uniquement à Pierre-le-Grand sa grande influence dans les affaires de l'Europe, n'en avait aucune depuis qu'elle était chrétienne. On la voit auparavant faire sur la mer Noire ce que les Normands fesaient sur nos côtes maritimes de l'Océan, armer du temps d'Héraclius quarante mille petites barques, se présenter pour assiéger Constantinople, imposer un tribut aux Césars grecs. Mais le grand knès Vladimir, occupé du soin d'introduire chez lui le christianisme, et fatigué des troubles intestins de sa maison, affaiblit encore ses états en les partageant entre ses enfants. Ils furent presque tous la proie des Tartares, qui asservirent la Russie pendant deux cents années. Ivan Basilides la délivra et l'agrandit : mais après lui les guerres civiles la ruinèrent.

Il s'en fallait beaucoup avant Pierre-le-Grand que la Russie fût aussi puissante, qu'elle eût autant de terres cultivées, autant de sujets, autant de revenus que de nos jours. Elle ne possédait rien dans la Finlande, rien dans la Livonie ; et la Livonie seule vaut mieux que n'a valu long-temps toute la Sibérie. Les Cosaques n'étaient point soumis ; les peuples d'Astracan obéissaient mal ; le peu de commerce que l'on fesait était désavantageux. La mer Blanche, la Baltique, celle du Pont-Euxin, d'Azof, et la mer Caspienne, étaient entièrement inutiles à une nation qui n'avait pas un vaisseau, et qui même dans sa langue manquait de terme pour exprimer une flotte. S'il n'eût fallu qu'être au-dessus des Tartares et des peuples du Nord jusqu'à la Chine, la Russie jouissait de cet avantage; mais il fallait s'égaler aux nations policées, et se mettre en état d'en surpasser un jour plusieurs. Une telle entreprise paraissait impraticable, puisqu'on n'avait pas un seul vaisseau sur les mers, qu'on ignorait absolument sur terre la discipline militaire, que les manufactures les plus simples étaient à peine encouragées, et que l'agriculture même, qui est le premier mobile de tout, était négligée. Elle exige du gouvernement de l'attention et des encouragements, et c'est ce qui a fait trouver aux Anglais dans leurs blés un trésor supérieur à celui de leurs laines.

Ce peu de culture des arts nécessaires montre assez qu'on n'avait pas d'idée des beaux-arts, qui deviennent nécessaires à leur tour quand on a tout le reste. On aurait pu envoyer quelques naturels du pays s'instruire chez les étrangers; mais la différence des langues, des mœurs, et de la religion, s'y opposait; une loi même d'état et de religion, également sacrée et pernicieuse, défendait aux Russes de sortir de leur patrie, et semblait les condamner à une éternelle ignorance. Ils possédaient les plus vastes états de l'univers, et tout y était à faire. Enfin Pierre naquit, et la Russie fut formée.

Heureusement de tous les grands législateurs du monde, Pierre est le seul dont l'histoire soit bien connue. Celle des Thésée, des Romulus, qui firent beaucoup moins que lui, celles des fondateurs de tous les autres états policés sont mêlées de fables absurdes, et nous avons ici l'avantage d'écrire des vérités, qui passeraient pour des fables si elles n'étaient attestées.

CHAPITRE III.

Des ancêtres de Pierre-le-Grand.

La famille de Pierre était sur le trône depuis l'an 1613. La Russie, avant ce temps, avait essuyé des révolutions qui éloignaient encore la réforme et les arts. C'est le sort de toutes les sociétés d'hommes. Jamais il n'y eut de troubles plus cruels dans aucun royaume. Le tyran Boris Godonou [1] fit assassiner, en 1597, l'héritier légitime Démétri, que nous nommons Démétrius, et usurpa l'empire. Un jeune moine prit le nom de Démétrius, prétendit être le prince échappé aux assassins; et, secouru des Polonais et d'un grand parti que les tyrans ont toujours contre eux, il chassa l'usurpateur, et usurpa lui-même la couronne. On reconnut son imposture dès qu'il fut maître, parcequ'on fut mécontent de lui : il fut assassiné. Trois autres faux Démétrius s'élevèrent l'un après l'autre. Cette suite d'impostures supposait un pays tout en désordre. Moins les hommes sont civilisés, plus il est aisé de leur en imposer. On peut juger à quel point ces fraudes augmentaient la confusion et le malheur public. Les Polonais, qui avaient commencé les ré-

[1] Dans l'*Essai sur les mœurs,* chapitre cxc, tome XVIII, page 406 Voltaire a écrit Gudenou. B.

volutions en établissant le premier faux Démétri, furent sur le point de régner en Russie. Les Suédois partagèrent les dépouilles du côté de la Finlande, et prétendirent aussi au trône ; l'état était menacé d'une ruine entière.

Au milieu de ces malheurs, une assemblée composée des principaux boïards élut pour souverain, en 1613, un jeune homme de quinze ans ; ce qui ne paraissait pas un moyen sûr de finir les troubles. Ce jeune homme était Michel Romano[a], grand-père du czar Pierre, fils de l'archevêque de Rostou, surnommé Philarète, et d'une religieuse, allié par les femmes aux anciens czars.

Il faut savoir que cet archevêque était un seigneur puissant que le tyran Boris avait forcé de se faire prêtre. Sa femme Sheremeto[1] fut aussi contrainte de prendre le voile : c'était un ancien usage des tyrans occidentaux chrétiens latins : celui des chrétiens grecs était de crever les yeux. Le tyran Démétri donna à Philarète l'archevêché de Rostou, et l'envoya ambassadeur en Pologne. Cet ambassadeur était prisonnier chez les Polonais alors en guerre avec les Russes ; tant le droit des gens était ignoré chez tous ces peuples. Ce fut pendant sa détention que le jeune Romano, fils de cet archevêque, fut élu czar. On échangea son père contre des prisonniers polonais, et le jeune czar créa son père patriarche : ce vieillard fut souverain en effet sous le nom de son fils.

---

[a] Les Russes écrivent *Romanow* : les Français ne se servent point du *w*. On prononce aussi *Romanof*.

[1] Voyez la note de Voltaire, page 113. B.

Si un tel gouvernement paraît singulier aux étrangers, le mariage du czar Michel Romano le semble davantage. Les monarques des Russies ne prenaient plus des épouses dans les autres états depuis l'an 1490. Il paraît que depuis qu'ils eurent Casan et Astracan, ils suivirent presque en tout les coutumes asiatiques, et principalement celle de ne se marier qu'à leurs sujettes.

Ce qui ressemble encore plus aux usages de l'ancienne Asie, c'est que pour marier un czar, on fesait venir à la cour les plus belles filles des provinces; la grande maîtresse de la cour les recevait chez elle, les logeait séparément, et les fesait manger toutes ensemble. Le czar les voyait ou sous un nom emprunté ou sans déguisement. Le jour du mariage était fixé sans que le choix fût encore connu; et le jour marqué, on présentait un habit de noce à celle sur qui le choix secret était tombé: on distribuait d'autres habits aux prétendantes, qui s'en retournaient chez elles. Il y eut quatre exemples de pareils mariages.

C'est de cette manière que Michel Romano épousa Eudoxe, fille d'un pauvre gentilhomme nommé Streshneu. Il cultivait ses champs lui-même avec ses domestiques, lorsque des chambellans, envoyés par le czar avec des présents, lui apprirent que sa fille était sur le trône. Le nom de cette princesse est encore cher à la Russie. Tout cela est éloigné de nos mœurs, et n'en est pas moins respectable.

Il est nécessaire de dire qu'avant l'élection de Romano, un grand parti avait élu le prince Ladislas, fils du roi de Pologne Sigismond III. Les provinces voisines de la Suède avaient offert la couronne à un frère de Gustave Adolphe : ainsi la Russie était dans la même situation où l'on a vu si souvent la Pologne, chez qui le droit d'élire un monarque a été une source de guerres civiles. Mais les Russes n'imitèrent point les Polonais, qui font un contrat avec le roi qu'ils élisent. Quoiqu'ils eussent éprouvé la tyrannie, ils se soumirent à un jeune homme sans rien exiger de lui.

La Russie n'avait jamais été un royaume électif : mais la race masculine des anciens souverains ayant manqué, six czars ou prétendants ayant péri malheureusement dans les derniers troubles, il fallut, comme on l'a vu [1], élire un monarque; et cette élection causa de nouvelles guerres avec la Pologne et la Suède, qui combattirent pour leurs prétendus droits au trône de Russie. Ces droits de gouverner une nation malgré elle ne se soutiennent jamais long-temps. Les Polonais d'un côté, après s'être avancés jusqu'à Moscou, et après des pillages qui étaient les expéditions militaires de ces temps-là, conclurent une trêve de quatorze ans. La Pologne, par cette trêve, demeura en possession du duché de Smolensko, dans lequel le Borysthène prend sa source. Les Suédois firent aussi la paix; ils restèrent en possession de l'Ingrie, et privèrent les Russes de toute communication avec la mer Baltique, de sorte que cet empire resta plus que jamais séparé du reste de l'Europe.

Michel Romano, depuis cette paix, régna tranquille, et il ne se fit dans ses états aucun changement qui corrompît ni qui perfectionnât l'administration. Après

---

[1] Page 79. B.

sa mort, arrivée en 1645, son fils Alexis Michaelovitz, ou fils de Michel, âgé de seize ans, régna par le droit héréditaire. On peut remarquer que les czars étaient sacrés par le patriarche suivant quelques rites de Constantinople, à cela près que le patriarche de Russie était assis sur la même estrade avec le souverain, et affectait toujours une égalité qui choquait le pouvoir suprême.

Alexis Michaelovitz, fils de Michel.

Alexis se maria comme son père, et choisit parmi les filles qu'on lui amena celle qui lui parut la plus aimable. Il épousa une des deux filles du boïard Miloslauski, en 1647, et ensuite une Nariskin, en 1671. Son favori Morosou épousa l'autre. On ne peut donner à ce Morosou un titre plus convenable que celui de vizir, puisqu'il était despotique dans l'empire, et que sa puissance excita des révoltes parmi les strélitz et le peuple, comme il est arrivé souvent à Constantinople.

Le règne d'Alexis fut troublé par des séditions sanglantes, par des guerres intestines et étrangères. Un chef des Cosaques du Tanaïs, nommé Stenko-Rasin, voulut se faire roi d'Astracan; il inspira long-temps la terreur; mais enfin, vaincu et pris, il finit par le dernier supplice, comme tous ses semblables, pour lesquels il n'y a jamais que le trône ou l'échafaud. Environ douze mille de ses partisans furent pendus, dit-on, sur le grand chemin d'Astracan. Cette partie du monde était celle où les hommes, étant le moins gouvernés par les mœurs, ne l'étaient que par les supplices; et de ces supplices affreux naissaient la servitude et la fureur secrète de la vengeance.

Alexis eut une guerre contre la Pologne; elle fut heureuse et terminée par une paix qui lui assura la possession de Smolensko, de Kiovie, et de l'Ukraine : mais il fut malheureux avec les Suédois, et les bornes de l'empire étaient toujours très resserrées du côté de la Suède.

Les Turcs étaient alors plus à craindre; ils tombaient sur la Pologne, et menaçaient les pays du czar, voisins de la Tartarie-Crimée, l'ancienne Chersonèse taurique. Ils prirent, en 1671, la ville importante de Kaminieck, et tout ce qui dépendait de la Pologne en Ukraine. Les Cosaques de l'Ukraine, qui n'avaient jamais voulu de maîtres, ne savaient alors s'ils appartenaient à la Turquie, à la Pologne, ou à la Russie. Le sultan Mahomet IV, vainqueur des Polonais, et qui venait de leur imposer un tribut, demanda avec tout l'orgueil d'un Ottoman et d'un vainqueur, que le czar évacuât tout ce qu'il possédait en Ukraine, et fut refusé avec la même fierté. On ne savait point alors déguiser l'orgueil par les dehors de la bienséance. Le sultan, dans sa lettre, ne traitait le souverain des Russies que de *hospodar chrétien*, et s'intitulait *très glorieuse majesté, roi de tout l'univers*. Le czar répondit « qu'il n'était pas fait pour se soumettre à un « chien de mahométan, et que son cimeterre valait « bien le sabre du grand-seigneur. »

Alexis alors forma un dessein qui semblait annoncer l'influence que la Russie devait avoir un jour dans l'Europe chrétienne. Il envoya des ambassadeurs au pape et à presque tous les grands souverains de l'Europe, excepté à la France alliée des Turcs, pour tâcher de former une ligue contre la Porte ottomane. Ses ambassadeurs ne réussirent dans Rome qu'à ne point baiser les pieds du pape, et n'obtinrent ailleurs que des vœux impuissants ; les querelles des princes chrétiens, et les intérêts qui naissent de ces querelles mêmes, les mettant toujours hors d'état de se réunir contre l'ennemi de la chrétienté.

Les Ottomans cependant menaçaient de subjuguer la Pologne, qui refusait de payer le tribut. Le czar Alexis la secourut du côté de la Crimée, et le général de la couronne, Jean Sobieski, lava la honte de son pays dans le sang des Turcs[a], à la célèbre bataille de Choczim, qui lui fraya le chemin au trône. Alexis disputa ce trône, et proposa d'unir ses vastes états à la Pologne, comme les Jagellons y avaient joint la Lithuanie ; mais plus son offre était grande, moins elle fut acceptée. Il était très digne, dit-on, de ce nouveau royaume par la manière dont il gouvernait les siens. C'est lui qui le premier fit rédiger un code de lois, quoique imparfait ; il introduisit des manufactures de toile et de soie, qui à la vérité ne se soutinrent pas, mais qu'il eut le mérite d'établir. Il peupla des déserts vers le Volga et la Kama de familles lithuaniennes, polonaises, et tartares, prises dans ses guerres. Tous les prisonniers auparavant étaient esclaves de ceux auxquels ils tombaient en partage ; Alexis en fit des cultivateurs : il mit autant qu'il put la discipline

[a] En 1674.

dans ses armées; enfin il était digne d'être le père de Pierre-le-Grand; mais il n'eut le temps de perfectionner rien de ce qu'il entreprit; une mort prématurée l'enleva à l'âge de quarante-six ans, au commencement de 1677, selon notre calendrier, qui avance toujours de onze jours sur celui des Russes.

Fœdor Alexiovits.

Après Alexis, fils de Michel, tout retomba dans la confusion. Il laissait de son premier mariage deux princes et six princesses. L'aîné, Fœdor, monta sur le trône, âgé de quinze ans [a]; prince d'un tempérament faible et valétudinaire, mais d'un mérite qui ne tenait pas de la faiblesse de son corps. Alexis, son père, l'avait fait reconnaître pour son successeur un an auparavant. C'est ainsi qu'en usèrent les rois de France depuis Hugues Capet jusqu'à Louis-le-Jeune, et tant d'autres souverains.

Le second des fils d'Alexis était Ivan ou Jean, encore plus maltraité par la nature que son frère Fœdor, presque privé de la vue et de la parole, ainsi que de santé, et attaqué souvent de convulsions. Des six filles nées de ce premier mariage, la seule célèbre en Europe fut la princesse Sophie, distinguée par les talents de son esprit, mais malheureusement plus connue encore par le mal qu'elle voulut faire à Pierre-le-Grand.

Alexis, de son second mariage avec une autre de ses sujettes, fille du boïard Nariskin, laissa Pierre et la princesse Nathalie. Pierre, né le 30 mai 1672, et

[a] 1677.

suivant le nouveau style, 10 juin, avait à peine quatre ans et demi quand il perdit son père. On n'aimait pas les enfants d'un second lit, et on ne s'attendait pas qu'il dût un jour régner.

L'esprit de la famille de Romano fut toujours de policer l'état : tel fut encore le caractère de Fœdor. Nous avons déjà remarqué [1], en parlant de Moscou, qu'il encouragea les citoyens à bâtir plusieurs maisons de pierre. Il agrandit cette capitale ; on lui doit quelques réglements de police générale. Mais en voulant réformer les boïards, il les indisposa tous. D'ailleurs il n'était ni assez instruit, ni assez actif, ni assez déterminé, pour oser concevoir un changement général. La guerre avec les Turcs, ou plutôt avec les Tartares de la Crimée, qui continuait toujours avec des succès balancés, ne permettait pas à un prince d'une santé faible de tenter ce grand ouvrage. Fœdor épousa, comme ses autres prédécesseurs, une de ses sujettes, originaire des frontières de Pologne ; et l'ayant perdue au bout d'une année, il prit pour seconde femme, en 1682, Marthe Matéona, fille du secrétaire Apraxin. Il tomba malade quelques mois après de la maladie dont il mourut, et ne laissa point d'enfant. Comme les czars se mariaient sans avoir égard à la naissance, ils pouvaient aussi choisir (du moins alors) un successeur sans égard à la primogéniture. Il semblait que le rang de femme et d'héritier du souverain dût être uniquement le prix du mérite ; et en cela l'usage de cet empire était bien supérieur aux coutumes des états les plus civilisés.

[1] Page 39. B.

Fœdor[a], avant d'expirer, voyant que son frère Ivan, trop disgracié de la nature, était incapable de régner, nomma pour héritier des Russies son second frère, Pierre, qui n'était âgé que de dix ans, et qui fesait déjà concevoir de grandes espérances.

Si la coutume d'élever les sujettes au rang de czarine était favorable aux femmes, il y en avait une autre bien dure : les filles des czars se mariaient alors rarement ; la plupart passaient leur vie dans un monastère.

La princesse Sophie, la troisième des filles du premier lit du czar Alexis, princesse d'un esprit aussi supérieur que dangereux, ayant vu qu'il restait à son frère Fœdor peu de temps à vivre, ne prit point le parti du couvent ; et, se trouvant entre ses deux autres frères qui ne pouvaient gouverner, l'un par son incapacité, l'autre par son enfance, elle conçut le dessein de se mettre à la tête de l'empire : elle voulut, dans les derniers temps de la vie du czar Fœdor, renouveler le rôle que joua autrefois Pulchérie avec l'empereur Théodose son frère [1].

CHAPITRE IV.

Ivan et Pierre. Horrible sédition de la milice des strélitz.

A peine Fœdor fut-il expiré[b], que la nomination d'un prince de dix ans au trône, l'exclusion de l'aîné,

---

[a] Avril 1682. — [1] Voyez tome XXXVI, page 413. B. — [b] Tiré tout entier des Mémoires envoyés de Moscou et de Pétersbourg.

et les intrigues de la princesse Sophie, leur sœur, excitèrent dans le corps des strélitz une des plus sanglantes révoltes. Les janissaires ni les gardes prétoriennes ne furent jamais si barbares. D'abord, deux jours après les obsèques du czar Fœdor, ils courent en armes au Kremelin ; c'est, comme on sait, le palais des czars à Moscou : ils commencent par se plaindre de neuf de leurs colonels qui ne les avaient pas assez exactement payés. Le ministère est obligé de casser les colonels, et de donner aux strélitz l'argent qu'ils demandent. Ces soldats ne sont pas contents ; ils veulent qu'on leur remette les neuf officiers, et les condamnent, à la pluralité des voix, au supplice qu'on appelle des *batoques;* voici comme on inflige ce supplice.

On dépouille nu le patient ; on le couche sur le ventre, et deux bourreaux le frappent sur le dos avec des baguettes jusqu'à ce que le juge dise : *C'est assez.* Les colonels, ainsi traités par leurs soldats, furent encore obligés de les remercier, selon l'usage oriental des criminels, qui, après avoir été punis, baisent la main de leurs juges ; ils ajoutèrent à leurs remercîments une somme d'argent, ce qui n'était pas d'usage.

Tandis que les strélitz commençaient ainsi à se faire craindre, la princesse Sophie, qui les animait sous main pour les conduire de crime en crime, convoquait chez elle une assemblée des princesses du sang, des généraux d'armée, des boïards, du patriarche, des évêques, et même des principaux marchands : elle leur représentait que le prince Ivan, par son droit d'aînesse et par son mérite, devait avoir l'empire, dont elle espérait en secret tenir les rênes. Au sortir de l'assemblée, elle fait promettre aux strélitz une augmentation de paie et des présents. Ses émissaires excitent surtout la soldatesque contre la famille des Nariskins, et principalement contre les deux Nariskins, frères de la jeune czarine douairière, mère de Pierre Ier. On persuade aux strélitz qu'un de ces frères, nommé Jean, a pris la robe du czar, qu'il s'est mis sur le trône, et qu'il a voulu étouffer le prince Ivan; on ajoute qu'un malheureux médecin hollandais, nommé Daniel Vangad, a empoisonné le czar Fœdor. Enfin Sophie fait remettre entre leurs mains une liste de quarante seigneurs, qu'elle appelle leurs ennemis et ceux de l'état, et qu'ils doivent massacrer. Rien ne ressemble plus aux proscriptions de Sylla et des triumvirs de Rome. Christiern II les avait renouvelées [1] en Danemark et en Suède. On voit par là que ces horreurs sont de tout pays dans les temps de trouble et d'anarchie.

On jette d'abord par les fenêtres les knès Dolgorouki et Maffeu[a] : les strélitz les reçoivent sur la pointe de leurs piques, les dépouillent, et les traînent sur la grande place; aussitôt ils entrent dans le palais, ils y trouvent un des oncles du czar Pierre, Athanase Nariskin, frère de la jeune czarine; ils le massacrent de la même manière; ils forcent les portes d'une église voisine où trois proscrits s'étaient réfugiés; ils les arrachent de l'autel, les dépouillent, et les assassinent à coups de couteau.

[1] Voyez tome XVII, pages 261-62. B.
[a] Ou Matheof; c'est Matthieu dans notre langue.

Leur fureur était si aveugle, que, voyant passer un jeune seigneur de la maison de Soltikoff, qu'ils aimaient, et qui n'était point sur la liste des proscrits, quelques uns d'eux ayant pris ce jeune homme pour Jean Nariskin qu'ils cherchaient, ils le tuèrent sur-le-champ. Ce qui découvre bien les mœurs de ces temps-là, c'est qu'ayant reconnu leur erreur, ils portèrent le corps du jeune Soltikoff à son père pour l'enterrer ; et le père malheureux, loin d'oser se plaindre, leur donna des récompenses pour lui avoir rapporté le corps sanglant de son fils. Sa femme, ses filles, et l'épouse du mort, en pleurs, lui reprochèrent sa faiblesse. *Attendons le temps de la vengeance*, leur dit le vieillard. Quelques strélitz entendirent ces paroles ; ils rentrent furieux dans la chambre, traînent le père par les cheveux, et l'égorgent à la porte de sa maison.

D'autres strélitz vont chercher partout le médecin hollandais Vangad ; ils rencontrent son fils, ils lui demandent où est son père ; le jeune homme, en tremblant, répond qu'il l'ignore ; et sur cette réponse il est égorgé. Ils trouvent un autre médecin allemand : « Tu « es médecin, lui disent-ils ; si tu n'as pas empoisonné « notre maître Fœdor, tu en as empoisonné d'autres ; « tu mérites bien la mort ; » et ils le tuent.

Enfin ils trouvent le Hollandais qu'ils cherchaient, il s'était déguisé en mendiant ; ils le traînent devant le palais : les princesses, qui aimaient ce bon-homme, et qui avaient confiance en lui, demandent sa grace aux strélitz, en les assurant qu'il est un fort bon médecin, et qu'il a très bien traité leur frère Fœdor. Les strélitz répondent que non seulement il mérite la mort comme médecin, mais aussi comme sorcier, et qu'ils ont trouvé chez lui un grand crapaud séché et une peau de serpent. Ils ajoutent qu'il leur faut absolument livrer le jeune Ivan Nariskin, qu'ils cherchent en vain depuis deux jours, qu'il est sûrement caché dans le palais, qu'ils y mettront le feu si on ne leur donne leur victime. La sœur d'Ivan Nariskin, les autres princesses épouvantées vont dans la retraite où Jean Nariskin est caché; le patriarche le confesse, lui donne le viatique et l'extrême-onction; après quoi il prend une image de la Vierge qui passait pour miraculeuse; il mène par la main le jeune homme, et s'avance aux strélitz en leur montrant l'image de la Vierge. Les princesses en larmes entourent Nariskin, se mettent à genoux devant les soldats, les conjurent, au nom de la Vierge, d'accorder la vie à leur parent; mais les soldats l'arrachent des mains des princesses, ils le traînent au bas des escaliers avec Vangad : alors ils forment entre eux une espèce de tribunal ; ils appliquent à la question Nariskin et le médecin. Un d'entre eux, qui savait écrire, dresse un procès-verbal; ils condamnent les deux infortunés à être hachés en pièces; c'est un supplice usité à la Chine et en Tartarie pour les parricides : on l'appelle le *supplice des dix mille morceaux*. Après avoir ainsi traité Nariskin et Vangad, ils exposent leurs têtes, leurs pieds et leurs mains sur les pointes de fer d'une balustrade.

Pendant qu'ils assouvissaient leur fureur aux yeux des princesses, d'autres massacraient tous ceux qui leur étaient odieux, ou suspects à Sophie.

Cette exécution horrible finit par proclamer souverains les deux princes Ivan et Pierre [a], en leur associant leur sœur Sophie en qualité de co-régente. Alors elle approuva tous leurs crimes, et les récompensa, confisqua les biens des proscrits, et les donna aux assassins : elle leur permit même d'élever un monument, sur lequel ils firent graver les noms de ceux qu'ils avaient massacrés comme traîtres à la patrie; elle leur donna enfin des lettres-patentes par lesquelles elle les remerciait de leur zèle et de leur fidélité.

CHAPITRE V.

Gouvernement de la princesse Sophie. Querelle singulière de religion. Conspiration.

Voilà par quels degrés la princesse Sophie [b] monta, en effet sur le trône de Russie sans être déclarée czarine, et voilà les premiers exemples qu'eut Pierre Ier devant les yeux. Sophie eut tous les honneurs d'une souveraine; son buste sur les monnaies, la signature pour toutes les expéditions, la première place au conseil, et surtout la puissance suprême. Elle avait beaucoup d'esprit, fesait même des vers dans sa langue, écrivait et parlait bien : une figure agréable relevait encore tant de talents; son ambition seule les ternit.

Elle maria son frère Ivan suivant la coutume dont nous avons vu tant d'exemples. Une jeune Soltikoff,

---

[a] Juin 1682.
[b] Tiré tout entier des Mémoires envoyés de Pétersbourg.

de la maison de ce même Soltikoff que les strélitz avaient assassiné, fut choisie au milieu de la Sibérie, où son père commandait dans une forteresse, pour être présentée au czar Ivan à Moscou. Sa beauté l'emporta sur les brigues de toutes ses rivales. Ivan l'épousa en 1684. Il semble, à chaque mariage d'un czar, qu'on lise l'histoire d'Assuérus, ou celle du second Théodose.

Au milieu des fêtes de ce mariage, les strélitz excitèrent un nouveau soulèvement ; et, qui le croirait ? c'était pour la religion, c'était pour le dogme. S'ils n'avaient été que soldats, ils ne seraient pas devenus controversistes ; mais ils étaient bourgeois de Moscou. Du fond des Indes jusqu'aux extrémités de l'Europe, quiconque se trouve ou se met en droit de parler avec autorité à la populace, peut fonder une secte ; et c'est ce qu'on a vu dans tous les temps, surtout depuis que la fureur du dogme est devenue l'arme des audacieux et le joug des imbéciles.

On avait déjà essuyé quelques séditions en Russie, dans les temps où l'on disputait si la bénédiction devait se donner avec trois doigts ou avec deux. Un certain Abakum, archiprêtre, avait dogmatisé à Moscou sur le Saint-Esprit, qui, selon l'Évangile, doit illuminer tout fidèle ; sur l'égalité des premiers chrétiens ; sur ces paroles de Jésus : *Il n'y aura parmi vous ni premier ni dernier.* Plusieurs citoyens, plusieurs strélitz embrassèrent les opinions d'Abakum : le parti se fortifia : un certain Raspop [1] en fut le chef [a]. Les sectaires, en-

---

[1] *Raspop* signifie prêtre excommunié : ce n'est point un nom propre. B.—
[a] 1682, 16 juillet n. st.

fin, entrèrent dans la cathédrale, où le patriarche et son clergé officiaient : ils le chassèrent lui et les siens à coups de pierres, et se mirent dévotement à leur place pour recevoir le Saint-Esprit. Ils appelaient le patriarche *loup ravisseur dans le bercail,* titre que toutes les communions se sont libéralement donné les unes aux autres. On courut avertir la princesse Sophie et les deux jeunes czars de ces désordres ; on fit dire aux autres strélitz qui soutenaient la bonne cause, que les czars et l'Église étaient en danger. Le parti des strélitz et bourgeois patriarcaux en vint aux mains contre la faction des abakumistes; mais le carnage fut suspendu dès qu'on parla de convoquer un concile. Aussitôt un concile s'assemble dans une salle du palais : cette convocation n'était pas difficile ; on fit venir tous les prêtres qu'on trouva. Le patriarche et un évêque disputèrent contre Raspop, et, au second syllogisme, on se jeta des pierres au visage. Le concile finit par couper le cou à Raspop et à quelques uns de ses fidèles disciples, qui furent exécutés sur les seuls ordres des trois souverains, Sophie, Ivan, et Pierre.

Dans ce temps de trouble, il y avait un knès, Chovanskoi, qui, ayant contribué à l'élévation de la princesse Sophie, voulait, pour prix de ses services, partager le gouvernement. On croit bien qu'il trouva Sophie ingrate. Alors il prit le parti de la dévotion et des raspopites persécutés ; il souleva encore une partie des strélitz et du peuple au nom de Dieu : la conspiration fut plus sérieuse que l'enthousiasme de Raspop. Un ambitieux hypocrite va toujours plus loin qu'un simple fanatique. Chovanskoi ne prétendait pas moins que l'empire; et, pour n'avoir désormais rien à craindre, il résolut de massacrer, et les deux czars, et Sophie, et les autres princesses, et tout ce qui était attaché à la famille czarienne. Les czars et les princesses furent obligés de se retirer au monastère de la Trinité, à douze lieues de Moscou. C'était à-la-fois un couvent, un palais, et une forteresse, comme Mont-Cassin, Corbie, Fulde, Kempten, et tant d'autres, chez les chrétiens du rite latin. Ce monastère de la Trinité appartient aux moines basiliens; il est entouré de larges fossés et de remparts de briques garnis d'une artillerie nombreuse. Les moines possédaient quatre lieues de pays à la ronde. La famille czarienne y était en sûreté, plus encore par la force que par la sainteté du lieu. De là Sophie négocia avec le rebelle, le trompa, l'attira à moitié chemin, et lui fit trancher la tête, ainsi qu'à un de ses fils, et à trente-sept strélitz qui l'accompagnaient[a].

Le corps des strélitz, à cette nouvelle, s'apprête à marcher en armes au couvent de la Trinité, il menace de tout exterminer : la famille czarienne se fortifie; les boïards arment leurs vassaux; tous les gentilshommes accourent; une guerre civile sanglante commençait. Le patriarche apaisa un peu les strélitz: les troupes qui venaient contre eux de tous côtés les intimidèrent : ils passèrent enfin de la fureur à la crainte, et de la crainte à la plus aveugle soumission; changement ordinaire à la multitude. Trois mille sept cents des leurs, suivis de leurs femmes et de leurs enfants, se mirent une corde au cou, et marchèrent

[a] 1682.

en cet état au couvent de la Trinité, que trois jours auparavant ils voulaient réduire en cendres. Ces malheureux se rendirent devant le monastère, portant deux à deux un billot et une hache; ils se prosternèrent à terre, et attendirent leur supplice; on leur pardonna. Ils s'en retournèrent à Moscou en bénissant leurs maîtres, et prêts, sans le savoir, à renouveler tous leurs attentats à la première occasion.

Après ces convulsions, l'état reprit un extérieur tranquille; Sophie eut toujours la principale autorité, abandonnant Ivan à son incapacité, et tenant Pierre en tutelle. Pour augmenter sa puissance, elle la partagea avec le prince Basile Gallitzin, qu'elle fit généralissime, administrateur de l'état, et garde des sceaux; homme supérieur en tout genre à tout ce qui était alors dans cette cour orageuse, poli, magnifique, n'ayant que de grands desseins, plus instruit qu'aucun Russe, parcequ'il avait reçu une éducation meilleure, possédant même la langue latine, presque totalement ignorée en Russie; homme d'un esprit actif, laborieux, d'un génie au-dessus de son siècle, et capable de changer la Russie, s'il en avait eu le temps et le pouvoir comme il en avait la volonté. C'est l'éloge que fait de lui La Neuville [1], envoyé pour lors de Pologne en Russie; et les éloges des étrangers sont les moins suspects.

Ce ministre contint la milice des strélitz en distri-

---

[1] P.-C. Levesque, dans une note imprimée par Palissot, reproche à Voltaire d'avoir cité La Neuville, qu'il prétend n'être qu'un pseudonyme. Le Moreri de 1759 attribue en effet à Adrien Baillet la *Relation curieuse et nouvelle de Moscovie*, 1698, in-12. Mais cet ouvrage est réellement de Foy de La Neuville. B.

buant les plus mutins dans des régiments en Ukraine, à Casan, en Sibérie. C'est sous son administration que la Pologne, long-temps rivale de la Russie, céda, en 1686, toutes ses prétentions sur les grandes provinces de Smolensko et de l'Ukraine. C'est lui qui, le premier, fit envoyer, en 1687, une ambassade en France, pays qui était depuis vingt ans dans toute sa gloire, par les conquêtes et les nouveaux établissements de Louis XIV, par sa magnificence, et surtout par la perfection des arts, sans lesquels on n'a que de la grandeur, et point de gloire véritable. La France n'avait eu encore aucune correspondance avec la Russie, on ne la connaissait pas; et l'académie des inscriptions célébra par une médaille cette ambassade, comme si elle fût venue des Indes; mais, malgré la médaille, l'ambassadeur Dolgorouki échoua; il essuya même de violents dégoûts par la conduite de ses domestiques. On eût mieux fait de tolérer leurs fautes; mais la cour de Louis XIV ne pouvait prévoir alors que la Russie et la France compteraient un jour parmi leurs avantages celui d'être étroitement alliées.

L'état était alors tranquille au-dedans, toujours resserré du côté de la Suède, mais étendu du côté de la Pologne, sa nouvelle alliée, continuellement en alarmes vers la Tartarie-Crimée, et en mésintelligence avec la Chine pour les frontières.

Ce qui était le plus intolérable pour cet empire, et ce qui marquait bien qu'il n'était point parvenu encore à une administration vigoureuse et régulière, c'est que le kan des Tartares de Crimée exigeait un tribut annuel de soixante mille roubles, comme la Turquie en avait imposé un à la Pologne.

La Tartarie-Crimée est cette même Chersonèse taurique, célèbre autrefois par le commerce des Grecs, et plus encore par leurs fables; contrée fertile et toujours barbare, nommée Crimée, du titre des premiers kans, qui s'appelaient crim avant les conquêtes des enfants de Gengis. C'est pour s'affranchir et se venger de la honte d'un tel tribut, que le premier ministre Gallitzin alla lui-même en Crimée à la tête d'une armée nombreuse[a]. Ces armées ne ressemblaient en rien à celles que le gouvernement entretient aujourd'hui; point de discipline, pas même de régiment bien armé, point d'habits uniformes, rien de régulier; une milice à la vérité endurcie au travail et à la disette, mais une profusion de bagages qu'on ne voit pas même dans nos camps, où règne le luxe. Ce nombre prodigieux de chars qui portaient des munitions et des vivres dans des pays dévastés et dans des déserts, nuisit aux entreprises sur la Crimée. On se trouva dans de vastes solitudes sur la rivière de Samaré, sans magasins. Gallitzin fit dans ces déserts ce qu'on n'a point, je pense, fait ailleurs : il employa trente mille hommes à bâtir sur la Samare une ville qui pût servir d'entrepôt pour la campagne prochaine: elle fut commencée dès cette année, et achevée en trois mois, l'année suivante, toute de bois à la vérité, avec deux maisons de briques et des remparts de gazon, mais munies d'artillerie, et en état de défense.

C'est tout ce qui se fit de singulier dans cette expé-

[a] 1687, 1688.

dition ruineuse. Cependant Sophie régnait : Ivan n'avait que le nom de czar ; et Pierre, âgé de dix-sept ans, avait déjà le courage de l'être. L'envoyé de Pologne, La Neuville, résident alors à Moscou, et témoin oculaire de ce qui se passa, prétend que Sophie et Gallitzin engagèrent le nouveau chef des strélitz à leur sacrifier leur jeune czar : il paraît au moins que six cents de ces strélitz devaient s'emparer de sa personne. Les Mémoires secrets que la cour de Russie m'a confiés assurent que le parti était pris de tuer Pierre Ier : le coup allait être porté, et la Russie était privée à jamais de la nouvelle existence qu'elle a reçue depuis. Le czar fut encore obligé de se sauver au couvent de la Trinité, refuge ordinaire de la cour menacée de la soldatesque. Là il convoque les boïards de son parti, assemble une milice, fait parler aux capitaines des strélitz, appelle à lui quelques Allemands établis dans Moscou depuis long-temps, tous attachés à sa personne, parcequ'il favorisait déjà les étrangers. Sophie et Ivan, restés dans Moscou, conjurent le corps des strélitz de leur demeurer fidèles ; mais la cause de Pierre, qui se plaint d'un attentat médité contre sa personne et contre sa mère, l'emporte sur celle d'une princesse et d'un czar dont le seul aspect éloignait les cœurs. Tous les complices furent punis avec une sévérité à laquelle le pays était alors aussi accoutumé qu'aux attentats. Quelques uns furent décapités, après avoir éprouvé le supplice du knout ou des batoques. Le chef des strélitz périt de cette manière : on coupa la langue à d'autres qu'on soupçonnait. Le prince Gallitzin, qui avait un de ses parents auprès du czar

Pierre, obtint la vie; mais dépouillé de tous ses biens, qui étaient immenses, il fut relégué sur le chemin d'Archangel. La Neuville, présent à toute cette catastrophe, dit qu'on prononça la sentence à Gallitzin en ces termes : « Il t'est ordonné par le très clément « czar de te rendre à Karga, ville sous le pôle, et d'y « rester le reste de tes jours. La bonté extrême de sa « majesté t'accorde trois sous par jour. »

Il n'y a point de ville sous le pôle. Karga est au soixante et deuxième degré de latitude, six degrés et demi seulement plus au nord que Moscou. Celui qui aurait prononcé cette sentence eût été mauvais géographe : on prétend que La Neuville a été trompé par un rapport infidèle.

Enfin la princesse Sophie[a] fut réconduite dans son monastère de Moscou : après avoir régné long-temps, ce changement était un assez grand supplice.

De ce moment Pierre régna. Son frère Ivan n'eut d'autre part au gouvernement que celle de voir son nom dans les actes publics; il mena une vie privée, et mourut en 1696.

CHAPITRE VI.

Règne de Pierre Ier. Commencement de la grande réforme.

Pierre-le-Grand avait une taille haute, dégagée, bien formée, le visage noble, des yeux animés, un tempérament robuste, propre à tous les exercices et

[a] 1689.

à tous les travaux; son esprit était juste, ce qui est le fond de tous les vrais talents, et cette justesse était mêlée d'une inquiétude qui le portait à tout entreprendre et à tout faire. Il s'en fallait beaucoup que son éducation eût été digne de son génie : l'intérêt de la princesse Sophie avait été surtout de le laisser dans l'ignorance, et de l'abandonner aux excès que la jeunesse, l'oisiveté, la coutume, et son rang, ne rendaient que trop permis. Cependant il était récemment marié[a], et il avait épousé, comme tous les autres czars, une de ses sujettes, fille du colonel Lapuchin[1]; mais étant jeune, et n'ayant eu pendant quelque temps d'autre prérogative du trône que celle de se livrer à ses plaisirs, les liens sérieux du mariage ne le retinrent pas assez. Les plaisirs de la table avec quelques étrangers attirés à Moscou par le ministre Gallitzin ne firent pas augurer qu'il serait un réformateur : cependant, malgré les mauvais exemples, et même malgré les plaisirs, il s'appliquait à l'art militaire et au gouvernement : on devait déjà reconnaître en lui le germe d'un grand homme.

On s'attendait encore moins qu'un prince qui était saisi d'un effroi machinal qui allait jusqu'à la sueur froide et à des convulsions quand il fallait passer un ruisseau, deviendrait un jour le meilleur homme de mer dans le Septentrion. Il commença par dompter la nature en se jetant dans l'eau malgré son horreur pour cet élément; l'aversion se changea même en un goût dominant.

[a] En juin 1689. — [1] Voltaire a écrit *Lapoukin* et *Lapouchin,* dans les chapitres I, III, X de la seconde partie. B.

L'ignorance dans laquelle on l'éleva le fesait rougir. Il apprit de lui-même, et presque sans maîtres, assez d'allemand et de hollandais pour s'expliquer et pour écrire intelligiblement dans ces deux langues. Les Allémands et les Hollandais étaient pour lui les peuples les plus polis; puisque les uns exerçaient déjà dans Moscou une partie des arts qu'il voulait faire naître dans son empire, et les autres excellaient dans la marine, qu'il regardait comme l'art le plus nécessaire.

Telles étaient ses dispositions malgré les penchants de sa jeunesse. Cependant il avait toujours des factions à craindre, l'humeur turbulente des strélitz à réprimer, et une guerre presque continuelle contre les Tartares de la Crimée à soutenir. Cette guerre avait fini, en 1689, par une trêve qui ne dura que peu de temps.

Dans cet intervalle, Pierre se fortifia dans le dessein d'appeler les arts dans sa patrie.

Son père Alexis avait eu déjà les mêmes vues; mais ni la fortune ni le temps ne le secondèrent; il transmit son génie à son fils, mais plus développé, plus vigoureux, plus opiniâtre dans les difficultés.

Alexis avait fait venir de Hollande à grands frais le[a] constructeur Bothler, patron de vaisseau, avec des charpentiers et des matelots, qui bâtirent sur le Volga une grande frégate et un yacht : ils descendirent le fleuve jusqu'à Astracan : on devait les employer avec des navires qu'on allait construire pour trafiquer avantageusement avec la Perse par la mer

---

[a] Mémoires de Pétersbourg et de Moscou.

Caspienne. Ce fut alors qu'éclata la révolte de Stenko-Rasin. Ce rebelle fit détruire les deux bâtiments qu'il eût dû conserver pour son intérêt; il massacra le capitaine; le reste de l'équipage se sauva en Perse, et de là gagna les terres de la compagnie hollandaise des Indes. Un maître charpentier, bon constructeur, resta dans la Russie, et y fut long-temps ignoré.

Un jour Pierre, se promenant à Ismaël-of, une des maisons de plaisance de son aïeul, aperçut parmi quelques raretés une petite chaloupe anglaise qu'on avait absolument abandonnée : il demanda à l'Allemand Timmerman, son maître de mathématiques, pourquoi ce petit bateau était autrement construit que ceux qu'il avait vus sur la Moska. Timmerman lui répondit qu'il était fait pour aller à voiles et à rames. Le jeune prince voulut incontinent en faire l'épreuve; mais il fallait le radouber, le ragréer : on retrouva ce même constructeur Brant; il était retiré à Moscou : il mit en état la chaloupe, et la fit voguer sur la rivière d'Yauza, qui baigne les faubourgs de la ville.

Pierre fit transporter sa chaloupe sur un grand lac dans le voisinage du monastère de la Trinité; il fit bâtir par Brant deux frégates et trois yachts, et en fut lui-même le pilote. Enfin long-temps après, en 1694, il alla à Archangel; et ayant fait construire un petit vaisseau dans ce port par ce même Brant, il s'embarqua sur la mer Glaciale, qu'aucun souverain ne vit jamais avant lui : il était escorté d'un vaisseau de guerre hollandais commandé par le capitaine Jolson, et suivi de tous les navires marchands abordés à Archangel. Déjà il apprenait la manœuvre, et malgré l'empressement des courtisans à imiter leur maître, il était le seul qui l'apprît.

Il n'était pas moins difficile de former des troupes de terre affectionnées et disciplinées que d'avoir une flotte. Ses premiers essais de marine sur un lac, avant son voyage d'Archangel, semblèrent seulement des amusements de l'enfance d'un homme de génie; et ses premières tentatives pour former des troupes ne parurent aussi qu'un jeu. C'était pendant la régence de Sophie : et si l'on eût soupçonné ce jeu d'être sérieux, il eût pu lui être funeste.

Il donna sa confiance à un étranger; c'est ce célèbre Le Fort, d'une noble et ancienne famille de Piémont, transplantée depuis près de deux siècles à Genève, où elle a occupé les premiers emplois. On voulut l'élever dans le négoce, qui seul a rendu considérable cette ville, autrefois connue uniquement par la controverse.

Son génie, qui le portait à de plus grandes choses, lui fit quitter la maison paternelle dès l'âge de quatorze ans; il servit quatre mois en qualité de cadet dans la citadelle de Marseille; de là il passa en Hollande, servit quelque temps volontaire, et fut blessé au siége de Grave sur la Meuse, ville assez forte, que le prince d'Orange, depuis roi d'Angleterre, reprit sur Louis XIV en 1674. Cherchant ensuite son avancement partout où l'espérance le guidait, il s'embarqua, en 1675, avec un colonel allemand nommé Verstin, qui s'était fait donner par le czar Alexis, père de Pierre, une commission de lever quelques soldats dans les Pays-Bas, et de les amener au port d'Archangel. Mais quand on y arriva après avoir essuyé tous les périls de la mer, le czar Alexis n'était plus; le gouvernement avait changé; la Russie était troublée; le gouverneur d'Archangel laissa long-temps Verstin, Le Fort et toute sa troupe dans la plus grande misère, et les menaça de les envoyer au fond de la Sibérie : chacun se sauva comme il put. Le Fort manquant de tout alla à Moscou, et se présenta au résident de Danemark, nommé De Horn, qui le fit son secrétaire ; il y apprit la langue russe; quelque temps après il trouva le moyen d'être présenté au czar Pierre. L'aîné Ivan n'était pas ce qu'il lui fallait; Pierre le goûta, et lui donna d'abord une compagnie d'infanterie. A peine Le Fort avait-il servi ; il n'était point savant ; il n'avait étudié à fond aucun art, mais il avait beaucoup vu avec le talent de bien voir ; sa conformité avec le czar était de devoir tout à son génie : il savait d'ailleurs le hollandais et l'allemand que Pierre apprenait, comme les langues de deux nations qui pouvaient être utiles à ses desseins. Tout le rendit agréable à Pierre, il s'attacha à lui; les plaisirs commencèrent la faveur, et les talents la confirmèrent : il fut confident du plus dangereux dessein que pût former un czar, celui de se mettre en état de casser un jour sans péril la milice séditieuse et barbare des strélitz. Il en avait coûté la vie au grand sultan ou padisha Osman [1] pour avoir voulu réformer les janissaires. Pierre, tout jeune qu'il était, s'y prit avec plus d'adresse qu'Osman. Il forma d'abord dans sa maison de campagne, Préobazinski, une compagnie de cinquante de ses plus jeunes do-

---

[1] Voyez tome XVIII, page 415. B.

mestiques ; quelques enfants de boïards furent choisis pour en être officiers : mais, pour apprendre à ces boïards une subordination qu'ils ne connaissaient pas, il les fit passer par tous les grades, et lui-même en donna l'exemple, servant d'abord comme tambour, ensuite soldat, sergent, et lieutenant dans la compagnie. Rien n'était plus extraordinaire ni plus utile : les Russes avaient toujours fait la guerre comme nous la fesions du temps du gouvernement féodal, lorsque des seigneurs sans expérience menaient au combat des vassaux sans discipline et mal armés ; méthode barbare, suffisante contre des armées pareilles, impuissante contre des troupes régulières.

Cette compagnie, formée par le seul Pierre, fut bientôt nombreuse, et devint depuis le régiment des gardes Préobazinski. Une autre compagnie formée sur ce modèle devint l'autre régiment des gardes Semenouski.

Il y avait déjà un régiment de cinq mille hommes sur lequel on pouvait compter, formé par le général Gordon, écossais, et composé presque tout entier d'étrangers. Le Fort, qui avait porté les armes peu de temps, mais qui était capable de tout, se chargea de lever un régiment de douze mille hommes, et il en vint à bout ; cinq colonels furent établis sous lui ; il se vit tout d'un coup général de cette petite armée, levée en effet contre les strélitz, autant que contre les ennemis de l'état.

Ce qu'on doit remarquer[a], et ce qui confond bien l'erreur téméraire de ceux qui prétendent que la ré-

[a] Manuscrits du général Le Fort.

vocation de l'édit de Nantes et ses suites avaient coûté peu d'hommes à la France, c'est que le tiers de cette armée, appelée régiment, fut composé de Français réfugiés. Le Fort exerça sa nouvelle troupe comme s'il n'eût jamais eu d'autre profession.

Pierre voulut voir une de ces images de la guerre, un de ces camps dont l'usage commençait à s'introduire en temps de paix. On construisit un fort, qu'une partie de ses nouvelles troupes devait défendre, et que l'autre devait attaquer. La différence entre ce camp et les autres fut qu'au lieu de l'image d'un combat[a], on donna un combat réel, dans lequel il y eut des soldats de tués et beaucoup de blessés. Le Fort, qui commandait l'attaque, reçut une blessure considérable. Ces jeux sanglants devaient aguerrir les troupes; cependant il fallut de longs travaux, et même de longs malheurs pour en venir à bout. Le czar mêla ces fêtes guerrières aux soins qu'il se donnait pour la marine; et comme il avait fait Le Fort général de terre sans qu'il eût encore commandé, il le fit amiral sans qu'il eût jamais conduit un vaisseau: mais il le voyait digne de l'un et de l'autre. Il est vrai que cet amiral était sans flotte, et que ce général n'avait d'armée que son régiment.

On réformait peu-à-peu le grand abus du militaire, cette indépendance des boïards qui amenaient à l'armée les milices de leurs paysans : c'était le véritable gouvernement des Francs, des Huns, des Goths, et des Vandales; peuples vainqueurs de l'empire romain dans sa décadence, et qui eussent été exterminés, s'ils

---

[a] Manuscrits du général Le Fort.

avaient eu à combattre les anciennes légions romaines disciplinées, ou des armées telles que celles de nos jours.

Bientôt l'amiral Le Fort n'eut pas tout-à-fait un vain titre; il fit construire par des Hollandais et des Vénitiens des barques longues, et même deux vaisseaux d'environ trente pièces de canon, à l'embouchure de la Veronise, qui se jette dans le Tanaïs; ces vaisseaux pouvaient descendre le fleuve, et tenir en respect les Tartares de la Crimée. Les hostilités avec ces peuples se renouvelaient tous les jours. Le czar avait à choisir, en 1689, entre la Turquie, la Suède, et la Chine, à qui il ferait la guerre. Il faut commencer par faire voir en quels termes il était avec la Chine, et quel fut le premier traité de paix que firent les Chinois.

CHAPITRE VII.

Congrès et traité avec les Chinois[a].

On doit d'abord se représenter quelles étaient les limites de l'empire chinois et de l'empire russe. Quand on est sorti de la Sibérie proprement dite, et qu'on a laissé loin au midi cent hordes de Tartares, calmoucks blancs, calmoucks noirs, monguls mahométans, monguls nommés idolâtres, on avance vers le 130° degré de longitude, et au 52° de latitude, sur le fleuve

---

[a] Tiré des Mémoires envoyés de la Chine, de ceux de Pétersbourg, et des lettres rapportées dans l'*Histoire de la Chine*, compilée par Du Halde.

d'Amur ou d'Amour. Au nord de ce fleuve est une grande chaîne de montagnes qui s'étend jusqu'à la mer Glaciale par-delà le cercle polaire. Ce fleuve, qui coule l'espace de cinq cents lieues dans la Sibérie et dans la Tartarie chinoise, va se perdre après tant de détours dans la mer de Kamtschatka. On assure qu'à son embouchure dans cette mer on pêche quelquefois un poisson monstrueux, beaucoup plus gros que l'hippopotame du Nil, et dont la mâchoire est d'un ivoire plus dur et plus parfait[1]. On prétend que cet ivoire fesait autrefois un objet de commerce, qu'on le transportait par la Sibérie, et que c'est la raison pour laquelle on en trouve encore plusieurs morceaux enfouis dans les campagnes. C'est cet ivoire fossile dont nous avons déjà parlé[2] ; mais on prétend qu'autrefois il y eut des éléphants en Sibérie ; que des Tartares vainqueurs des Indes amenèrent dans la Sibérie plusieurs de ces animaux dont les os se sont conservés dans la terre.

Ce fleuve d'Amour est nommé le fleuve Noir par les Tartares mantchoux, et le fleuve du Dragon par les Chinois.

C'était[a] dans ces pays si long-temps inconnus que la Chine et la Russie se disputaient les limites de leurs empires. La Russie possédait quelques forts vers le fleuve d'Amour, à trois cents lieues de la grande mu-

---

[1] Il est apparent qu'on voulait parler des morses ou vaches marines, animaux amphibies, qui ont à la mâchoire supérieure deux longues et fortes défenses dirigées du haut en bas en sens contraire de celle des éléphants, et dont l'ivoire est aussi beau et aussi dur. K. — [2] Page 52. B.

[a] Mémoires des jésuites Péreira et Gerbillon.

raille. Il y eut beaucoup d'hostilités entre les Chinois et les Russes au sujet de ces forts : enfin les deux états entendirent mieux leurs intérêts; l'empereur Kang-hi préféra la paix et le commerce à une guerre inutile. Il envoya sept ambassadeurs à Nipchou, l'un de ces établissements. Ces ambassadeurs menaient environ dix mille hommes avec eux, en comptant leur escorte. C'était là le faste asiatique; mais ce qui est très remarquable, c'est qu'il n'y avait point d'exemple dans les annales de l'empire d'une ambassade vers une autre puissance : ce qui est encore unique, c'est que les Chinois n'avaient jamais fait de traité de paix depuis la fondation de l'empire. Deux fois subjugués par les Tartares, qui les attaquèrent et qui les domptèrent, ils ne firent jamais la guerre à aucun peuple, excepté à quelques hordes, ou bientôt subjuguées, ou bientôt abandonnées à elles-mêmes sans aucun traité. Ainsi cette nation si renommée pour la morale ne connaissait point ce que nous appelons *droit des gens*, c'est-à-dire ces règles incertaines de la guerre et de la paix, ces droits des ministres publics, ces formules de traités, les obligations qui en résultent, les disputes sur la préséance et le point d'honneur.

En quelle langue d'ailleurs les Chinois pouvaient-ils traiter avec les Russes au milieu des déserts? Deux jésuites, l'un portugais, nommé Péreira, l'autre français, nommé Gerbillon, partis de Pékin avec les ambassadeurs chinois, leur aplanirent toutes ces difficultés nouvelles, et furent les véritables médiateurs. Ils traitèrent en latin avec un Allemand de l'ambassade russe, qui savait cette langue. Le chef de l'ambassade russe était Gollovin, gouverneur de Sibérie ; il étala une plus grande magnificence que les Chinois, et par là donna une noble idée de son empire à ceux qui s'étaient crus les seuls puissants sur la terre. Les deux jésuites réglèrent les limites des deux dominations ; elles furent posées à la rivière de Kerbechi, près de l'endroit même où l'on négociait. Le midi resta aux Chinois, le nord aux Russes. Il n'en coûta à ceux-ci qu'une petite forteresse qui se trouva bâtie au-delà des limites ; on jura une paix éternelle ; et, après quelques contestations, les Russes et les Chinois la jurèrent[a] au nom du même Dieu en ces termes : « Si quelqu'un a jamais la pensée secrète de rallumer « le feu de la guerre, nous prions le Seigneur souve- « rain de toutes choses, qui connaît les cœurs, de pu- « nir ces traîtres par une mort précipitée. »

Cette formule, commune à des Chinois et à des chrétiens, peut faire connaître deux choses importantes : la première que le gouvernement chinois n'est ni athée ni idolâtre, comme on l'en a si souvent accusé par des imputations contradictoires ; la seconde, que tous les peuples qui cultivent leur raison reconnaissent en effet le même Dieu, malgré tous les égarements de cette raison mal instruite. Le traité fut rédigé en latin dans deux exemplaires. Les ambassadeurs russes signèrent les premiers la copie qui leur demeura ; et les Chinois signèrent aussi la leur les premiers, selon l'usage des nations de l'Europe qui traitent de couronne à couronne. On observa un autre usage des nations asiatiques et des premiers âges du

---

[a] 1689, 8 septembre (n. st.), Mémoires de la Chine.

monde connu; le traité fut gravé sur deux gros marbres qui furent posés pour servir de bornes aux deux empires[1]. Trois ans après le czar envoya le Danois Ilbrand Ide[2] en ambassade à la Chine, et le commerce établi a subsisté depuis avec avantage jusqu'à une rupture entre la Russie et la Chine en 1722; mais après cette interruption il a repris une nouvelle vigueur.

CHAPITRE VIII.

Expédition vers les Palus-Méotides. Conquête d'Azof. Le czar envoie des jeunes gens s'instruire dans les pays étrangers.

Il ne fut pas si aisé d'avoir la paix avec les Turcs; le temps même paraissait venu de s'élever sur leurs ruines. Venise, accablée par eux, commençait à se relever. Le même Morosini qui avait rendu Candie aux Turcs, leur prenait le Péloponèse; et cette conquête lui mérita le surnom de *Péloponésiaque*, honneur qui rappelait le temps de la république romaine. L'empereur d'Allemagne, Léopold, avait quelques succès contre l'empire turc en Hongrie; et les Polonais repoussaient au moins les courses des Tartares de Crimée.

---

[1] Les colonnes ne furent point élevées, si on en croit l'auteur de la *Nouvelle Histoire de Russie*. K. — C'est l'ouvrage de P.-C. Levesque (voyez ma note sur les *Anecdotes sur le czar Pierre-le-Grand*, tome XXXIX) que les éditeurs de Kehl désignent ici. B.

[2] Ses véritables noms sont Éverard-Ysbrantz Ides. B.

Pierre profita de ces circonstances pour aguerrir ses troupes, et pour se donner, s'il pouvait, l'empire de la mer Noire. Le général Gordon marcha le long du Tanaïs, vers Azof, avec son grand régiment de cinq mille hommes; le général Le Fort avec le sien de douze mille, un corps de strélitz commandé par Sheremeto[a] et Shein originaire de Prusse; un corps de Cosaques, un grand train d'artillerie : tout fut prêt pour cette expédition[b].

Cette grande armée s'avance sous les ordres du maréchal Sheremeto, au commencement de l'été 1695, vers Azof, à l'embouchure du Tanaïs, et à l'extrémité des Palus-Méotides, qu'on nomme aujourd'hui la mer de Zabache. Le czar était à l'armée, mais en qualité de volontaire, voulant long-temps apprendre avant de commander. Pendant la marche on prit d'assaut deux tours que les Turcs avaient bâties sur les deux bords du fleuve.

L'entreprise était difficile; la place, assez bien fortifiée, était défendue par une garnison nombreuse. Des barques longues, semblables aux saïques turques, construites par des Vénitiens, et deux petits vaisseaux de guerre hollandais, sortis de la Véronise, ne furent pas assez tôt prêts, et ne purent entrer dans la mer d'Azof. Tout commencement éprouve toujours des obstacles. Les Russes n'avaient point encore fait de siége régulier. Cet essai ne fut pas d'abord heureux.

Un nommé Jacob, natif de Dantzick, dirigeait l'artillerie sous le commandement du général Shein; car

---

[a] Sheremetow, ou Sheremetof, ou, suivant une autre orthographe, Czeremetoff. — [b] 1694.

on n'avait guère que des étrangers pour principaux artilleurs, pour ingénieurs, comme pour pilotes. Ce Jacob fut condamné au châtiment des batoques, par son général Shein, prussien. Le commandement alors semblait affermi, par ces rigueurs. Les Russes s'y soumettaient, malgré leur penchant pour les séditions, et après ces châtiments ils servaient comme à l'ordinaire. Le Dantzickois pensait autrement; il voulut se venger; il encloua le canon, se jeta dans Azof, embrassa la religion musulmane, et défendit la place avec succès. Cet exemple fait voir que l'humanité qu'on exerce aujourd'hui en Russie est préférable aux anciennes cruautés, et retient mieux dans le devoir les hommes qui, avec une éducation heureuse, ont pris des sentiments d'honneur. L'extrême rigueur était alors nécessaire envers le bas peuple : mais quand les mœurs ont changé, l'impératrice Élisabeth a achevé par la clémence l'ouvrage que son père commença par les lois. Cette indulgence a été même poussée à un point dont il n'y a point d'exemple dans l'histoire d'aucun peuple. Elle a promis que pendant son règne personne ne serait puni de mort, et a tenu sa promesse. Elle est la première souveraine qui ait ainsi respecté la vie des hommes. Les malfaiteurs ont été condamnés aux mines, aux travaux publics; leurs châtiments sont devenus utiles à l'état : institution non moins sage qu'humaine. Partout ailleurs on ne sait que tuer un criminel avec appareil, sans avoir jamais empêché les crimes. La terreur de la mort fait moins d'impression peut-être sur des méchants, pour la plupart fainéants, que la crainte d'un châtiment et d'un travail pénible qui renaissent tous les jours.

Pour revenir au siége d'Azof, soutenu désormais par le même homme qui avait dirigé les attaques, on tenta vainement un assaut, et après avoir perdu beaucoup de monde, on fut obligé de lever le siége.

La constance dans toute entreprise formait le caractère de Pierre. Il conduisit une armée plus considérable encore devant Azof au printemps de 1696. Le czar Ivan son frère venait de mourir. Quoique son autorité n'eût pas été gênée par Ivan, qui n'avait que le nom de czar, elle l'avait toujours été un peu par les bienséances. Les dépenses de la maison d'Ivan retournaient par sa mort à l'entretien de l'armée; c'était un secours pour un état qui n'avait pas alors d'aussi grands revenus qu'aujourd'hui. Pierre écrivit à l'empereur Léopold, aux états-généraux, à l'électeur de Brandebourg, pour en obtenir des ingénieurs, des artilleurs, des gens de mer. Il engagea à sa solde des Calmouks dont la cavalerie est très utile contre celle des Tartares de Crimée.

Le succès le plus flatteur pour le czar fut celui de sa petite flotte, qui fut enfin complète et bien gouvernée. Elle battit les saïques turques envoyées de Constantinople, et en prit quelques unes. Le siége fut poussé régulièrement par tranchées, non pas tout-à-fait selon notre méthode; les tranchées étaient trois fois plus profondes, et les parapets étaient de hauts remparts. Enfin les assiégés rendirent la place le 28 juillet n. st.[a], sans aucun honneur de la guerre, sans

[a] 1696.

emporter ni armes ni munitions, et ils furent obligés de livrer le transfuge Jacob aux assiégeants.

Le czar voulut d'abord, en fortifiant Azof, en le couvrant par des forts, en creusant un port capable de contenir les plus gros vaisseaux, se rendre maître du détroit de Caffa, de ce Bosphore cimmérien qui donne entrée dans le Pont-Euxin, lieux célèbres autrefois par les armements de Mithridate. Il laissa trente-deux saïques armées devant Azof[a], et prépara tout pour former contre les Turcs une flotte de neuf vaisseaux de soixante pièces de canon, et de quarante et un portant depuis trente jusqu'à cinquante pièces d'artillerie. Il exigea que les plus grands seigneurs, les plus riches négociants, contribuassent à cet armement; et croyant que les biens des ecclésiastiques devaient servir à la cause commune, il obligea le patriarche, les évêques, les archimandrites, à payer de leur argent cet effort nouveau qu'il fesait pour l'honneur de sa patrie et pour l'avantage de la chrétienté. On fit faire par des Cosaques des bateaux légers auxquels ils sont accoutumés, et qui peuvent côtoyer aisément les rivages de la Crimée. La Turquie devait être alarmée d'un tel armement, le premier qu'on eût jamais tenté sur les Palus-Méotides. Le projet était de chasser pour jamais les Tartares et les Turcs de la Crimée, et d'établir ensuite un grand commerce aisé et libre avec la Perse par la Géorgie. C'est le même commerce que firent autrefois les Grecs à Colchos, et dans cette Chersonèse-taurique que le czar semblait devoir soumettre.

[a] Mémoires de Le Fort.

Vainqueur des Turcs et des Tartares, il voulut accoutumer son peuple à la gloire comme aux travaux. Il fit entrer à Moscou son armée sous des arcs de triomphe, au milieu des feux d'artifice et de tout ce qui put embellir cette fête. Les soldats qui avaient combattu sur les saïques vénitiennes contre les Turcs, et qui formaient une troupe séparée, marchèrent les premiers. Le maréchal Sheremeto, les généraux Gordon et Shein, l'amiral Le Fort, les autres officiers généraux, précédèrent dans cette pompe le souverain, qui disait n'avoir point encore de rang dans l'armée, et qui, par cet exemple, voulait faire sentir à toute la noblesse qu'il faut mériter les grades militaires pour en jouir.

Ce triomphe semblait tenir en quelque chose des anciens Romains; il leur ressembla surtout en ce que les triomphateurs exposaient dans Rome les vaincus aux regards des peuples, et les livraient quelquefois à la mort : les esclaves faits dans cette expédition suivaient l'armée; et ce Jacob qui l'avait trahi était mené dans un chariot sur lequel on avait dressé une potence, à laquelle il fut ensuite attaché après avoir souffert le supplice de la roue.

On frappa alors la première médaille en Russie. La légende russe est remarquable : « Pierre Ier, empereur « de Moscovie, toujours auguste. » Sur le revers est Azof, avec ces mots : « Vainqueur par les flammes et « les eaux. »

Pierre était affligé, dans ce succès, de ne voir ses vaisseaux et ses galères de la mer d'Azof bâtis que par des mains étrangères. Il avait encore autant d'envie d'avoir un port sur la mer Baltique que sur le Pont-Euxin.

Il envoya, au mois de mars 1697, soixante jeunes Russes du régiment de Le Fort en Italie, la plupart à Venise, quelques uns à Livourne, pour y apprendre la marine et la construction des galères; il en fit partir quarante autres[a] pour s'instruire en Hollande de la fabrique et de la manœuvre des grands vaisseaux : d'autres furent envoyés en Allemagne pour servir dans les armées de terre, et pour se former à la discipline allemande. Enfin il résolut de s'éloigner quelques années de ses états, dans le dessein d'apprendre à les mieux gouverner. Il ne pouvait résister au violent désir de s'instruire par ses yeux, et même par ses mains, de la marine et des arts qu'il voulait établir dans sa patrie. Il se proposa de voyager inconnu en Danemark, dans le Brandebourg, en Hollande, à Vienne, à Venise, et à Rome. Il n'y eut que la France et l'Espagne qui n'entrassent point dans son plan : l'Espagne, parceque ces arts qu'il cherchait y étaient alors trop négligés; et la France, parcequ'ils y régnaient peut-être avec trop de faste, et que la hauteur de Louis XIV, qui avait choqué tant de potentats, convenait mal à la simplicité avec laquelle il comptait faire ses voyages. De plus, il était lié avec la plupart de toutes les puissances chez lesquelles il allait, excepté avec la France et avec Rome. Il se souvenait encore avec quelque dépit du peu d'égards que Louis XIV avait eu pour l'ambassade de 1687, qui n'eut pas autant de succès que de célébrité; et enfin

---

[a] Manuscrits du général Le Fort.

il prenait déjà le parti d'Auguste, électeur de Saxe, à qui le prince de Conti disputait la couronne de Pologne.

CHAPITRE IX.
Voyages de Pierre-le-Grand.

Le dessein étant pris de voir tant d'états et tant de cours, en simple particulier, il se mit lui-même[a] à la suite de trois ambassadeurs, comme il s'était mis à la suite de ses généraux à son entrée triomphante dans Moscou.

[b] Les trois ambassadeurs étaient le général Le Fort, le boïard Alexis Gollovin, commissaire général des guerres et gouverneur de la Sibérie, le même qui avait signé le traité d'une paix perpétuelle avec les plénipotentiaires de la Chine, sur les frontières de cet empire, et Vonitsin, diak ou secrétaire d'état, long-temps employé dans les cours étrangères. Quatre premiers secrétaires, douze gentilshommes, deux pages pour chaque ambassadeur, une compagnie de cinquante gardes, avec leurs officiers, tous du régiment Préobazinski, composaient la suite principale de cette ambassade; il y avait en tout deux cents personnes; et le czar, se réservant pour tous domestiques un valet de chambre, un homme de livrée, et un nain, se confondait dans la foule. C'était une chose inouïe dans l'histoire du monde, qu'un roi de vingt-cinq ans qui abandonnait ses royaumes pour mieux régner. Sa vic-

---

[a] 1697. — [b] Mémoires de Pétersbourg et Mémoires de Le Fort.

toire sur les Turcs et les Tartares, l'éclat de son entrée triomphante à Moscou, les nombreuses troupes étrangères affectionnées à son service, la mort d'Ivan, son frère, la clôture de la princesse Sophie, et plus encore le respect général pour sa personne, devaient lui répondre de la tranquillité de ses états pendant son absence. Il confia la régence au boïard Strecknef et au knès Romadonoski, lesquels devaient, dans les affaires importantes, délibérer avec d'autres boïards.

Les troupes formées par le général Gordon restèrent à Moscou pour assurer la tranquillité de la capitale. Les strélitz, qui pouvaient la troubler, furent distribués sur les frontières de la Crimée, pour conserver la conquête d'Azof, et pour réprimer les incursions des Tartares. Ayant ainsi pourvu à tout, il se livrait à son ardeur de voyager et de s'instruire.

Ce voyage ayant été l'occasion ou le prétexte de la sanglante guerre qui traversa si long-temps le czar dans tous ses grands projets, et enfin les seconda; qui détrôna le roi de Pologne Auguste, donna la couronne à Stanislas, et la lui ôta; qui fit du roi de Suède, Charles XII, le premier des conquérants pendant neuf années, et le plus malheureux des rois pendant neuf autres; il est nécessaire, pour entrer dans le détail de ces événements, de représenter ici en quelle situation était alors l'Europe.

Le sultan Mustapha II régnait en Turquie. Sa faible administration ne fesait de grands efforts, ni contre l'empereur d'Allemagne, Léopold, dont les armes étaient heureuses en Hongrie, ni contre le czar, qui venait de lui enlever Azof, et qui menaçait le Pont-

Euxin, ni même contre Venise, qui enfin s'était emparée de tout le Péloponèse.

Jean Sobieski, roi de Pologne, à jamais célèbre par la victoire de Choczim, et par la délivrance de Vienne, était mort le 17 juin 1696; et cette couronne était disputée par Auguste, électeur de Saxe, qui l'emporta, et par Armand, prince de Conti, qui n'eut que l'honneur d'être élu.

La Suède venait de perdre[a] et regrettait peu Charles XI, premier souverain véritablement absolu dans ce pays, père d'un roi qui le fut davantage, et avec lequel s'est éteint le despotisme. Il laissait sur le trône Charles XII, son fils, âgé de quinze ans. C'était une conjoncture favorable en apparence aux projets du czar; il pouvait s'agrandir sur le golfe de Finlande et vers la Livonie. Ce n'était pas assez d'inquiéter les Turcs sur la mer Noire; des établissements sur les Palus-Méotides et vers la mer Caspienne ne suffisaient pas à ses projets de marine, de commerce, et de puissance; la gloire même, que tout réformateur desire ardemment, n'était ni en Perse ni en Turquie; elle était dans notre partie de l'Europe, où l'on éternise les grands talents en tout genre. Enfin Pierre ne voulait introduire dans ses états ni les mœurs turques ni les persanes, mais les nôtres.

L'Allemagne en guerre à-la-fois avec la Turquie et avec la France, ayant pour ses alliés l'Espagne, l'Angleterre, et la Hollande, contre le seul Louis XIV, était prête à conclure la paix, et les plénipotentiaires

[a] Avril 1697.

étaient déjà assemblés au château de Risvick, auprès de La Haye.

Ce fut dans ces circonstances que Pierre et son ambassade prirent leur route, au mois d'avril 1697, par la grande Novogorod. De là on voyagea par l'Estonie et par la Livonie, provinces autrefois contestées entre les Russes, les Suédois, et les Polonais, et acquises enfin à la Suède par la force des armes.

La fertilité de la Livonie, la situation de Riga, sa capitale, pouvaient tenter le czar; il eut du moins la curiosité de voir les fortifications des citadelles. Le comte d'Albert, gouverneur de Riga, en prit de l'ombrage; il lui refusa cette satisfaction, et parut témoigner peu d'égards pour l'ambassade. Cette conduite ne servit pas à refroidir dans le cœur du czar le desir qu'il pouvait concevoir d'être un jour le maître de ces provinces.

De la Livonie on alla dans la Prusse brandebourgeoise, dont une partie a été habitée par les anciens Vandales : la Prusse polonaise avait été comprise dans la Sarmatie d'Europe; la brandebourgeoise était un pays pauvre, mal peuplé, mais où l'électeur, qui se fit donner depuis le titre de roi, étalait une magnificence nouvelle et ruineuse. Il se piqua de recevoir l'ambassade dans sa ville de Kœnisberg avec un faste royal. On se fit de part et d'autre les présents les plus magnifiques. Le contraste de la parure française, que la cour de Berlin affectait, avec les longues robes asiatiques des Russes, leurs bonnets rehaussés de perles et de pierreries, leurs cimeterres pendants à la ceinture, fit un effet singulier. Le czar était vêtu à l'allemande. Un prince de Géorgie[1] qui était avec lui, vêtu à la mode des Persans, étalait une autre sorte de magnificence : c'est le même qui fut pris à la journée de Narva, et qui est mort en Suède.

Pierre méprisait tout ce faste; il eût été à desirer qu'il eût également méprisé ces plaisirs de table dans lesquels l'Allemagne mettait alors sa gloire[a]. Ce fut dans un de ces repas, trop à la mode alors, aussi dangereux pour la santé que pour les mœurs, qu'il tira l'épée contre son favori Le Fort; mais il témoigna autant de regret de cet emportement passager qu'Alexandre en eut du meurtre de Clytus. Il demanda pardon à Le Fort : il disait qu'il voulait réformer sa nation, et qu'il ne pouvait pas encore se réformer lui-même. Le général Le Fort, dans son manuscrit, loue encore plus le fond du caractère du czar qu'il ne blâme cet excès de colère.

L'ambassade passe par la Poméranie, par Berlin; une partie prend sa route par Magdebourg, l'autre par Hambourg, ville que son grand commerce rendait déjà puissante, mais non pas aussi opulente et aussi sociable qu'elle l'est devenue depuis. On tourne vers Minden; on passe la Vestphalie, et enfin on arrive par Clèves dans Amsterdam.

Le czar se rendit dans cette ville quinze jours avant l'ambassade; il logea d'abord dans la maison de la compagnie des Indes, mais bientôt il choisit un petit logement dans les chantiers de l'amirauté. Il prit un

---

[1] Voyez tome XXIV, page 81. B.
[a] Mémoires manuscrits de Le Fort.

habit de pilote, et alla dans cet équipage au village de Sardam, où l'on construisait alors beaucoup plus de vaisseaux encore qu'aujourd'hui. Ce village est aussi grand, aussi peuplé, aussi riche, et plus propre que beaucoup de villes opulentes. Le czar admira cette multitude d'hommes toujours occupés, l'ordre, l'exactitude des travaux, la célérité prodigieuse à construire un vaisseau et à le munir de tous ses agrès, et cette quantité incroyable de magasins et de machines qui rendent le travail plus facile et plus sûr. Le czar commença par acheter une barque à laquelle il fit de ses mains un mât brisé; ensuite il travailla à toutes les parties de la construction d'un vaisseau, menant la même vie que les artisans de Sardam, s'habillant, se nourrissant comme eux, travaillant dans les forges, dans les corderies, dans ces moulins dont la quantité prodigieuse borde le village, et dans lesquels on scie le sapin et le chêne, on tire l'huile, on fabrique le papier, on file les métaux ductiles. Il se fit inscrire dans le nombre des charpentiers, sous le nom de Pierre Michaeloff. On l'appelait communément maître Pierre (*Peterbas*); et les ouvriers, d'abord interdits d'avoir un souverain pour compagnon, s'y accoutumèrent familièrement.

Tandis qu'il maniait à Sardam le compas et la hache, on lui confirma la nouvelle de la scission de la Pologne, et de la double nomination de l'électeur Auguste et du prince de Conti. Le charpentier de Sardam promit aussitôt trente mille hommes au roi Auguste. Il donnait de son atelier des ordres à son armée d'Ukraine, assemblée contre les Turcs.

Ses troupes [1], commandées par le général Shein et par le prince Dolgorouki, venaient de remporter une victoire auprès d'Azof, sur les Tartares [a], et même sur un corps de janissaires que le sultan Mustapha leur avait envoyé. Pour lui, il persistait à s'instruire dans plus d'un art; il allait de Sardam à Amsterdam travailler chez le célèbre anatomiste Ruysch; il fesait des opérations de chirurgie, qui, en un besoin, pouvaient le rendre utile à ses officiers ou à lui-même. Il s'instruisait de la physique naturelle dans la maison du bourgmestre Visten, citoyen recommandable à jamais par son patriotisme, et par l'emploi de ses richesses immenses, qu'il prodiguait en citoyen du monde, envoyant à grands frais des hommes habiles chercher ce qu'il y avait de plus rare dans toutes les parties de l'univers, et frétant des vaisseaux à ses dépens pour découvrir de nouvelles terres.

Peterbas ne suspendit ses travaux que pour aller voir, sans cérémonie, à Utrecht et à La Haye, Guillaume, roi d'Angleterre et stathouder des Provinces-Unies. Le général Le Fort était seul en tiers avec les deux monarques. Il assista ensuite à la cérémonie de l'entrée de ses ambassadeurs, et à leur audience; ils présentèrent en son nom, aux députés des états, six cents des plus belles martres zibelines; et les états, outre le présent ordinaire qu'ils leur firent à chacun d'une chaîne d'or et d'une médaille, leur donnèrent

---

[1] Dans les éditions données du vivant de l'auteur, la première phrase de cet alinéa était un peu plus loin; et on lisait ici la première phrase du troisième des alinéa qui suivent. L'édition in-8° de Kehl est la première qui contienne cette double transposition. B. — [a] Juillet 1696.

trois carrosses magnifiques. Ils reçurent les premières visites de tous les ambassadeurs plénipotentiaires qui étaient au congrès de Rysvick, excepté des Français, à qui ils n'avaient pas notifié leur arrivée, non seulement parceque le czar prenait le parti du roi Auguste contre le prince de Conti, mais parceque le roi Guillaume, dont il cultivait l'amitié, ne voulait point la paix avec la France.

De retour à Amsterdam, il y reprit ses premières occupations, et acheva de ses mains un vaisseau de soixante pièces de canon qu'il avait commencé, et qu'il fit partir pour Archangel, n'ayant pas alors d'autre port sur les mers de l'Océan. Non seulement il fesait engager à son service des réfugiés français, des Suisses, des Allemands, mais il fesait partir des artisans de toute espèce pour Moscou, et n'envoyait que ceux qu'il avait vus travailler lui-même. Il est très peu de métiers et d'arts qu'il n'approfondît dans les détails : il se plaisait surtout à réformer les cartes des géographes, qui, alors, plaçaient au hasard toutes les positions des villes et des fleuves de ses états peu connus. On a conservé la carte sur laquelle il traça la communication de la mer Caspienne et de la mer Noire, qu'il avait déjà projetée, et dont il avait chargé un ingénieur allemand, nommé Brakel. La jonction de ces deux mers était plus facile que celle de l'Océan et de la Méditerranée, exécutée en France; mais l'idée d'unir la mer d'Azof et la Caspienne effrayait alors l'imagination. De nouveaux établissements dans ce pays lui paraissaient d'autant plus convenables, que ses succès lui donnaient de nouvelles espérances.

Ses troupes remportaient [1] une victoire contre les Tartares, assez près d'Azof [a], et même quelques mois après elles prirent la ville d'Or ou Orkapi, que nous nommons Précop. Ce succès servit à le faire respecter davantage de ceux qui blâmaient un souverain d'avoir quitté ses états pour exercer des métiers dans Amsterdam. Ils virent que les affaires du monarque ne souffraient pas des travaux du philosophe voyageur et artisan.

Il continua dans Amsterdam ses occupations ordinaires de constructeur de vaisseaux, d'ingénieur, de géographe, de physicien pratique, jusqu'au milieu de janvier 1698, et alors il partit pour l'Angleterre, toujours à la suite de sa propre ambassade.

Le roi Guillaume lui envoya son yacht et deux vaisseaux de guerre. Sa manière de vivre fut la même que celle qu'il s'était prescrite dans Amsterdam et dans Sardam. Il se logea près du grand chantier à Deptford, et ne s'occupa guère qu'à s'instruire. Les constructeurs hollandais ne lui avaient enseigné que leur méthode et leur routine : il connut mieux l'art en Angleterre ; les vaisseaux s'y bâtissaient suivant des proportions mathématiques. Il se perfectionna dans cette science, et bientôt il en pouvait donner des leçons. Il travailla selon la méthode anglaise à la construction d'un vaisseau, qui se trouva un des meilleurs voiliers de la mer. L'art de l'horlogerie, déjà perfectionné à Londres, attira son attention ; il en connut parfaite-

---

[1] Dans les éditions qui ont précédé celles de Kehl, la première phrase de cet alinéa était un peu plus haut. Voyez ma note page 125. B. — [a] 11 août 1697.

ment toute la théorie. Le capitaine et ingénieur Perri, qui le suivit de Londres en Russie, dit que depuis la fonderie des canons jusqu'à la filerie des cordes, il n'y eut aucun métier qu'il n'observât, et auquel il ne mît la main, toutes les fois qu'il était dans les ateliers.

On trouva bon, pour cultiver son amitié, qu'il engageât des ouvriers comme il avait fait en Hollande : mais outre les artisans, il eut ce qu'il n'aurait pas trouvé si aisément à Amsterdam, des mathématiciens. Fergusson, écossais, bon géomètre, se mit à son service; c'est lui qui a établi l'arithmétique en Russie, dans les bureaux des finances, où l'on ne se servait auparavant que de la méthode tartare de compter avec des boules enfilées dans du fil d'archal; méthode qui suppléait à l'écriture, mais embarrassante et fautive, parcequ'après le calcul on ne peut voir si on s'est trompé. Nous n'avons connu les chiffres indiens dont nous nous servons, que par les Arabes, au neuvième siècle; l'empire de Russie ne les a reçus que mille ans après : c'est le sort de tous les arts; ils ont fait lentement le tour du monde. Deux jeunes gens de l'école des mathématiques accompagnèrent Fergusson, et ce fut le commencement de l'école de marine que Pierre établit depuis. Il observait et calculait les éclipses avec Fergusson. L'ingénieur Perri, quoique très mécontent de n'avoir pas été assez récompensé, avoue que Pierre s'était instruit dans l'astronomie : il connaissait bien les mouvements des corps célestes, et même les lois de la gravitation qui les dirige. Cette force si démontrée, et avant le grand Newton si inconnue, par laquelle toutes les planètes pèsent les unes sur les autres, et qui les retient dans leurs orbites, était déjà familière à un souverain de la Russie, tandis qu'ailleurs on se repaissait de tourbillons chimériques, et que dans la patrie de Galilée des ignorants ordonnaient à des ignorants de croire la terre immobile.

Perri partit de son côté pour aller travailler à des jonctions de rivières, à des ponts, à des écluses. Le plan du czar était de faire communiquer par des canaux l'Océan, la mer Caspienne, et la mer Noire.

On ne doit pas omettre que des négociants anglais, à la tête desquels se mit le marquis de Carmathen, amiral, lui donnèrent quinze mille livres sterling pour obtenir la permission de débiter du tabac en Russie. Le patriarche, par une sévérité mal entendue, avait proscrit cet objet de commerce; l'Église russe défendait le tabac comme un péché. Pierre, mieux instruit, et qui parmi tous les changements projetés méditait la réforme de l'Église, introduisit ce commerce dans ses états.

Avant que Pierre quittât l'Angleterre, le roi Guillaume lui fit donner le spectacle le plus digne d'un tel hôte, celui d'une bataille navale. On ne se doutait pas alors que le czar en livrerait un jour de véritables contre les Suédois, et qu'il remporterait des victoires sur la mer Baltique. Enfin Guillaume lui fit présent du vaisseau sur lequel il avait coutume de passer en Hollande, nommé *le Royal Transport*, aussi bien construit que magnifique. Pierre retourna sur ce vaisseau en Hollande, à la fin de mai 1698. Il amenait avec lui trois capitaines de vaisseau de guerre, vingt-cinq patrons de vaisseau, nommés aussi capitaines, quarante lieutenants, trente pilotes, trente chirurgiens, deux cent cinquante canonniers, et plus de trois cents artisans. Cette colonie d'hommes habiles en tout genre passa de Hollande à Archangel sur le *Royal Transport*, et de là fut répandue dans les endroits où leurs services étaient nécessaires. Ceux qui furent engagés à Amsterdam prirent la route de Narva, qui appartenait à la Suède.

Pendant qu'il fesait ainsi transporter les arts d'Angleterre et de Hollande dans son pays, les officiers qu'il avait envoyés à Rome et en Italie engageaient aussi quelques artistes. Son général Sheremetof, qui était à la tête de son ambassade en Italie, allait de Rome à Naples, à Venise, à Malte; et le czar passa à Vienne avec les autres ambassadeurs. Il avait à voir la discipline guerrière des Allemands après les flottes anglaises et les ateliers de Hollande. La politique avait encore autant de part au voyage que l'instruction. L'empereur était l'allié nécessaire du czar contre les Turcs. Pierre vit Léopold incognito. Les deux monarques s'entretinrent debout pour éviter les embarras du cérémonial.

Il n'y eut rien de marqué dans son séjour à Vienne, que l'ancienne fête de l'*hôte* et de l'*hôtesse*[1], que Léo-

---

[1] Voltaire a fait, en 1776, un divertissement intitulé : *l'Hôte et l'hôtesse*. Il en devait, comme il le dit, l'idée à cette ancienne fête de la cour de Vienne : voyez tome IX de la présente édition. B.

pold renouvela pour lui, et qui n'avait point été en usage pendant son règne. Cette fête, qui se nomme *wurtchafft*, se célèbre de cette manière. L'empereur est l'hôtelier, l'impératrice l'hôtelière, le roi des Romains, les archiducs, les archiduchesses, sont d'ordinaire les aides, et reçoivent dans l'hôtellerie toutes les nations vêtues à la plus ancienne mode de leur pays; ceux qui sont appelés à la fête tirent au sort des billets. Sur chacun est écrit le nom de la nation et de la condition qu'on doit représenter. L'un a un billet de mandarin chinois, l'autre de mirza tartare, de satrape persan ou de sénateur romain; une princesse tire un billet de jardinière ou de laitière; un prince est paysan ou soldat. On forme des danses convenables à tous ces caractères. L'hôte, l'hôtesse, et sa famille, servent à table. Telle est l'ancienne institution[a]: mais, dans cette occasion, le roi des Romains, Joseph, et la comtesse de Traun représentèrent les anciens Égyptiens; l'archiduc Charles et la comtesse de Valstein figuraient les Flamands du temps de Charles-Quint. L'archiduchesse Marie-Élisabeth et le comte de Traun étaient en Tartares; l'archiduchesse Joséphine avec le comte de Vorkla étaient à la persane; l'archiduchesse Marianne et le prince Maximilien de Hanovre en paysans de la Nord-Hollande. Pierre s'habilla en paysan de Frise, et on ne lui adressa la parole qu'en cette qualité, en lui parlant toujours du grand czar de Russie. Ce sont de très petites particularités; mais ce qui rappelle les anciennes mœurs peut, à quelques égards, mériter qu'on en parle.

[a] Manuscrits de Pétersbourg et de Le Fort.

Pierre était prêt à partir de Vienne pour aller achever de s'instruire à Venise, lorsqu'il eut la nouvelle d'une révolte qui troublait ses états.

CHAPITRE X.

Conjuration punie. Milice des strélitz abolie. Changements dans les usages, dans les mœurs, dans l'état, et dans l'Église.

Il avait pourvu à tout en partant, et même aux moyens de réprimer une rébellion. Ce qu'il fesait de grand et d'utile pour son pays fut la cause même de cette révolte.

De vieux boïards, à qui les anciennes coutumes étaient chères ; des prêtres, à qui les nouvelles paraissaient des sacriléges, commencèrent les troubles. L'ancien parti de la princesse Sophie se réveilla. Une de ses sœurs [1], dit-on, renfermée avec elle dans le même monastère, ne servit pas peu à exciter les esprits : on représentait de tous côtés combien il était à craindre que des étrangers ne vinssent instruire la nation [a]. Enfin, qui le croirait ? la permission que le czar avait donnée de vendre du tabac dans son empire, malgré le clergé, fut un des grands motifs des séditieux. La superstition, qui, dans toute la terre, est un fléau si funeste et si cher aux peuples, passa du peuple russe aux strélitz répandus sur les frontières de la Lithuanie : ils s'assemblèrent, ils marchèrent

---

[1] Eudoxe. Voyez la page suivante. B. — [a] Manuscrits de Le Fort.

vers Moscou, dans le dessein de mettre Sophie sur le trône, et de fermer le retour à un czar qui avait violé les usages en osant s'instruire chez les étrangers. Le corps commandé par Shein et par Gordon, mieux discipliné qu'eux, les battit à quinze lieues de Moscou; mais cette supériorité d'un général étranger sur l'ancienne milice, dans laquelle plusieurs bourgeois de Moscou étaient enrôlés, irrita encore la nation.

Pour étouffer ces troubles, le czar part secrètement de Vienne, passe par la Pologne, voit incognito le roi Auguste, avec lequel il prend déjà des mesures pour s'agrandir du côté de la mer Baltique. Il arrive enfin à Moscou [a], et surprend tout le monde par sa présence : il récompense les troupes qui ont vaincu les strélitz : les prisons étaient pleines de ces malheureux. Si leur crime était grand, le châtiment le fut aussi. Leurs chefs, plusieurs officiers et quelques prêtres furent condamnés à la mort [b]; quelques uns furent roués, deux femmes enterrées vives. On pendit autour des murailles de la ville et on fit périr dans d'autres supplices deux mille strélitz [c]; leurs corps restèrent deux jours exposés sur les grands chemins, et surtout autour du monastère où résidaient les princesses Sophie et Eudoxe. On érigea des colonnes de pierre où le crime et le châtiment furent gravés. Un très grand nombre qui avaient leurs femmes et leurs enfants à Moscou furent dispersés avec leurs familles dans la Sibérie, dans le royaume d'Astracan, dans le pays d'Azof : par là du moins leur punition

[a] Septembre 1698. — [b] Mémoires du capitaine et ingénieur Perri; employé en Russie par Pierre-le-Grand. — [c] Manuscrits de Le Fort.

fut utile à l'état; ils servirent à défricher et à peupler des terres qui manquaient d'habitants et de culture.

Peut-être si le czar n'avait pas eu besoin d'un exemple terrible, il eût fait travailler aux ouvrages publics une partie des strélitz qu'il fit exécuter, et qui furent perdus pour lui et pour l'état; la vie des hommes devant être comptée pour beaucoup, surtout dans un pays où la population demandait tous les soins d'un législateur : mais il crut devoir étonner et subjuguer pour jamais l'esprit de la nation par l'appareil et par la multitude des supplices. Le corps entier des strélitz, qu'aucun de ses prédécesseurs n'aurait osé seulement diminuer, fut cassé à perpétuité, et leur nom aboli. Ce grand changement se fit sans la moindre résistance, parcequ'il avait été préparé. Le sultan des Turcs, Osman, comme on l'a déjà remarqué [1], fut déposé dans le même siècle, et égorgé, pour avoir laissé seulement soupçonner aux janissaires qu'il voulait diminuer leur nombre. Pierre eut plus de bonheur, ayant mieux pris ses mesures. Il ne resta de toute cette grande milice des strélitz que quelques faibles régiments qui n'étaient plus dangereux, et qui cependant, conservant encore leur ancien esprit, se révoltèrent dans Astracan, en 1705, mais furent bientôt réprimés.

Autant Pierre avait déployé de sévérité dans cette affaire d'état, autant il montra d'humanité quand il perdit quelque temps après son favori Le Fort, qui mourut d'une mort prématurée à l'âge de quarante-

---

[1] Page 105, ci-dessus; et tome XVIII, page 415. B.

six ans[a]. Il l'honora d'une pompe funèbre telle qu'on en fait aux grands souverains. Il assista lui-même au convoi, une pique à la main, marchant après les capitaines, au rang de lieutenant qu'il avait pris dans le grand régiment du général, enseignant à-la-fois à sa noblesse à respecter le mérite et les grades militaires.

On connut après la mort de Le Fort que les changements préparés dans l'état ne venaient pas de lui, mais du czar. Il s'était confirmé dans ses projets par les conversations avec Le Fort; mais il les avait tous conçus, et il les exécuta sans lui.

Dès qu'il eut détruit les strélitz, il établit des régiments réguliers sur le modèle allemand; ils eurent des habits courts et uniformes, au lieu de ces jaquettes incommodes dont ils étaient vêtus auparavant: l'exercice fut plus régulier.

Les gardes Préobazinski étaient déjà formées : ce nom leur venait de cette première compagnie de cinquante hommes que le czar, jeune encore, avait exercée dans la retraite de Préobazinski, du temps que sa sœur Sophie gouvernait l'état; et l'autre régiment des gardes était aussi établi.

Comme il avait passé lui-même par les plus bas grades militaires, il voulut que les fils de ses boïards et de ses knès commençassent par être soldats avant d'être officiers. Il en mit d'autres sur la flotte à Véronise et vers Azof, et il fallut qu'ils fissent l'apprentissage de matelot. On n'osait refuser un maître qui avait donné l'exemple. Les Anglais et les Hollandais

---

[a] 12 mars 1699, n. st.

travaillaient à mettre cette flotte en état, à construire des écluses, à établir des chantiers où l'on pût caréner les vaisseaux à sec, à reprendre le grand ouvrage de la jonction du Tanaïs et du Volga, abandonné par l'Allemand Brakel. Dès-lors les réformes dans son conseil d'état, dans les finances, dans l'Église, dans la société même, furent commencées.

Les finances étaient à peu près administrées comme en Turquie. Chaque boïard payait pour ses terres une somme convenue qu'il levait sur ses paysans serfs; le czar établit pour ses receveurs des bourgeois, des bourgmestres qui n'étaient pas assez puissants pour s'arroger le droit de ne payer au trésor public que ce qu'ils voudraient. Cette nouvelle administration des finances fut ce qui lui coûta le plus de peine; il fallut essayer de plus d'une méthode avant de se fixer.

La réforme dans l'Église, qu'on croit partout difficile et dangereuse, ne le fut point pour lui. Les patriarches avaient quelquefois combattu l'autorité du trône, ainsi que les strélitz; Nicon avec audace; Joachim, un des successeurs de Nicon, avec souplesse. Les évêques s'étaient arrogé le droit du glaive, celui de condamner à des peines afflictives et à la mort; droit contraire à l'esprit de la religion et au gouvernement: cette usurpation ancienne leur fut ôtée. Le patriarche Adrien étant mort à la fin du siècle, Pierre déclara qu'il n'y en aurait plus. Cette dignité fut entièrement abolie; les grands biens affectés au patriarcat furent réunis aux finances publiques, qui en avaient besoin. Si le czar ne se fit pas le chef de l'Église russe, comme les rois de la Grande-Bretagne le sont de l'Église anglicane, il en fut en effet le maître absolu, parceque les synodes n'osaient ni désobéir à un souverain despotique, ni disputer contre un prince plus éclairé qu'eux.

Il ne faut que jeter les yeux sur le préambule de l'édit de ses réglements ecclésiastiques, donné en 1721, pour voir qu'il agissait en législateur et en maître. « Nous nous croirions coupable d'ingratitude envers « le Très-Haut, si, après avoir réformé l'ordre mili- « taire et le civil, nous négligions l'ordre spirituel, etc. « A ces causes, suivant l'exemple des plus anciens rois « dont la piété est célèbre, nous avons pris sur nous « le soin de donner de bons réglements au clergé. » Il est vrai qu'il établit un synode pour faire exécuter ses lois ecclésiastiques; mais les membres du synode devaient commencer leur ministère par un serment dont lui-même avait écrit et signé la formule : ce serment était celui de l'obéissance; en voici les termes: « Je « jure d'être fidèle et obéissant serviteur et sujet à « mon naturel et véritable souverain, aux augustes « successeurs qu'il lui plaira de nommer, en vertu du « pouvoir incontestable qu'il en a. Je reconnais qu'il « est le juge suprême de ce collége spirituel; je jure par « le Dieu qui voit tout, que j'entends et que j'explique « ce serment dans toute la force et le sens que les pa- « roles présentent à ceux qui le lisent ou qui l'écou- « tent. » Ce serment est encore plus fort que celui de suprématie en Angleterre. Le monarque russe n'était pas à la vérité un des pères du synode, mais il dictait leurs lois; il ne touchait point à l'encensoir, mais il dirigeait les mains qui le portaient.

En attendant ce grand ouvrage, il crut que, dans ses états, qui avaient besoin d'être peuplés, le célibat des moines était contraire à la nature et au bien public. L'ancien usage de l'Église russe est que les prêtres séculiers se marient au moins une fois; ils y sont même obligés : et autrefois, quand ils avaient perdu leur femme, ils cessaient d'être prêtres : mais une multitude de jeunes gens et de jeunes filles, qui font vœu dans un cloître d'être inutiles et de vivre aux dépens d'autrui, lui parut dangereuse; il ordonna qu'on n'entrerait dans les cloîtres qu'à cinquante ans, c'est-à-dire dans un âge où cette tentation ne prend presque jamais, et il défendit qu'on y reçût, à quelque âge que ce fût, un homme revêtu d'un emploi public.

Ce réglement a été aboli depuis lui, lorsqu'on a cru devoir plus de condescendance aux monastères : mais pour la dignité de patriarche, elle n'a jamais été rétablie, les grands revenus du patriarcat ayant été employés au paiement des troupes.

Ces changements excitèrent d'abord quelques murmures; un prêtre écrivit que Pierre était l'antechrist, parcequ'il ne voulait point de patriarche; et l'art de l'imprimerie, que le czar encourageait, servit à faire imprimer contre lui des libelles; mais aussi un autre prêtre répondit que ce prince ne pouvait être l'antechrist, parceque le nombre de 666 ne se trouvait pas dans son nom, et qu'il n'avait point le signe de la bête. Les plaintes furent bientôt réprimées [1]. Pierre, en effet, donna bien plus à son Église qu'il ne lui ôta; car il

---

[1] Voltaire a dit, tome XXIV, page 56, quel fut le moyen de répression qu'employa Pierre Ier. B.

rendit peu-à-peu le clergé plus régulier et plus savant. Il a fondé à Moscou trois colléges, où l'on apprend les langues, et où ceux qui se destinaient à la prêtrise étaient obligés d'étudier.

Une des réformes les plus nécessaires était l'abolition ou du moins l'adoucissement de quatre grands carêmes; ancien assujettissement de l'Église grecque, aussi pernicieux pour ceux qui travaillent aux ouvrages publics, et surtout pour les soldats, que le fut l'ancienne superstition des Juifs de ne point combattre le jour du sabbat. Aussi le czar dispensa-t-il au moins ses troupes et ses ouvriers de ces carêmes, dans lesquels d'ailleurs, s'il n'était pas permis de manger, il était d'usage de s'enivrer. Il les dispensa même de l'abstinence les jours maigres; les aumôniers de vaisseau et de régiment furent obligés d'en donner l'exemple, et le donnèrent sans répugnance.

Le calendrier était un objet important. L'année fut autrefois réglée dans tous les pays de la terre par les chefs de la religion, non seulement à cause des fêtes, mais parceque anciennement l'astronomie n'était guère connue que des prêtres. L'année commençait au premier de septembre chez les Russes; il ordonna que désormais l'année commencerait au premier de janvier, comme dans notre Europe. Ce changement fut indiqué pour l'année 1700, à l'ouverture du siècle, qu'il fit célébrer par un jubilé et par de grandes solennités. La populace admirait comment le czar avait pu changer le cours du soleil. Quelques obstinés, persuadés que Dieu avait créé le monde en septembre, continuèrent leur ancien style : mais il changea dans les bureaux, dans les chancelleries, et bientôt dans tout l'empire. Pierre n'adoptait pas le calendrier grégorien que les mathématiciens anglais rejetaient, et qu'il faudra bien un jour recevoir dans tous les pays[1].

Depuis le cinquième siècle, temps auquel on avait connu l'usage des lettres, on écrivait sur des rouleaux, soit d'écorce, soit de parchemin, et ensuite sur du papier. Le czar fut obligé de donner un édit par lequel il était ordonné de n'écrire que selon notre usage.

La réforme s'étendit à tout. Les mariages se fesaient auparavant comme dans la Turquie et dans la Perse, où l'on ne voit celle qu'on épouse que lorsque le contrat est signé, et qu'on ne peut plus s'en dédire. Cet usage est bon chez des peuples où la polygamie est établie, et où les femmes sont renfermées; il est mauvais pour les pays où l'on est réduit à une femme, et où le divorce est rare.

Le czar voulut accoutumer sa nation aux mœurs et aux coutumes des nations chez lesquelles il avait voyagé, et dont il avait tiré tous les maîtres qui instruisaient alors la sienne.

Il était utile que les Russes ne fussent point vêtus d'une autre manière que ceux qui leur enseignaient les arts, la haine contre les étrangers étant trop naturelle aux hommes, et trop entretenue par la différence des vêtements. L'habit de cérémonie, qui tenait alors du polonais, du tartare, et de l'ancien hongrois, était, comme on l'a dit[2], très noble; mais l'habit des

---

[1] Le calendrier grégorien n'est pas encore admis en Russie; il n'a été reçu en Angleterre qu'en 1752. B. — [2] Page 66. B.

bourgeois et du bas peuple ressemblait à ces jaquettes plissées vers la ceinture, qu'on donne encore à certains pauvres dans quelques uns de nos hôpitaux. En général la robe fut autrefois le vêtement de toutes les nations ; ce vêtement demandait moins de façons et moins d'art : on laissait croître sa barbe par la même raison. Le czar n'eut pas de peine à introduire l'habit de nos nations, et la coutume de se raser à sa cour : mais le peuple fut plus difficile ; on fut obligé d'imposer une taxe sur les habits longs et sur les barbes. On suspendait aux portes de la ville des modèles de justaucorps : on coupait les robes et les barbes à qui ne voulait pas payer. Tout cela s'exécutait gaîment, et cette gaîté même prévint les séditions.

L'attention de tous les législateurs fut toujours de rendre les hommes sociables ; mais, pour l'être, ce n'est pas assez d'être rassemblés dans une ville, il faut se communiquer avec politesse : cette communication adoucit partout les amertumes de la vie. Le czar introduisit les *assemblées*, en italien *ridotti*, mot que les gazetiers ont traduit par le terme impropre de *redoute*. Il fit inviter à ces assemblées les dames avec leurs filles habillées à la mode des nations méridionales de l'Europe : il donna même des réglements pour ces petites fêtes de société. Ainsi, jusqu'à la civilité de ses sujets, tout fut son ouvrage et celui du temps.

Pour mieux faire goûter ces innovations, il abolit le mot de *golut, esclave*, dont les Russes se servaient quand ils voulaient[1] parler aux czars, et quand ils pré-

---

[1] Au lieu de *voulaient*, les éditions originale de 1759, in-4° de 1768, encadrée de 1775, portent *pouvaient*. B.

sentaient des requêtes; il ordonna qu'on se servît du mot de *raad*, qui signifie *sujet*. Ce changement n'ôta rien à l'obéissance, et devait concilier l'affection. Chaque mois voyait un établissement ou un changement nouveau. Il porta l'attention jusqu'à faire placer sur le chemin de Moscou à Véronise des poteaux peints qui servaient de colonnes milliaires de verste en verste, c'est-à-dire à la distance de sept cent cinquante pas, et fit construire des espèces de caravan-serails de vingt verstes en vingt verstes.

En étendant ainsi ses soins sur le peuple, sur les marchands, sur les voyageurs, il voulut mettre quelque pompe dans sa cour, haïssant le faste dans sa personne, et le croyant nécessaire aux autres. Il institua l'ordre de Saint-André[a] à l'imitation de ces ordres dont toutes les cours de l'Europe sont remplies. Gollovin, successeur de Le Fort dans la dignité de grand-amiral, fut le premier chevalier de cet ordre. On regarda l'honneur d'y être admis comme une grande récompense. C'est un avertissement qu'on porte sur soi d'être respecté par le peuple; cette marque d'honneur ne coûte rien à un souverain, et flatte l'amour-propre d'un sujet sans le rendre puissant.

Tant d'innovations utiles étaient reçues avec applaudissement de la plus saine partie de la nation, et les plaintes des partisans des anciennes mœurs étaient étouffées par les acclamations des hommes raisonnables.

Pendant que Pierre commençait cette création dans l'intérieur de ses états, une trêve avantageuse avec

---

[a] 10 septembre 1698. On suit toujours le nouveau style.

l'empire turc le mettait en liberté d'étendre ses frontières d'un autre côté. Mustapha II, vaincu par le prince Eugène à la bataille de Zenta, en 1697, ayant perdu la Morée conquise par les Vénitiens, et n'ayant pu défendre Azof, fut obligé de faire la paix avec tous ses vainqueurs; elle fut conclue à Carlovitz [a] entre Petervaradin et Salankemen, lieux devenus célèbres par ses défaites. Temisvar fut la borne des possessions allemandes et des domaines ottomans. Kaminieck fut rendu aux Polonais; la Morée et quelques villes de la Dalmatie, prises par les Vénitiens, leur restèrent pour quelque temps; et Pierre Ier demeura maître d'Azof et de quelques forts construits dans les environs. Il n'était guère possible au czar de s'agrandir du côté des Turcs, dont les forces, auparavant divisées, et maintenant réunies, seraient tombées sur lui. Ses projets de marine étaient trop grands pour les Palus-Méotides. Les établissements sur la mer Caspienne ne comportaient pas une flotte guerrière : il tourna donc ses desseins vers la mer Baltique, sans abandonner la marine du Tanaïs et du Volga.

CHAPITRE XI.

Guerre contre la Suède. Bataille de Narva.

ANNÉE 1700.

Il s'ouvrait alors une grande scène vers les frontières de la Suède. Une des principales causes de toutes les révolutions qui arrivèrent de l'Ingrie jusqu'à Dresde,

[a] 1699, 26 janvier.

et qui désolèrent tant d'états pendant dix-huit années, fut l'abus du pouvoir suprême dans Charles XI, roi de Suède, père de Charles XII. On ne peut trop répéter ce fait, il importe à tous les trônes et à tous les peuples. Presque toute la Livonie avec l'Estonie entière avait été abandonnée par la Pologne au roi de Suède, Charles XI, qui succéda à Charles X, précisément pendant le traité d'Oliva : elle fut cédée, comme c'est l'usage, sous la réserve de tous ses priviléges. Charles XI les respecta peu. Jean Reginold Patkul, gentilhomme livonien, vint à Stockholm, en 1692, à la tête de six députés de la province, porter aux pieds du trône des plaintes respectueuses et fortes [a] : pour toute réponse on mit les six députés en prison, et on condamna Patkul à perdre *l'honneur et la vie:* il ne perdit ni l'un ni l'autre ; il s'évada, et resta quelque temps dans le pays de Vaud en Suisse. Lorsque depuis il apprit qu'Auguste, électeur de Saxe, avait promis, à son avénement au trône de Pologne, de recouvrer les provinces arrachées au royaume, il courut à Dresde représenter la facilité de reprendre la Livonie, et de se venger sur un roi de dix-sept ans des conquêtes de ses ancêtres.

Dans le même temps, le czar Pierre pensait à se saisir de l'Ingrie et de la Carélie. Les Russes avaient autrefois possédé ces provinces. Les Suédois s'en étaient

---

[a] Nordberg, chapelain et confesseur de Charles XII, dit dans son histoire « qu'il eut l'insolence de se plaindre des vexations, et qu'on le con-« damna à perdre l'honneur et la vie. » C'est parler en prêtre du despotisme. Il eût dû savoir qu'on ne peut ôter l'honneur à un citoyen qui fait son devoir.

emparés par le droit de la guerre dans le temps des faux Démétrius : ils les avaient conservées par des traités. Une nouvelle guerre et de nouveaux traités pouvaient les donner à la Russie. Patkul alla de Dresde à Moscou; et animant deux monarques à sa propre vengeance, il cimenta leur union, et hâta leurs préparatifs pour saisir tout ce qui est à l'orient et au midi de la Finlande.

Précisément dans le même temps, le nouveau roi de Danemark, Frédéric IV, se liguait avec le czar et le roi de Pologne contre le jeune Charles, qui semblait devoir succomber. Patkul eut la satisfaction d'assiéger les Suédois dans Riga, capitale de la Livonie, et de presser le siége en qualité de général major.

(Septembre.) Le czar fit marcher environ soixante mille hommes vers l'Ingrie. Il est vrai que dans cette grande armée il n'y avait guère que douze mille soldats bien aguerris qu'il avait disciplinés lui-même, tels que ses deux régiments des gardes et quelques autres; le reste était des milices mal armées; il y avait quelques Cosaques et des Tartares circassiens : mais il traînait après lui cent quarante-cinq pièces de canon. Il mit le siége devant Narva, petite ville en Ingrie, qui a un port commode; et il était très vraisemblable que la place serait bientôt emportée.

Toute l'Europe sait comment Charles XII, n'ayant pas dix-huit ans accomplis, alla attaquer tous ses ennemis l'un après l'autre, descendit dans le Danemark, finit la guerre de Danemark en moins de six semaines, envoya du secours à Riga, en fit lever le siége, et marcha aux Russes devant Narva, au milieu des glaces, au mois de novembre.

Le czar, comptant sur la prise de la ville, était allé à Novogorod[a], amenant avec lui son favori Menzikoff, alors lieutenant dans la compagnie des bombardiers du régiment Préobazinski, devenu depuis feld-maréchal et prince, homme dont la singulière fortune mérite qu'on en parle ailleurs[1] avec plus d'étendue.

Pierre laissa son armée et ses instructions pour le siége au prince de Croï, originaire de Flandre, qui depuis peu était passé à son service[b]. Le prince Dolgorouki fut le commissaire de l'armée. La jalousie entre ces deux chefs et l'absence du czar furent en partie cause de la défaite inouïe de Narva. Charles XII ayant débarqué à Pernaw en Livonie avec ses troupes, au mois d'octobre, s'avance au nord à Revel, défait dans ces quartiers un corps avancé de Russes. Il marche et en bat encore un autre. Les fuyards retournent au camp devant Narva, et y portent l'épouvante. Cependant on était déjà au mois de novembre. Narva, quoique mal assiégée, était prête de se rendre. Le jeune roi de Suède n'avait pas alors avec lui neuf mille hommes, et ne pouvait opposer que dix pièces d'artillerie à cent quarante-cinq canons, dont les retranchements des

---

[a] 18 novembre 1700.

[1] Cette phrase donne à penser que Voltaire avait l'intention de consacrer à Menzikoff un article de quelque étendue; c'est ce qu'il n'a point fait. Il avait, dans son *Histoire de Charles XII*, voyez tome XXIV, page 237, parlé des vicissitudes de la fortune de ce personnage. B.

[b] Voyez l'*Histoire de Charles XII*, page 75 et suivantes.

Russes étaient bordés. Toutes les relations de ce temps-là, tous les historiens sans exception, font monter l'armée russe devant Narva à quatre-vingt mille combattants. Les Mémoires qu'on m'a fait tenir disent soixante, d'autres quarante mille : quoi qu'il en soit, il est certain que Charles n'en avait pas neuf mille, et que cette journée est une de celles qui prouvent que les grandes victoires ont souvent été remportées par le plus petit nombre depuis la bataille d'Arbelles.

Charles ne balança pas à attaquer avec sa petite troupe cette armée si supérieure; et, profitant d'un vent violent et d'une grosse neige que ce vent portait contre les Russes, il fondit dans leurs retranchements[a] à l'aide de quelques pièces de canon avantageusement postées. Les Russes n'eurent pas le temps de se reconnaître au milieu de ce nuage de neige qui leur donnait au visage, foudroyés par les canons qu'ils ne voyaient pas, et n'imaginant point quel petit nombre ils avaient à combattre.

Le duc de Croï voulut donner des ordres, et le prince Dolgorouki ne voulut pas les recevoir. Les officiers russes se soulèvent contre les officiers allemands; ils massacrent le secrétaire du duc, le colonel Lyon, et plusieurs autres. Chacun quitte son poste; le tumulte, la confusion, la terreur panique se répand dans toute l'armée. Les troupes suédoises n'eurent alors à tuer que des hommes qui fuyaient. Les uns courent se jeter dans la rivière de Narva, et une foule de soldats y furent noyés; les autres abandonnaient leurs armes et se mettaient à genoux devant les Suédois. Le

[a] 30 novembre.

duc de Croï, le général Allard, les officiers allemands, qui craignaient plus les Russes soulevés contre eux, que les Suédois, vinrent se rendre au comte Steinbock ; le roi de Suède, maître de toute l'artillerie, voit trente mille vaincus à ses pieds, jetant les armes, défilant devant lui, nu-tête. Le knès Dolgorouki et tous les autres généraux moscovites se rendent à lui comme les généraux allemands ; et ce ne fut qu'après s'être rendus qu'ils apprirent qu'ils avaient été vaincus par huit mille hommes. Parmi les prisonniers se trouva le fils du roi de Géorgie, qui fut envoyé à Stockholm ; on l'appelait Mittelleski, czarovitz, fils de czar ; ce qui est une nouvelle preuve que ce titre de czar ou tzar ne tirait point son origine des Césars romains.

Du côté de Charles XII il n'y eut guère que douze cents soldats de tués dans cette bataille. Le journal du czar, qu'on m'a envoyé de Pétersbourg, dit qu'en comptant les soldats qui périrent au siége de Narva et dans la bataille, et qui se noyèrent dans leur fuite, on ne perdit que six mille hommes. L'indiscipline et la terreur firent donc tout dans cette journée. Les prisonniers de guerre étaient quatre fois plus nombreux que les vainqueurs ; et si on en croit Nordberg [a], le comte Piper, qui fut depuis prisonnier des Russes, leur reprocha qu'à cette bataille le nombre des prisonniers avait excédé huit fois celui de l'armée suédoise. Si ce fait était vrai, les Suédois auraient fait soixante-douze mille prisonniers. On voit par là combien il est rare d'être instruit des détails. Ce qui est incontestable et singulier, c'est que le roi de Suède permit à la moitié

---

[a] Page 439, tome Ier, édition in-4°, à *La Haye*.

des soldats russes de s'en retourner désarmés, et à l'autre moitié de repasser la rivière avec leurs armes. Cette étrange confiance rendit au czar des troupes qui, enfin étant disciplinées, devinrent redoutables[a].

Tous les avantages qu'on peut tirer d'une bataille gagnée, Charles XII les eut: magasins immenses, bateaux de transport chargés de provisions, postes évacués ou pris, tout le pays à la discrétion des Suédois ; voilà quel fut le fruit de la victoire. Narva délivrée, les débris des Russes ne se montrant pas, toute la contrée ouverte jusqu'à Pleskow, le czar parut sans ressource pour soutenir la guerre ; et le roi de Suède, vainqueur en moins d'une année des monarques de Danemark, de Pologne, et de Russie, fut regardé comme le premier homme de l'Europe, dans un âge où les autres n'osent encore prétendre à la réputation. Mais Pierre, qui dans son caractère avait une constance inébranlable, ne fut découragé dans aucun de ses projets.

Un évêque de Russie composa une prière[b] à saint Nicolas au sujet de cette défaite ; on la récita dans la Russie. Cette pièce, qui fait voir l'esprit du temps et de quelle ignorance Pierre a tiré son pays, disait que les enragés et épouvantables Suédois étaient des sorciers : on s'y plaignait d'avoir été abandonné par saint Nicolas. Les évêques russes d'aujourd'hui n'écriraient

[a] Le chapelain Nordberg prétend qu'après la bataille de Narva, le grand Turc écrivit aussitôt une lettre de félicitation au roi de Suède, en ces termes : « Le sultan bassa, par la grace de Dieu, au roi Charles XII, etc. » La lettre est datée de l'ère de la création du monde.

[b] Elle est imprimée dans la plupart des journaux et des pièces de ce temps-là, et se trouve dans l'*Histoire de Charles XII*, page 83.

pas de pareilles pièces ; et, sans faire tort à saint Nicolas, on s'aperçut bientôt que c'était à Pierre qu'il fallait s'adresser.

CHAPITRE XII.

Ressources après la bataille de Narva ; ce désastre entièrement réparé. Conquête de Pierre auprès de Narva même. Ses travaux dans son empire. La personne qui fut depuis impératrice, prise dans le sac d'une ville. Succès de Pierre ; son triomphe à Moscou[a].

ANNÉES 1701 ET 1702.

Le czar, ayant quitté son armée devant Narva, sur la fin de novembre 1700, pour se concerter avec le roi de Pologne, apprit en chemin la victoire des Suédois. Sa constance était aussi inébranlable que la valeur de Charles XII était intrépide et opiniâtre. Il différa ses conférences avec Auguste pour apporter un prompt remède au désordre des affaires. Les troupes dispersées se rendirent à la grande Novogorod, et de là à Pleskow sur le lac Peipus.

C'était beaucoup de se tenir sur la défensive après un si rude échec. « Je sais bien, disait-il, que les Sué-« dois seront long-temps supérieurs, mais enfin ils « nous apprendront à les vaincre. »

Pierre, après avoir pourvu aux premiers besoins, après avoir ordonné partout des levées, court à Moscou faire fondre du canon. Il avait perdu tout le sien

[a] Tiré tout entier, ainsi que les suivants, du journal de Pierre-le-Grand, envoyé de Pétersbourg.

devant Narva; on manquait de bronze : il prend les cloches des églises et des monastères. Ce trait ne marquait pas de superstition, mais aussi il ne marquait pas d'impiété. On fabrique donc avec des cloches cent gros canons, cent quarante-trois pièces de campagne, depuis trois jusqu'à six livres de balle, des mortiers, des obus; il les envoie à Pleskow. Dans d'autres pays un chef ordonne, et on exécute; mais alors il fallait que le czar fît tout par lui-même. Tandis qu'il hâte ces préparatifs, il négocie avec le roi de Danemark, qui s'engage à lui fournir trois régiments de pied et trois de cavalerie; engagement que ce roi n'osa remplir.

A peine ce traité est-il signé, qu'il revole vers le théâtre de la guerre; il va trouver le roi Auguste[a] à Birzen sur les frontières de Courlande et de Lithuanie. Il fallait fortifier ce prince dans la résolution de soutenir la guerre contre Charles XII; il fallait engager la diète polonaise dans cette guerre. On sait assez qu'un roi de Pologne n'est que le chef d'une république. Le czar avait l'avantage d'être toujours obéi; mais un roi de Pologne, un roi d'Angleterre, et aujourd'hui un roi de Suède, négocient toujours avec leurs sujets. Patkul et les Polonais partisans de leur roi assistèrent à ces conférences. Pierre promit des subsides et vingt mille soldats[1]. La Livonie devait être rendue à la Pologne, en cas que la diète voulût s'unir à son roi, et l'aider à recouvrer cette province; mais les propositions du czar firent moins d'effet sur la diète

---

[a] 27 février 1701.
[1] Tome XXIV, page 84, Voltaire a dit *cinquante mille*. B.

que la crainte. Les Polonais redoutaient à-la-fois de se voir gênés par les Saxons et par les Russes, et ils redoutaient encore plus Charles XII. Ainsi le plus nombreux parti conclut à ne point servir son roi et à ne point combattre.

Les partisans du roi de Pologne s'animèrent contre la faction contraire; et enfin, de ce qu'Auguste avait voulu rendre à la Pologne une grande province, il en résulta dans ce royaume une guerre civile.

Pierre n'avait donc dans le roi Auguste qu'un allié peu puissant, et dans les troupes saxonnes qu'un faible secours. La crainte qu'inspirait partout Charles XII réduisait Pierre à ne se soutenir que par ses propres forces.

Ayant couru de Moscou en Courlande pour s'aboucher avec Auguste, il revole[a] de Courlande à Moscou pour hâter l'accomplissement de ses promesses. Il fait en effet marcher le prince Repnin avec quatre mille hommes vers Riga, sur les bords de la Duna, où les Saxons étaient retranchés.

Cette terreur commune augmenta quand Charles, passant la Duna[b] malgré les Saxons campés avantageusement sur le bord opposé, eut remporté une victoire complète; quand, sans attendre un moment, il eut soumis la Courlande, qu'on le vit avancer en Lithuanie, et que la faction polonaise, ennemie d'Auguste, fut encouragée par le vainqueur.

Pierre n'en suivit pas moins tous ses desseins. Le général Patkul, qui avait été l'ame des conférences de Birzen, et qui avait passé à son service, lui four-

[a] 1er mars. — [b] Juillet.

nissait des officiers allemands, disciplinait ses troupes, et lui tenait lieu du général Le Fort ; il perfectionnait ce que l'autre avait commencé. Le czar fournissait des relais à tous les officiers, et même aux soldats allemands, ou livoniens, ou polonais, qui venaient servir dans ses armées ; il entrait dans les détails de leur armure, de leur habillement, de leur subsistance.

Aux confins de la Livonie et de l'Estonie, et à l'occident de la province de Novogorod, est le grand lac Peipus, qui reçoit du midi de la Livonie la rivière Vélika, et duquel sort, au septentrion, la rivière de Naiova qui baigne les murs de cette ville de Narva, près de laquelle les Suédois avaient remporté leur célèbre victoire. Ce lac a trente de nos lieues communes de long, tantôt douze, tantôt quinze de large : il était nécessaire d'y entretenir une flotte, pour empêcher les vaisseaux suédois d'insulter la province de Novogorod, pour être à portée d'entrer sur leurs côtes, mais surtout pour former des matelots. Pierre, pendant toute l'année 1701, fit construire sur ce lac cent demi-galères qui portaient environ cinquante hommes chacune ; d'autres barques furent armées en guerre sur le lac Ladoga. Il dirigea lui-même tous les ouvrages, et fit manœuvrer ses nouveaux matelots. Ceux qui avaient été employés, en 1697, sur les Palus-Méotides, l'étaient alors près de la Baltique. Il quittait souvent ces ouvrages pour aller à Moscou, et dans ses autres provinces, affermir toutes les innovations commencées, et en faire de nouvelles.

Les princes qui ont employé le loisir de la paix à construire des ouvrages publics se sont fait un nom :

mais que Pierre, après l'infortune de Narva, s'occupât à joindre par des canaux la mer Baltique, la mer Caspienne, et le Pont-Euxin, il y a là plus de gloire véritable que dans le gain d'une bataille. Ce fut en 1702 qu'il commença à creuser ce profond canal qui va du Tanaïs au Volga. D'autres canaux devaient faire communiquer par des lacs le Tanaïs avec la Duna, dont la mer Baltique reçoit les eaux à Riga : mais ce second projet était encore fort éloigné, puisque Pierre était bien loin d'avoir Riga en sa puissance.

Charles dévastait la Pologne, et Pierre fesait venir de Pologne et de Saxe à Moscou des bergers et des brebis pour avoir des laines avec lesquelles on pût fabriquer de bons draps; il établissait des manufactures de linge, des papeteries : on fesait venir par ses ordres des ouvriers en fer, en laiton, des armuriers, des fondeurs; les mines de la Sibérie étaient fouillées. Il travaillait à enrichir ses états et à les défendre.

Charles poursuivait le cours de ses victoires, et laissait vers les états du czar assez de troupes pour conserver, à ce qu'il croyait, toutes les possessions de la Suède. Le dessein était déjà pris de détrôner le roi Auguste, et de poursuivre ensuite le czar jusqu'à Moscou avec ses armes victorieuses.

Il y eut quelques petits combats cette année entre les Russes et les Suédois. Ceux-ci ne furent pas toujours supérieurs; et dans les rencontres même où ils avaient l'avantage, les Russes s'aguerrissaient. Enfin, un an après la bataille de Narva, le czar avait déjà des troupes si bien disciplinées, qu'elles vainquirent un des meilleurs généraux de Charles.

Pierre était à Pleskow, et de là il envoyait de tous côtés des corps nombreux pour attaquer les Suédois. Ce ne fut point un étranger, mais un Russe qui les défit. Son général Sheremetof enleva près de Derpt, sur les frontières de la Livonie[a], plusieurs quartiers au général suédois Slipenbak, par une manœuvre habile, et ensuite le battit lui-même. On gagna pour la première fois des drapeaux suédois au nombre de quatre, et c'était beaucoup alors.

Les lacs de Peipus et de Ladoga furent quelque temps après des théâtres de batailles navales; les Suédois y avaient le même avantage que sur terre, celui de la discipline et d'un long usage; cependant les Russes combattirent quelquefois avec succès sur leurs demi-galères; et dans un combat général sur le lac de Peipus, le feld-maréchal Sheremetof prit une frégate suédoise[b].

C'était par ce lac Peipus que le czar tenait continuellement la Livonie et l'Estonie en alarme : ses galères y débarquaient souvent plusieurs régiments; où se rembarquait quand le succès n'était pas favorable; et s'il l'était, on poursuivait ses avantages. On battit deux fois[c] les Suédois dans ces quartiers auprès de Derpt, tandis qu'ils étaient victorieux partout ailleurs.

Les Russes, dans toutes ces actions, étaient toujours supérieurs en nombre : c'est ce qui fit que Charles XII, qui combattait si heureusement ailleurs, ne s'inquiéta jamais des succès du czar; mais il dut con-

---

[a] 11 janvier 1702.—[b] Mai. — [c] Juin et juillet.

sidérer que ce grand nombre s'aguerrissait tous les jours, et qu'il pouvait devenir formidable pour lui-même.

Pendant qu'on se bat sur terre et sur mer[a] vers la Livonie, l'Ingrie, et l'Estonie, le czar apprend qu'une flotte suédoise est destinée pour aller ruiner Archangel ; il y marche : on est étonné d'entendre qu'il est sur les bords de la mer Glaciale, tandis qu'on le croit à Moscou. Il met tout en état de défense, prévient la descente, trace lui-même le plan d'une citadelle nommée la nouvelle Duina, pose la première pierre, retourne à Moscou, et de là vers le théâtre de la guerre.

Charles avançait en Pologne, mais les Russes avançaient en Ingrie et en Livonie. Le maréchal Sheremetof va à la rencontre des Suédois commandés par Slipenbak ; il lui livre bataille auprès de la petite rivière d'Embac, et la gagne ; il prend seize drapeaux et vingt canons. Nordberg met ce combat au 1er décembre 1701, et le Journal de Pierre-le-Grand le place au 19 juillet 1702.

Il avance, il met tout à contribution ; il prend la petite ville de Marienbourg[b], sur les confins de la Livonie et de l'Ingrie. Il y a dans le Nord beaucoup de villes de ce nom ; mais celle-ci, quoiqu'elle n'existe plus, est cependant plus célèbre que toutes les autres, par l'aventure de l'impératrice Catherine.

Cette petite ville s'étant rendue à discrétion, les Suédois, soit par inadvertance, soit à dessein, mirent le feu aux magasins. Les Russes irrités détruisirent la

---

[a] Juillet. — [b] 6 août.

ville, et emmenèrent en captivité tout ce qu'ils trouvèrent d'habitants. Il y avait parmi eux une jeune Livonienne, élevée chez le ministre luthérien du lieu, nommé Gluck; elle fut du nombre des captifs; c'est celle-là même qui devint depuis la souveraine de ceux qui l'avaient prise, et qui a gouverné les Russes sous le nom d'impératrice Catherine.

On avait vu auparavant des citoyennes sur le trône: rien n'était plus commun en Russie, et dans tous les royaumes de l'Asie, que les mariages des souverains avec leurs sujettes; mais qu'une étrangère, prise dans les ruines d'une ville saccagée, soit devenue la souveraine absolue de l'empire où elle fut amenée captive, c'est ce que la fortune et le mérite n'ont fait voir que cette fois dans les annales du monde.

La suite de ce succès ne se démentit point en Ingrie; la flotte des demi-galères russes sur le lac Ladoga contraignit celle des Suédois de se retirer à Vibourg à une extrémité de ce grand lac: de là ils purent voir à l'autre bout le siége de la forteresse de Notebourg, que le czar fit entreprendre par le général Sheremetof. C'était une entreprise bien plus importante qu'on ne pensait; elle pouvait donner une communication avec la mer Baltique, objet constant des desseins de Pierre.

Notebourg était une place très forte, bâtie dans une île du lac Ladoga, et qui, dominant sur ce lac, rendait son possesseur maître du cours de la Néva qui tombe dans la mer; elle fut battue nuit et jour depuis le 18 septembre jusqu'au 12 octobre. Enfin les Russes montèrent à l'assaut par trois brèches. La garnison suédoise était réduite à cent soldats en état de se défendre; et, ce qui est bien étonnant, ils se défendirent, et ils obtinrent sur la brèche même une capitulation honorable; encore le colonel Slipenbak, qui commandait dans la place, ne voulut se rendre[a] qu'à condition qu'on lui permettrait de faire venir deux officiers suédois du poste le plus voisin pour examiner les brèches, et pour rendre compte au roi son maître que quatre-vingt-trois combattants qui restaient alors, et cent cinquante-six blessés ou malades, ne s'étaient rendus à une armée entière que quand il était impossible de combattre plus long-temps et de conserver la place. Ce trait seul fait voir à quels ennemis le czar avait affaire, et de quelle nécessité avaient été pour lui ses efforts et sa discipline militaire.

Il distribua des médailles d'or aux officiers, et récompensa tous les soldats; mais aussi il en fit punir quelques uns qui avaient fui à un assaut: leurs camarades leur crachèrent au visage, et ensuite les arquebusèrent pour joindre la honte au supplice.

Notebourg fut réparé; son nom fut changé en celui de Schlusselbourg, *ville de la clef*, parceque cette place est la clef de l'Ingrie et de la Finlande. Le premier gouverneur fut ce même Menzikoff qui était devenu un très bon officier, et qui, s'étant signalé dans le siége, mérita cet honneur. Son exemple encourageait quiconque avait du mérite sans naissance.

Après cette campagne de 1702, le czar voulut que Sheremetof, et tous les officiers qui s'étaient distin-

---

[a] 16 octobre.

gués, entrassent en triomphe dans Moscou. Tous les prisonniers faits dans cette campagne marchèrent à la suite des vainqueurs[a]; on portait devant eux les drapeaux et les étendards des Suédois, avec le pavillon de la frégate prise sur le lac Peipus. Pierre travailla lui-même aux préparatifs de la pompe, comme il avait travaillé aux entreprises qu'elle célébrait.

Ces solennités devaient inspirer l'émulation, sans quoi elles eussent été vaines. Charles les dédaignait, et depuis le jour de Narva, il méprisait ses ennemis, et leurs efforts, et leurs triomphes.

CHAPITRE XIII.

Réforme à Moscou. Nouveaux succès. Fondation de Pétersbourg. Pierre prend Narva, etc.

Le peu de séjour que le czar fit à Moscou, au commencement de l'hiver 1703, fut employé à faire exécuter tous ses nouveaux réglements, et à perfectionner le civil ainsi que le militaire; ses divertissements même furent consacrés à faire goûter le nouveau genre de vie qu'il introduisait parmi ses sujets. C'est dans cette vue qu'il fit inviter tous les boïards et les dames aux noces d'un de ses bouffons : il exigea que tout le monde y parût vêtu à l'ancienne mode. On servit un repas tel qu'on le fesait au seizième siècle[b]. Une ancienne superstition ne permettait pas

---

[a] 17 décembre.
[b] Tiré du Journal de Pierre-le-Grand.

qu'on allumât du feu le jour d'un mariage pendant le froid le plus rigoureux : cette coutume fut sévèrement observée le jour de la fête. Les Russes ne buvaient point de vin autrefois, mais de l'hydromel et de l'eau-de-vie ; il ne permit pas ce jour-là d'autre boisson : on se plaignit en vain ; il répondait en raillant : « Vos an-« cêtres en usaient ainsi, les usages anciens sont tou-« jours les meilleurs. » Cette plaisanterie contribua beaucoup à corriger ceux qui préféraient toujours le temps passé au présent, ou du moins à décréditer leurs murmures : et il y a encore des nations qui auraient besoin d'un tel exemple.

Un établissement plus utile fut celui d'une imprimerie[1] en caractères russes et latins, dont tous les instruments avaient été tirés de Hollande, et où l'on commença dès-lors à imprimer des traductions russes de quelques livres sur la morale et les arts. Fergusson établit des écoles de géométrie, d'astronomie, de navigation.

Une fondation non moins nécessaire fut celle d'un vaste hôpital, non pas de ces hôpitaux qui encouragent la fainéantise, et qui perpétuent la misère, mais tel que le czar en avait vu dans Amsterdam, où l'on fait travailler les vieillards et les enfants, et où quiconque est renfermé devient utile.

[1] Dans le n° V du *Bulletin du Nord,* journal français, imprimé à Moscou en 1828, on lit, page 38, que d'après un oukase de Pierre-le-Grand, du 24 février 1708, on devait transporter de Hollande en Russie une typographie slavonne ; mais l'envoi fut arrêté à Dantzik, par Charles XII, qui employa les caractères à imprimer des pamphlets qu'il fesait répandre sur les frontières de la Russie. Ce ne fut qu'en 1711 qu'on établit à Saint-Pétersbourg une presse pour l'impression des oukases. B.

Il établit plusieurs manufactures; et dès qu'il eut mis en mouvement tous les nouveaux arts auxquels il donnait naissance dans Moscou, il courut à Véronise, et il y fit commencer deux vaisseaux de quatre-vingts pièces de canon, avec de longues caisses exactement fermées sous les varangues, pour élever le vaisseau et le faire passer sans risque au-dessus des barres et des bancs de sable qu'on rencontre près d'Azof; industrie à peu près semblable à celle dont on se sert en Hollande pour franchir le Pampus.

Ayant préparé ses entreprises contre les Turcs, il revole contre les Suédois[a]; il va voir les vaisseaux qu'il fesait construire dans les chantiers d'Olonitz entre le lac Ladoga et celui d'Onega. Il avait établi dans cette ville des fabriques d'armes; tout y respirait la guerre, tandis qu'il fesait fleurir à Moscou les arts de la paix : une source d'eaux minérales, découverte depuis dans Olonitz, augmenta sa célébrité. D'Olonitz il alla fortifier Schlusselbourg.

Nous avons déjà dit[1] qu'il avait voulu passer par tous les grades militaires : il était lieutenant des bombardiers sous le prince Menzikoff, avant que ce favori eût été fait gouverneur de Schlusselbourg. Il prit alors la place de capitaine, et servit sous le maréchal Sheremetof.

Il y avait une forteresse importante près du lac Ladoga, nommée Niantz ou Nya, près de la Néva. Il était nécessaire de s'en rendre maître, pour s'assurer ses conquêtes et pour favoriser ses desseins. Il fallut l'assiéger par terre, et empêcher que les secours ne

[a] 30 mars 1703. — [1] Page 106. B.

vinssent par eau. Le czar se chargea lui-même de conduire des barques chargées de soldats, et d'écarter les convois des Suédois. Sheremetof conduisit les tranchées ; la citadelle se rendit[a]. Deux vaisseaux suédois abordèrent trop tard pour la secourir ; le czar les attaqua avec ses barques, et s'en rendit maître. Son journal porte que, pour récompense de ce service, « le capitaine des bombardiers fut créé chevalier de « l'ordre de Saint-André par l'amiral Gollovin, pre- « mier chevalier de l'ordre. »

Après la prise du fort de Nya, il résolut enfin de bâtir sa ville de Pétersbourg, à l'embouchure de la Néva, sur le golfe de Finlande.

Les affaires du roi Auguste étaient ruinées ; les victoires consécutives des Suédois en Pologne avaient enhardi le parti contraire, et ses amis mêmes l'avaient forcé de renvoyer au czar environ vingt mille Russes dont son armée était fortifiée. Ils prétendaient par ce sacrifice ôter aux mécontents le prétexte de se joindre au roi de Suède: mais on ne désarme ses ennemis que par la force, et on les enhardit par la faiblesse. Ces vingt mille hommes, que Patkul avait disciplinés, servirent utilement dans la Livonie et dans l'Ingrie pendant qu'Auguste perdait ses états. Ce renfort, et surtout la possession de Nya, mirent le czar en état de fonder sa nouvelle capitale.

Ce fut donc dans ce terrain désert et marécageux, qui ne communique à la terre ferme que par un seul chemin, qu'il jeta[b] les premiers fondements de Pé-

---
[a] 12 mai.
[b] 1703, 27 mai, jour de la Pentecôte, fondation de Pétersbourg.

tersbourg, au soixantième degré de latitude et au quarante-quatrième et demi de longitude. Les débris de quelques bastions de Niantz furent les premières pierres de cette fondation. On commença par élever un petit fort dans une des îles qui est aujourd'hui au milieu de la ville. Les Suédois ne craignaient pas cet établissement dans un marais où les grands vaisseaux ne pouvaient aborder ; mais bientôt après ils virent les fortifications s'avancer, une ville se former, et enfin la petite île de Crouslot, qui est devant la ville, devenir, en 1704, une forteresse imprenable, sous le canon de laquelle les plus grandes flottes peuvent être à l'abri.

Ces ouvrages, qui semblaient demander un temps de paix, s'exécutaient au milieu de la guerre; et des ouvriers de toute espèce venaient de Moscou, d'Astracan, de Casan, de l'Ukraine, travailler à la ville nouvelle. La difficulté du terrain qu'il fallut raffermir et élever, l'éloignement des secours, les obstacles imprévus qui renaissent à chaque pas en tout genre de travail; enfin les maladies épidémiques qui enlevèrent un nombre prodigieux de manœuvres, rien ne découragea le fondateur; il eut une ville en cinq mois de temps. Ce n'était qu'un assemblage de cabanes avec deux maisons de briques, entourées de remparts, et c'était tout ce qu'il fallait alors; la constance et le temps ont fait le reste. Il n'y avait encore que cinq mois que Pétersbourg était fondée, lorsqu'un vaisseau hollandais y vint trafiquer[a]; le patron reçut des gra-

[a] Novembre.

tifications, et les Hollandais apprirent bientôt le chemin de Pétersbourg.

Pierre, en dirigeant cette colonie, la mettait en sûreté tous les jours par la prise des postes voisins. Un colonel suédois, nommé Croniort, s'était posté sur la rivière Sestra, et menaçait la ville naissante. Pierre court à lui[a] avec ses deux régiments des gardes, le défait, et lui fait repasser la rivière. Ayant ainsi mis sa ville en sûreté, il va à Olonitz commander la construction de plusieurs petits vaisseaux, et retourne à Pétersbourg[b] sur une frégate qu'il a fait construire avec six bâtiments de transport, en attendant qu'on achève les autres.

Dans ce temps-là même il tend toujours la main au roi de Pologne; il lui envoie[c] douze mille hommes d'infanterie, et un subside de trois cent mille roubles, qui font plus de quinze cent mille francs de notre monnaie. Nous avons déjà remarqué[1] qu'il n'avait qu'environ cinq millions de roubles de revenu; les dépenses pour ses flottes, pour ses armées, pour tous ses nouveaux établissements, devaient l'épuiser. Il avait fortifié presque à-la-fois Novogorod, Pleskow, Kiovie, Smolensko, Azof, Archangel. Il fondait une capitale. Cependant il avait encore de quoi secourir son allié d'hommes et d'argent. Le Hollandais Corneille le Bruyn, qui voyageait vers ce temps-là en Russie, et avec qui Pierre s'entretint, comme il fesait avec tous les étrangers, rapporte que le czar lui dit qu'il avait encore trois cent mille roubles de reste

---

[a] 9 juillet. — [b] Septembre. — [c] Novembre. — [1] Page 68. B.

dans ses coffres, après avoir pourvu à tous les frais de la guerre.

Pour mettre sa ville naissante de Pétersbourg hors d'insulte, il va lui-même sonder la profondeur de la mer, assigne l'endroit où il doit élever le fort de Cronslot, en fait un modèle en bois, et laisse à Menzikoff le soin de faire exécuter l'ouvrage sur son modèle. De là il va passer l'hiver à Moscou[a] pour y établir insensiblement tous les changements qu'il fait dans les lois, dans les mœurs, dans les usages. Il règle ses finances, et y met un nouvel ordre; il presse les ouvrages entrepris sur la Véronise, dans Azof, dans un port qu'il établissait sur les Palus-Méotides, sous le fort de Taganrock.

La Porte, alarmée, lui envoya[b] un ambassadeur pour se plaindre de tant de préparatifs; il répondit qu'il était le maître dans ses états, comme le grand-seigneur dans les siens, et que ce n'était point enfreindre la paix que de rendre la Russie respectable sur le Pont-Euxin.

Retourné à Pétersbourg[c], il trouva sa nouvelle citadelle de Cronslot fondée dans la mer, et achevée; il la garnit d'artillerie. Il fallait, pour s'affermir dans l'Ingrie, et pour réparer entièrement la disgrace essuyée devant Narva, prendre enfin cette ville. Tandis qu'il fait les préparatifs de ce siége, une petite flotte de brigantins suédois paraît sur le lac Peipus pour s'opposer à ses desseins. Les demi-galères russes vont à sa rencontre, l'attaquent, et la prennent tout en-

---

[a] 5 novembre. — [b] Janvier 1704. — [c] 30 mars.

tière : elle portait quatre-vingt-dix-huit canons. Alors[a] on assiége Narva par terre et par mer; et, ce qui est plus singulier, on assiége en même temps la ville de Derpt en Estonie.

Qui croirait qu'il y eût une université dans Derpt? Gustave-Adolphe l'avait fondée, et elle n'avait pas rendu la ville plus célèbre. Derpt n'est connue que par l'époque de ces deux siéges. Pierre va incessamment de l'un à l'autre, presser les attaques, et diriger toutes les opérations. Le général suédois Slipenbak était auprès de Derpt avec environ deux mille cinq cents hommes.

Les assiégés attendaient le moment où il allait jeter du secours dans la place. Pierre imagina une ruse de guerre dont on ne se sert pas assez. Il fait donner à deux régiments d'infanterie, et à un de cavalerie, des uniformes, des étendards, des drapeaux suédois. Ces prétendus Suédois attaquent les tranchées. Les Russes feignent de fuir; la garnison, trompée par l'apparence, fait une sortie[b] : alors les faux attaquants et les attaqués se réunissent, ils fondent sur la garnison, dont la moitié est tuée, et l'autre moitié rentre dans la ville. Slipenbak arrive bientôt en effet pour la secourir, et il est entièrement battu. Enfin Derpt est contrainte de capituler[c] au moment que Pierre allait donner un assaut général.

Un assez grand échec que le czar reçoit en même temps sur le chemin de sa nouvelle ville de Pétersbourg ne l'empêche ni de continuer à bâtir sa ville, ni

---

[a] Avril. — [b] 27 juin. — [c] 23 juillet.

de presser le siége de Narva. Il avait, comme on l'a vu [1], envoyé des troupes et de l'argent au roi Auguste, qu'on détrônait; ces deux secours furent également inutiles. Les Russes, joints aux Lithuaniens du parti d'Auguste, furent absolument défaits en Courlande[a], par le général suédois Levenhaupt. Si les vainqueurs avaient dirigé leurs efforts vers la Livonie, l'Estonie, et l'Ingrie, ils pouvaient ruiner les travaux du czar, et lui faire perdre tout le fruit de ses grandes entreprises. Pierre minait chaque jour l'avant-mur de la Suède, et Charles ne s'y opposait pas assez : il cherchait une gloire moins utile et plus brillante.

Dès le 12 juillet 1704, un simple colonel suédois, à la tête d'un détachement, avait fait élire un nouveau roi par la noblesse polonaise dans le champ d'élection, nommé Kolo, près de Varsovie. Un cardinal primat du royaume, et plusieurs évêques, se soumettaient aux volontés d'un prince luthérien, malgré toutes les menaces et les excommunications du pape : tout cédait à la force. Personne n'ignore comment fut faite l'élection de Stanislas Leczinski, et comment Charles XII le fit reconnaître dans une grande partie de la Pologne.

Pierre n'abandonna pas le roi détrôné; il redoubla ses secours à mesure qu'il fut plus malheureux; et pendant que son ennemi fesait des rois, il battait les généraux suédois en détail dans l'Estonie, dans l'Ingrie, il courait au siége de Narva, et fesait donner des assauts. Il y avait trois bastions fameux, du moins par leurs noms : on les appelait *la Victoire, l'Hon-*

---

[1] Page 164. B. — [a] 31 juillet.

neur, et *la Gloire*. Le czar les emporta tous trois l'épée à la main. Les assiégeants entrent dans la ville, la pillent, et y exercent toutes les cruautés qui n'étaient que trop ordinaires entre les Suédois et les Russes.

Pierre donna alors un exemple qui dut lui concilier les cœurs de ses nouveaux sujets[a]; il court de tous côtés pour arrêter le pillage et le massacre; arrache des femmes des mains de ses soldats; et ayant tué deux de ces emportés qui n'obéissaient pas à ses ordres, il entre à l'hôtel-de-ville, où les citoyens se réfugiaient en foule; là, posant son épée sanglante sur la table: « Ce n'est pas du sang des habitants, « dit-il, que cette épée est teinte, mais du sang de « mes soldats, que j'ai versé pour vous sauver la « vie [1]. »

CHAPITRE XIV[b].

Toute l'Ingrie demeure à Pierre-le-Grand, tandis que Charles XII triomphe ailleurs. Élévation de Menzikoff. Pétersbourg en sûreté. Desseins toujours exécutés malgré les victoires de Charles.

Maître de toute l'Ingrie, Pierre en conféra le gouvernement à Menzikoff, et lui donna le titre de prince

---

[a] 20 août.—Dans l'*Histoire de Charles XII*, tome XXIV, page 133, Voltaire dit le 21 août. B.

[1] Cette phrase est rapportée, avec quelques légères différences, dans l'*Histoire de Charles XII*, page 133. B.

[b] Les chapitres précédents et tous les suivants sont tirés du *Journal de Pierre-le-Grand*, et des mémoires envoyés de Pétersbourg, confrontés avec tous les autres mémoires.

et le rang de général-major. L'orgueil et le préjugé pouvaient ailleurs trouver mauvais qu'un garçon pâtissier devînt général, gouverneur, et prince; mais Pierre avait déjà accoutumé ses sujets à ne se pas étonner de voir donner tout aux talents, et rien à la seule noblesse. Menzikoff, tiré de son premier état dans son enfance, par un hasard heureux qui le plaça dans la maison du czar, avait appris plusieurs langues, s'était formé aux affaires et aux armes; et ayant su d'abord se rendre agréable à son maître, il sut se rendre nécessaire. Il hâtait les travaux de Pétersbourg; on y bâtissait déjà plusieurs maisons de briques et de pierres, un arsenal, des magasins; on achevait les fortifications; les palais ne sont venus qu'après.

Pierre était à peine établi dans Narva, qu'il offrit de nouveaux secours au roi de Pologne détrôné: il promit encore des troupes, outre les douze mille hommes qu'il avait déjà envoyés; et en effet il fit partir[a] pour les frontières de la Lithuanie le général Repnin avec six mille hommes de cavalerie et six mille d'infanterie. Il ne perdait pas de vue sa colonie de Pétersbourg un seul moment; la ville se bâtissait, la marine s'augmentait; des vaisseaux, des frégates, se construisaient dans les chantiers d'Olonitz; il alla les faire achever, et les conduisit à Pétersbourg[b].

Tous ses retours à Moscou étaient marqués par des entrées triomphantes: c'est ainsi qu'il y revint cette année[c], et il n'en partit que pour aller faire lancer à

---

[a] 19 août. — [b] 11 octobre 1704. — [c] 30 décembre.

l'eau son premier vaisseau de quatre-vingts pièces de canon, dont il avait donné les dimensions l'année précédente sur la Véronise.

Dès que la campagne put s'ouvrir en Pologne[a], il courut à l'armée qu'il avait envoyée sur les frontières de la Lithuanie, au secours d'Auguste; mais pendant qu'il aidait ainsi son allié, une flotte suédoise s'avançait pour détruire Pétersbourg et Cronslot à peine bâtis; elle était composée de vingt-deux vaisseaux de cinquante-quatre à soixante-quatre pièces de canon, de six frégates, de deux galiotes à bombes, de deux brûlots. Les troupes de transport firent leur descente dans la petite île de Kotin. Un colonel russe, nommé Tolboguin, ayant fait coucher son régiment ventre à terre pendant que les Suédois débarquaient sur le rivage[b], le fit lever tout-à-coup; et le feu fut si vif et si bien ménagé, que les Suédois, renversés, furent obligés de regagner leurs vaisseaux, d'abandonner leurs morts, et de laisser trois cents prisonniers.

Cependant leur flotte restait toujours dans ces parages, et menaçait Pétersbourg. Ils firent encore une descente, et furent repoussés de même; des troupes de terre avançaient de Vibourg, sous le général suédois Meidel; elles marchaient du côté de Schlusselbourg; c'était la plus grande entreprise qu'eût encore faite Charles XII sur les états que Pierre avait conquis ou créés. Les Suédois furent repoussés partout[c], et Pétersbourg resta tranquille.

Pierre, de son côté, avançait vers la Courlande, et

[a] Mai 1705. — [b] 17 juin. — [c] 25-juin.

voulait pénétrer jusqu'à Riga. Son plan était de prendre la Livonie, tandis que Charles XII achevait de soumettre la Pologne au nouveau roi qu'il lui avait donné. Le czar était encore à Vilna en Lithuanie, et son maréchal Sheremetof s'approchait de Mittau, capitale de la Courlande; mais il y trouva le général Levenhaupt, déjà célèbre par plus d'une victoire. Il se donna une bataille rangée dans un lieu appelé Gémavershof, ou Gémavers.

Dans ces affaires, où l'expérience et la discipline prévalent, les Suédois, quoique inférieurs en nombre, avaient toujours l'avantage : les Russes furent entièrement défaits, toute leur artillerie prise[a]. Pierre, après trois batailles ainsi perdues, à Gémavers, à Jacobstadt, à Narva, réparait toujours ses pertes, et en tirait même avantage.

Il marche en forces en Courlande, après la journée de Gémavers : il arrive devant Mittau, s'empare de la ville, assiége la citadelle, et y entre par capitulation[b].

Les troupes russes avaient alors la réputation de signaler leurs succès par les pillages, coutume trop ancienne chez toutes les nations. Pierre avait, à la prise de Narva, tellement changé cet usage, que les soldats russes commandés pour garder, dans le château de Mittau, les caveaux où étaient inhumés les grands-ducs de Courlande, voyant que les corps avaient été tirés de leurs tombeaux et dépouillés de leurs ornements, refusèrent d'en prendre possession, et exigè-

[a] 28 juillet. — [b] 14 septembre.

rent auparavant qu'on fît venir un colonel suédois reconnaître l'état des lieux : il en vint un en effet, qui leur délivra un certificat par lequel il avouait que les Suédois étaient les auteurs de ce désordre.

Le bruit qui avait couru dans tout l'empire que le czar avait été totalement défait à la journée de Gémavers, lui fit encore plus de tort que cette bataille même. Un reste d'anciens strélitz, en garnison dans Astracan, s'enhardit, sur cette fausse nouvelle, à se révolter; ils tuèrent le gouverneur de la ville; et le czar fut obligé d'y envoyer le maréchal Sheremetof avec des troupes, pour les soumettre et les punir.

Tout conspirait contre lui; la fortune et la valeur de Charles XII, les malheurs d'Auguste, la neutralité forcée du Danemark ; les révoltes des anciens strélitz, les murmures d'un peuple qui ne sentait alors que la gêne de la réforme, et non l'utilité, les mécontentements des grands, assujettis à la discipline militaire, l'épuisement des finances; rien ne découragea Pierre un seul moment ; il étouffa la révolte, et ayant mis en sûreté l'Ingrie, s'étant assuré de la citadelle de Mittau, malgré Levenhaupt vainqueur, qui n'avait pas assez de troupes pour s'opposer à lui, il eut alors la liberté de traverser la Samogitie et la Lithuanie.

Il partageait avec Charles XII la gloire de dominer en Pologne; il s'avança jusqu'à Tykoczin ; ce fut là qu'il vit pour la seconde fois le roi Auguste; il le consola de ses infortunes, lui promit de le venger, lui fit présent de quelques drapeaux pris par Menzikoff sur des partis de troupes de son rival : ils allèrent ensuite à Grodno, capitale de la Lithuanie, et y restèrent jusqu'au 15 décembre. Pierre, en partant[a], lui laissa de l'argent et une armée, et, selon sa coutume, alla passer quelque temps de l'hiver à Moscou, pour y faire fleurir les arts et les lois, après avoir fait une campagne très difficile.

CHAPITRE XV.

Tandis que Pierre se soutient dans ses conquêtes et police ses états, son ennemi Charles XII gagne des batailles, domine dans la Pologne et dans la Saxe. Auguste, malgré une victoire des Russes, reçoit la loi de Charles XII. Il renonce à la couronne; il livre Patkul, ambassadeur du czar; meurtre de Patkul condamné à la roue.

Pierre à peine était à Moscou, qu'il apprit que Charles XII, partout victorieux, s'avançait du côté de Grodno pour combattre son armée; le roi Auguste avait été obligé de fuir de Grodno, et se retirait en hâte vers la Saxe avec quatre régiments de dragons russes; il affaiblissait ainsi l'armée de son protecteur, et la décourageait par sa retraite; le czar trouva tous les chemins de Grodno occupés par les Suédois, et son armée dispersée.

Tandis qu'il rassemblait ses quartiers avec une peine extrême en Lithuanie, le célèbre Schulenbourg, qui était la dernière ressource d'Auguste, et qui s'acquit depuis tant de gloire par la défense de Corfou

---

[a] 30 décembre 1705.

contre les Turcs, avançait du côté de la grande Pologne avec environ douze mille Saxons et six mille Russes tirés des troupes que le czar avait confiées à ce malheureux prince. Schulenbourg avait une juste espérance de soutenir la fortune d'Auguste; il voyait Charles XII occupé alors du côté de la Lithuanie; il n'y avait qu'environ dix mille Suédois sous le général Rehnsköld qui pussent arrêter sa marche; il s'avançait donc avec confiance jusqu'aux frontières de la Silésie, qui est le passage de la Saxe dans la Haute-Pologne. Quand il fut près du bourg de Fraustadt, sur les frontières de Pologne, il trouva le maréchal Rehnsköld qui venait lui livrer bataille.

Quelque effort que je fasse pour ne pas répéter ce que j'ai déjà dit dans l'*Histoire de Charles XII*, je dois redire ici qu'il y avait dans l'armée saxonne un régiment français qui, ayant été fait prisonnier tout entier à la fameuse bataille d'Hochstett, avait été forcé de servir dans les troupes saxonnes. Mes Mémoires disent qu'on lui avait confié la garde de l'artillerie; ils ajoutent que ces Français, frappés de la gloire de Charles XII, et mécontents du service de Saxe, posèrent les armes dès qu'ils virent les ennemis[a], et demandèrent d'être reçus parmi les Suédois, qu'ils servirent depuis en effet jusqu'à la fin de la guerre [1]. Ce fut là le commencement et le signal d'une déroute entière. Il ne se sauva pas trois bataillons russes, et encore tous les soldats qui échappèrent étaient blessés; tout le reste fut tué sans qu'on fît quartier à personne.

---

[a] 6 février. — [1] Voyez ma note, tome XXIV, page 139. B.

Le chapelain Nordberg prétend que le mot des Suédois, dans cette bataille, était, *au nom de Dieu*, et que celui des Russes était, *massacrez tout;* mais ce furent les Suédois qui massacrèrent tout au nom de Dieu. Le czar même assure dans un de ses manifestes [a], que beaucoup de prisonniers russes, cosaques, calmouks, furent tués trois jours après la bataille. Les troupes irrégulières des deux armées avaient accoutumé les généraux à ces cruautés : il ne s'en commit jamais de plus grandes dans les temps barbares. Le roi Stanislas m'a fait l'honneur de me dire que dans un de ces combats qu'on livrait si souvent en Pologne, un officier russe, qui avait été son ami, vint, après la défaite d'un corps qu'il commandait, se mettre sous sa protection, et que le général suédois Stenbock le tua, d'un coup de pistolet, entre ses bras.

Voilà quatre batailles perdues par les Russes contre les Suédois, sans compter les autres victoires de Charles XII en Pologne. Les troupes du czar, qui étaient dans Grodno, couraient risque d'essuyer une plus grande disgrace, et d'être enveloppées de tous côtés; il sut heureusement les rassembler, et même les augmenter; il fallait à-la-fois pourvoir à la sûreté de cette armée et à celle de ses conquêtes dans l'Ingrie. Il fit marcher son armée sous le prince Menzikoff vers l'orient, et de là au midi, jusqu'à Kiovie.

Tandis qu'elle marchait [b], il se rend à Schlusselbourg, à Narva, à sa colonie de Pétersbourg, met tout en sûreté; et des bords de la mer Baltique, il court à

---
[a] Manifeste du czar en Ukraine, 1709.
[b] Août.

ceux du Borysthène, pour rentrer par la Kiovie dans la Pologne, s'appliquant toujours à rendre inutiles les victoires de Charles XII, qu'il n'avait pu empêcher, préparant même déjà une conquête nouvelle : c'était celle de Vibourg, capitale de la Carélie, sur le golfe de Finlande. Il alla l'assiéger [a]; mais cette fois elle résista à ses armes : les secours vinrent à propos, et il leva le siége. Son rival, Charles XII, ne fesait réellement aucune conquête en gagnant des batailles : il poursuivait alors le roi Auguste en Saxe, toujours plus occupé d'humilier ce prince, et de l'accabler du poids de sa puissance et de sa gloire, que du soin de reprendre l'Ingrie sur un ennemi vaincu qui la lui avait enlevée.

Il répandait la terreur dans la Haute-Pologne, en Silésie, en Saxe. Toute la famille du roi Auguste, sa mère, sa femme, son fils, les principales familles du pays, se retiraient dans le cœur de l'empire. Auguste implorait la paix; il aimait mieux se mettre à la discrétion de son vainqueur que dans les bras de son protecteur. Il négociait un traité qui lui ôtait la couronne de Pologne, et qui le couvrait de confusion : ce traité était secret; il fallait le cacher aux généraux du czar, avec lesquels il était alors comme réfugié en Pologne, pendant que Charles XII donnait des lois dans Leipsick, et régnait dans tout son électorat. Déjà était signé [b] par ses plénipotentiaires le fatal traité par lequel il renonçait à la couronne de Pologne, promettait de ne prendre jamais le titre de roi de ce pays, reconnaissait Stanislas, renonçait à l'alliance du czar

---

[a] Octobre. — [b] 14 septembre.

son bienfaiteur, et, pour comble d'humiliation, s'engageait à remettre à Charles XII l'ambassadeur du czar, Jean Réginold Patkul, général des troupes russes, qui combattait pour sa défense. Il avait fait, quelque temps auparavant, arrêter Patkul contre le droit des gens, sur de faux soupçons ; et contre ce même droit des gens, il le livrait à son ennemi. Il valait mieux mourir les armes à la main que de conclure un tel traité : non seulement il y perdait sa couronne et sa gloire, mais il risquait même sa liberté, puisqu'il était alors entre les mains du prince Menzikoff, en Posnanie, et que le peu de Saxons qu'il avait avec lui recevaient alors leur solde de l'argent des Russes.

Le prince Menzikoff avait en tête, dans ces quartiers, une armée suédoise, renforcée des Polonais du parti du nouveau roi Stanislas, commandée par le général Meyerfelt [1] ; et ignorant qu'Auguste traitait avec ses ennemis, il lui proposa de les attaquer. Auguste n'osa refuser : la bataille se donna auprès de Kalish [a], dans le palatinat même du roi Stanislas : ce fut la première bataille rangée que les Russes gagnèrent contre les Suédois ; le prince Menzikoff en eut la gloire : on tua aux ennemis quatre mille hommes, on leur en prit deux mille cinq cent quatre-vingt-dix-huit.

Il est difficile de comprendre comment Auguste put, après cette victoire, ratifier un traité qui lui en ôtait tout le fruit ; mais Charles était en Saxe, et y

---

[1] Voltaire nommait ici Maderfeld le général que, dans son *Histoire de Charles XII*, livre III, voyez tome XXIV, page 145, il avait appelé Meyerfeld, et dont le véritable nom est Meyerfelt. B. — [a] 19 octobre.

était tout puissant; son nom imprimait tellement la terreur, on comptait si peu sur des succès soutenus de la part des Russes, le parti polonais contre le roi Auguste était si fort, et enfin Auguste était si mal conseillé, qu'il signa ce traité funeste. Il ne s'en tint pas là; il écrivit à son envoyé Finkstein une lettre plus triste que le traité même, par laquelle il demandait pardon de sa victoire : « protestant que la bataille « s'était donnée malgré lui; que les Russes et les Po-« lonais de son parti l'y avaient obligé; qu'il avait fait, « dans ce dessein, des mouvements pour abandonner « Menzikoff; que Meyerfelt aurait pu le battre s'il « avait profité de l'occasion; qu'il rendrait tous les « prisonniers suédois, ou qu'il romprait avec les « Russes; et qu'enfin il donnerait au roi de Suède « toutes les satisfactions convenables pour avoir osé « battre ses troupes. »

Tout cela est unique, inconcevable, et pourtant de la plus exacte vérité. Quand on songe qu'avec cette faiblesse Auguste était un des plus braves princes de l'Europe, on voit bien que c'est le courage d'esprit qui fait perdre ou conserver les états, qui les élève ou qui les abaisse.

Deux traits achevèrent de combler l'infortune du roi de Pologne, électeur de Saxe, et l'abus que Charles XII fesait de son bonheur : le premier fut une lettre de félicitation que Charles força Auguste d'écrire au nouveau roi Stanislas [1]. Le second fut horrible : ce même Auguste fut contraint de lui livrer Patkul, cet

---

[1] Cette lettre est rapportée dans *l'Histoire de Charles XII*; voyez tome XXIV, page 147. B.

ambassadeur, ce général du czar. L'Europe sait assez que ce ministre fut depuis roué vif à Casimir [1], au mois de septembre 1707. Le chapelain Nordberg avoue que tous les ordres pour cette exécution furent écrits de la propre main de Charles.

Il n'est point de jurisconsulte en Europe, il n'est pas même d'esclave qui ne sente toute l'horreur de cette injustice barbare. Le premier crime de cet infortuné était d'avoir représenté respectueusement les droits de sa patrie, à la tête de six gentilshommes livoniens, députés de tout l'état : condamné pour avoir rempli le premier des devoirs, celui de servir son pays selon les lois, cette sentence inique l'avait mis dans le plein droit naturel qu'ont tous les hommes de se choisir une patrie. Devenu ambassadeur d'un des plus grands monarques du monde, sa personne était sacrée. Le droit du plus fort viola en lui le droit de la nature et celui des nations. Autrefois l'éclat de la gloire couvrait de telles cruautés, aujourd'hui elles la ternissent.

CHAPITRE XVI.

On veut faire un troisième roi en Pologne. Charles XII part de Saxe avec une armée florissante, traverse la Pologne en vainqueur. Cruautés exercées. Conduite du czar. Succès de Charles, qui s'avance enfin vers la Russie.

Charles XII jouissait de ses succès dans Alt-Rantstadt près de Leipsick. Les princes protestants de

[1] Voyez tome XXIV, page 149 et suiv. B.

l'empire d'Allemagne venaient en foule lui rendre leurs hommages et lui demander sa protection. Presque toutes les puissances lui envoyaient des ambassadeurs. L'empereur Joseph Ier déférait à toutes ses volontés. Pierre alors, voyant que le roi Auguste avait renoncé à sa protection et au trône, et qu'une partie de la Pologne reconnaissait Stanislas, écouta les propositions que lui fit Yolkova d'élire un troisième roi [a].

On proposa plusieurs palatins dans une diète à Lublin : on mit sur les rangs le prince Ragotski ; c'était ce même prince Ragotski long-temps retenu en prison dans sa jeunesse par l'empereur Léopold, et qui depuis fut son compétiteur au trône de Hongrie, après s'être procuré la liberté. Cette négociation fut poussée très loin, et il s'en fallut peu qu'on ne vît trois rois de Pologne à-la-fois. Le prince Ragotski n'ayant pu réussir, Pierre voulut donner le trône au grand-général de la république Siniawski, homme puissant, accrédité, chef d'un tiers-parti, ne voulant reconnaître ni Auguste détrôné ni Stanislas élu par un parti contraire.

Au milieu de ces troubles on parla de paix, comme on fait toujours. Buzenval, envoyé de France en Saxe, s'entremit pour réconcilier le czar et le roi de Suède. On pensait alors à la cour de France que Charles, n'ayant plus à combattre ni les Russes ni les Polonais, pourrait tourner ses armes contre l'empereur Joseph, dont il était mécontent, et auquel il imposait des lois dures pendant son séjour en Saxe ; mais Charles répondit qu'il traiterait de la paix avec le czar dans

[a] Janvier 1707.

Moscou. C'est alors que Pierre dit : « Mon frère Char-
« les veut faire l'Alexandre, mais il ne trouvera pas
« en moi un Darius. »

Cependant les Russes étaient encore en Pologne,
et même à Varsovie, tandis que le roi donné aux Polonais par Charles XII était à peine reconnu d'eux, et
que Charles enrichissait son armée des dépouilles des
Saxons.

Enfin il partit[a] de son quartier d'Alt-Rantstadt à
la tête d'une armée de quarante-cinq mille hommes,
à laquelle il semblait que son ennemi ne dût jamais
résister, puisqu'il l'avait entièrement défait avec huit
mille à Narva.

Ce fut en passant sous les murs de Dresde qu'il
alla[b] faire au roi Auguste cette étrange visite *qui doit
causer de l'admiration à la postérité*, à ce que dit
Nordberg : elle peut au moins causer quelque étonnement. C'était beaucoup risquer que de se mettre
entre les mains d'un prince auquel il avait ôté un
royaume. Il repassa par la Silésie, et rentra en Pologne.

Ce pays était entièrement dévasté par la guerre,
ruiné par les factions, et en proie à toutes les calamités. Charles avançait par la Masovie, et choisissait
le chemin le moins praticable. Les habitants, réfugiés
dans des marais, voulurent au moins lui faire acheter
le passage. Six mille paysans lui députèrent un vieillard de leur corps : cet homme, d'une figure extraordinaire, vêtu tout de blanc et armé de deux carabines,
harangua Charles; et comme on n'entendait pas trop

---

[a] 22 août. — [b] 27 août.

bien ce qu'il disait, on prit le parti de le tuer aux yeux du prince, au milieu de sa harangue. Les paysans désespérés se retirèrent et s'armèrent. On saisit tous ceux qu'on put trouver : on les obligeait de se pendre les uns les autres, et le dernier était forcé de se passer lui-même la corde au cou, et d'être son propre bourreau. On réduisit en cendres toutes leurs habitations. C'est le chapelain Nordberg qui atteste ce fait dont il fut témoin : on ne peut ni le récuser, ni s'empêcher de frémir.

Charles arrive à quelques lieues de Grodno en Lithuanie[a]; on lui dit que le czar est en personne dans cette ville avec quelques troupes ; il prend avec lui, sans délibérer, huit cents gardes seulement [1], et court à Grodno. Un officier allemand, nommé Mulfelds, qui commandait un corps de troupes à une porte de la ville, ne doute pas, en voyant Charles XII, qu'il ne soit suivi de son armée ; il lui livre le passage au lieu de le disputer; l'alarme se répand dans la ville; chacun croit que l'armée suédoise est entrée : le peu de Russes qui veulent résister sont taillés en pièces par la garde suédoise ; tous les officiers confirment au czar qu'une armée victorieuse se rend maîtresse de tous les postes de la ville. Pierre se retire au-delà des remparts, et Charles met une garde de trente hommes à la porte même par où le czar vient de sortir.

Dans cette confusion, quelques jésuites, dont on avait pris la maison pour loger le roi de Suède, parceque c'était la plus belle de Grodno, se rendent la nuit

---

[a] 6 février 1708. — [1] Voyez tome XXIV, page 169. B.

auprès du czar, et lui apprennent cette fois la vérité. Aussitôt Pierre rentre dans la ville, force la garde suédoise : on combat dans les rues, dans les places : mais déjà l'armée du roi arrivait. Le czar fut enfin obligé de céder, et de laisser la ville au pouvoir du vainqueur qui fesait trembler la Pologne.

Charles avait augmenté ses troupes en Livonie et en Finlande, et tout était à craindre de ce côté pour les conquêtes de Pierre, comme du côté de la Lithuanie pour ses anciens états, et pour Moscou même. Il fallait donc se fortifier dans toutes ces parties si éloignées les unes des autres. Charles ne pouvait faire de progrès rapides en tirant à l'orient par la Lithuanie, au milieu d'une saison rude, dans des pays marécageux, infectés de maladies contagieuses que la pauvreté et la famine avaient répandues de Varsovie à Minski. Pierre posta ses troupes dans les quartiers sur le passage des rivières, garnit les postes importants, fit tout ce qu'il put pour arrêter à chaque pas la marche de son ennemi, et courut [a] ensuite mettre ordre à tout vers Pétersbourg.

Charles, en dominant chez les Polonais, ne leur prenait rien ; mais Pierre, en fesant usage de sa nouvelle marine, en descendant en Finlande, en prenant Borgo qu'il détruisit[b], et en fesant un grand butin sur ses ennemis, se donnait des avantages utiles.

Charles, long-temps retenu dans la Lithuanie par des pluies continuelles, s'avança enfin sur la petite rivière de Bérézine, à quelques lieues du Borysthène.

[a] 8 avril. — [b] 21 mai.

Rien ne put résister à son activité; il jeta un pont à la vue des Russes; il battit le détachement qui gardait ce passage, et arriva à Hollosin, sur la rivière de Vabis. C'était là que le czar avait posté un corps considérable qui devait arrêter l'impétuosité de Charles. La petite rivière de Vabis[a] n'est qu'un ruisseau dans les sécheresses; mais alors c'était un torrent impétueux, profond, grossi par les pluies. Au-delà était un marais, et derrière ce marais les Russes avaient tiré un retranchement d'un quart de lieue, défendu par un large fossé, et couvert par un parapet garni d'artillerie. Neuf régiments de cavalerie et onze d'infanterie étaient avantageusement disposés dans ces lignes. Le passage de la rivière paraissait impossible.

Les Suédois, selon l'usage de la guerre, préparèrent des pontons pour passer, et établirent des batteries de canons pour favoriser la marche; mais Charles n'attendit pas que les pontons fussent prêts; son impatience de combattre ne souffrait jamais le moindre retardement. Le maréchal de Schwerin, qui a long-temps servi sous lui, m'a confirmé plusieurs fois qu'un jour d'action il disait à ses généraux, occupés du détail de ses dispositions : *Aurez-vous bientôt terminé ces bagatelles?* et il s'avançait alors le premier à la tête de ses drabans : c'est ce qu'il fit surtout dans cette journée mémorable.

Il s'élance dans la rivière, suivi de son régiment des gardes. Cette foule rompait l'impétuosité du flot; mais on avait de l'eau jusqu'aux épaules, et on ne

---

[a] En russe, *Bibitsch.*

pouvait se servir de ses armes. Pour peu que l'artillerie du parapet eût été bien servie, et que les bataillons eussent tiré à propos, il ne serait pas échappé un seul Suédois.

Le roi, après avoir traversé la rivière[a], passa encore le marais à pied. Dès que l'armée eut franchi ces obstacles à la vue des Russes, on se mit en bataille; on attaqua sept fois leurs retranchements, et les Russes ne cédèrent qu'à la septième. On ne leur prit que douze pièces de campagne et vingt-quatre mortiers à grenades, de l'aveu même des historiens suédois.

Il était donc visible que le czar avait réussi à former des troupes aguerries; et cette victoire d'Hollosin, en comblant Charles XII de gloire, pouvait lui faire sentir tous les dangers qu'il allait courir en pénétrant dans des pays si éloignés : on ne pouvait marcher qu'en corps séparés, de bois en bois, de marais en marais, et à chaque pas il fallait combattre : mais les Suédois, accoutumés à tout renverser devant eux, ne redoutèrent ni danger ni fatigue.

CHAPITRE XVII.

Charles XII passe le Borysthène, s'enfonce en Ukraine, prend mal ses mesures. Une de ses armées est défaite par Pierre-le-Grand : ses munitions sont perdues. Il s'avance dans des déserts. Aventures en Ukraine.

Enfin Charles arriva sur la rive du Borysthène, à une petite ville nommée Mohilo[b]. C'était à cet endroit

---

[a] 25 juillet. — [b] En russe, *Mogilew*.

fatal qu'on devait apprendre s'il dirigerait sa route à l'orient vers Moscou, ou au midi vers l'Ukraine. Son armée, ses ennemis, ses amis, s'attendaient qu'il marcherait à la capitale. Quelque chemin qu'il prît, Pierre le suivait depuis Smolensko avec une forte armée; on ne s'attendait pas qu'il prendrait le chemin de l'Ukraine: cette étrange résolution lui fut inspirée par Mazeppa, hetman des Cosaques; c'était un vieillard de soixante et dix ans, qui, n'ayant point d'enfants, semblait ne devoir penser qu'à finir tranquillement sa vie: la reconnaissance devait encore l'attacher au czar, auquel il devait sa place; mais, soit qu'il eût en effet à se plaindre de ce prince, soit que la gloire de Charles XII l'eût ébloui, soit plutôt qu'il cherchât à devenir indépendant, il avait trahi son bienfaiteur, et s'était donné en secret au roi de Suède, se flattant de faire avec lui révolter toute sa nation.

Charles ne douta pas de triompher de tout l'empire russe quand ses troupes victorieuses seraient secondées d'un peuple si belliqueux. Il devait recevoir de Mazeppa les vivres, les munitions, l'artillerie, qui pouvaient lui manquer: à ce puissant secours devait se joindre une armée de seize à dix-huit mille combattants, qui arrivait de Livonie, conduite par le général Levenhaupt, conduisant après elle une quantité prodigieuse de provisions de guerre et de bouche. Charles ne s'inquiétait pas si le czar était à portée de tomber sur cette armée, et de le priver d'un secours si nécessaire. Il ne s'informait pas si Mazeppa était en état de tenir toutes ses promesses, si ce Cosaque avait assez de crédit pour faire changer une nation entière, qui ne prend conseil que d'elle-même, et s'il restait enfin assez de ressources à son armée dans un malheur; et en cas que Mazeppa fût sans fidélité ou sans pouvoir, il comptait sur sa valeur et sur sa fortune. L'armée suédoise avança donc au-delà du Borysthène, vers la Desna; et c'était entre ces deux rivières que Mazeppa était attendu. La route était pénible, et des corps de Russes voltigeant dans ces quartiers rendaient la marche dangereuse.

Menzikoff, à la tête de quelques régiments de cavalerie et de dragons, attaqua[a] l'avant-garde du roi, la mit en désordre, tua beaucoup de Suédois, perdit encore plus des siens, mais ne se rebuta pas. Charles, qui accourut sur le champ de bataille, ne repoussa les Russes que difficilement, en risquant long-temps sa vie, et en combattant contre plusieurs dragons qui l'environnaient. Cependant Mazeppa ne venait point; les vivres commençaient à manquer; les soldats suédois, voyant leur roi partager tous leurs dangers, leurs fatigues, et leur disette, ne se décourageaient pas; mais, en l'admirant, ils le blâmaient, et murmuraient.

L'ordre envoyé par le roi à Levenhaupt de marcher avec son armée, et d'amener des munitions en diligence, avait été rendu douze jours trop tard, et ce temps était long dans une telle circonstance. Levenhaupt marchait enfin : Pierre le laissa passer le Borysthène; et quand cette armée fut engagée entre ce fleuve et les petites rivières qui s'y perdent, il passa le fleuve après lui, et l'attaqua avec ses corps rassem-

[a] 11 septembre 1708.

blés qui se suivaient presque en échelons. La bataille se donna entre le Borysthène et la Sossa*.

Le prince Menzikoff revenait avec ce même corps de cavalerie qui s'était mesuré contre Charles XII; le général Bauer le suivait, et Pierre conduisait de son côté l'élite de son armée. Les Suédois crurent avoir à faire à quarante mille combattants; et on le crut longtemps sur la foi de leur relation. Mes nouveaux Mémoires m'apprennent que Pierre n'avait que vingt mille hommes dans cette journée[1]; ce nombre n'était pas fort supérieur à celui de ses ennemis. L'activité du czar, sa patience, son opiniâtreté, celle de ses troupes animées par sa présence, décidèrent du sort, non pas de cette journée, mais de trois journées consécutives, pendant lesquelles on combattit à plusieurs reprises.

D'abord on attaqua l'arrière-garde de l'armée suédoise près du village de Lesnau, qui a donné le nom à cette bataille. Ce premier choc fut sanglant, sans être décisif. Levenhaupt se retira dans un bois, et conserva son bagage[b]; le lendemain il fallut chasser les Suédois de ce bois; le combat fut plus meurtrier et plus heureux : c'est là que le czar, voyant ses troupes en désordre, s'écria qu'on tirât sur les fuyards et sur lui-même s'il se retirait. Les Suédois furent repoussés, mais ne furent point mis en déroute.

Enfin un renfort de quatre mille dragons arriva; on fondit sur les Suédois pour la troisième fois : ils se retirèrent vers un bourg nommé Prospock; on les y

---

[a] En russe, *Soeza*. — [1] Voltaire avait dit *quarante mille*, dans le livre IV de l'*Histoire de Charles XII;* voyez tome XXIV, page 181. B.—[b] 7 octobre.

attaqua encore; ils marchèrent vers la Desna, et on les y poursuivit. Jamais ils ne furent entièrement rompus, mais ils perdirent plus de huit mille hommes, dix-sept canons, quarante-quatre drapeaux : le czar fit prisonniers cinquante-six officiers, et près de neuf cents soldats : tout ce grand convoi qu'on amenait à Charles demeura au pouvoir du vainqueur.

Ce fut la première fois que le czar défit en personne, dans une bataille rangée, ceux qui s'étaient signalés par tant de victoires sur ses troupes : il remerciait Dieu de ce succès quand il apprit que son général Apraxin venait de remporter[a] un avantage en Ingrie, à quelques lieues de Narva; avantage, à la vérité, moins considérable que la victoire de Lesnau; mais ce concours d'événements heureux fortifiait ses espérances et le courage de son armée.

Charles XII apprit toutes ces funestes nouvelles lorsqu'il était prêt de passer la Desna dans l'Ukraine. Mazeppa vint enfin le trouver : il devait lui amener vingt mille hommes [1] et des provisions immenses, mais il n'arriva qu'avec deux régiments, et plutôt en fugitif qui demandait du secours, qu'en prince qui venait en donner. Ce Cosaque avait marché en effet avec quinze à seize mille des siens, leur ayant dit d'abord qu'ils allaient contre le roi de Suède, qu'ils auraient la gloire d'arrêter ce héros dans sa marche, et que le czar leur aurait une éternelle obligation d'un si grand service.

[a] 17 septembre.
[1] Voltaire avait dit *trente mille* dans l'*Histoire de Charles XII*, livre IV, page 177. B.

A quelques milles de la Desna, il leur déclara enfin son projet; mais ces braves gens en eurent horreur; ils ne voulurent point trahir un monarque dont ils n'avaient point à se plaindre, pour un Suédois qui venait à main armée dans leur pays, qui, après l'avoir quitté, ne pourrait plus les défendre, et qui les laisserait à la discrétion des Russes irrités, et des Polonais, autrefois leurs maîtres et toujours leurs ennemis : ils retournèrent chez eux, et donnèrent avis au czar de la défection de leur chef : il ne resta auprès de Mazeppa qu'environ deux régiments dont les officiers étaient à ses gages.

Il était encore maître de quelques places dans l'Ukraine, et surtout de Bathurin, lieu de sa résidence, regardée comme la capitale des Cosaques : elle est située près des forêts, sur la rivière Desna, mais fort loin du champ de bataille où Pierre avait vaincu Levenhaupt. Il y avait toujours quelques régiments russes dans ces quartiers. Le prince Menzikoff fut détaché de l'armée du czar; il y arriva par de grands détours. Charles ne pouvait garder tous les passages, il ne les connaissait pas même; il avait négligé de s'emparer du poste important de Strarodoub, qui mène droit à Bathurin, à travers sept ou huit lieues de forêts que la Desna traverse. Son ennemi avait toujours sur lui l'avantage de connaître le pays. Menzikoff passa aisément avec le prince Gallitzin; on se présenta devant Bathurin[a]; elle fut prise presque sans résistance, saccagée, et réduite en cendres : un magasin destiné pour le roi de Suède, et les trésors de Mazeppa, fu-

[a] 14 novembre.

rent enlevés; les Cosaques élurent un autre hetman, nommé Skoropaski, que le czar agréa. Il voulut qu'un appareil imposant fît sentir au peuple l'énormité de la trahison; l'archevêque de Kiovie et deux autres excommunièrent publiquement Mazeppa; il fut pendu en effigie[a], et quelques uns de ses complices moururent par le supplice de la roue.

Cependant Charles XII, à la tête d'environ vingt-cinq à vingt-sept mille Suédois, ayant encore reçu les débris de l'armée de Levenhaupt, fortifié de deux ou trois mille hommes que Mazeppa lui avait amenés, et toujours séduit par l'espérance de faire déclarer toute l'Ukraine, passa la Desna loin de Bathurin et près du Borysthène[b], malgré les troupes du czar qui l'entouraient de tous côtés, dont les unes suivaient son arrière-garde, et les autres, répandues au-delà de la rivière, s'opposaient à son passage.

Il marchait, mais par des déserts, et ne trouvait que des villages ruinés et brûlés. Le froid se fit sentir dès le mois de décembre avec une rigueur si excessive, que, dans une de ses marches, près de deux mille hommes tombèrent morts à ses yeux : les troupes du czar souffraient moins, parcequ'elles avaient plus de secours; celles de Charles, manquant presque de vêtements, étaient plus exposées à l'âpreté de la saison.

Dans cet état déplorable, le comte Piper, chancelier de Suède, qui ne donna jamais que de bons conseils à son maître, le conjura de rester, de passer au moins le temps le plus rigoureux de l'hiver dans une petite ville de l'Ukraine, nommée Romna, où il pour-

[a] 22 novembre. — [b] 15 novembre.

rait se fortifier, et faire quelques provisions par le secours de Mazeppa. Charles répondit qu'il n'était pas homme à s'enfermer dans une ville. Piper alors le conjura de repasser la Desna et le Borysthène, de rentrer en Pologne, d'y donner à ses troupes des quartiers dont elles avaient besoin, de s'aider de la cavalerie légère des Polonais qui lui était absolument nécessaire, de soutenir le roi qu'il avait fait nommer, et de contenir le parti d'Auguste qui commençait à lever la tête. Charles répliqua que ce serait fuir devant le czar, que la saison deviendrait plus favorable, qu'il fallait subjuguer l'Ukraine et marcher à Moscou[a].

Les armées russes et suédoises furent quelques semaines dans l'inaction, tant le froid fut violent au mois de janvier 1709; mais dès que le soldat put se servir de ses armes, Charles attaqua tous les petits postes qui se trouvèrent sur son passage. Il fallait envoyer de tous côtés des partis pour chercher des vivres, c'est-à-dire pour aller ravir à vingt lieues à la ronde la subsistance des paysans. Pierre sans se hâter veillait sur ses marches, et le laissait se consumer.

Il est impossible au lecteur de suivre la marche des Suédois dans ces contrées; plusieurs rivières qu'ils passèrent ne se trouvent point dans les cartes : il ne faut pas croire que les géographes connaissent ces pays comme nous connaissons l'Italie, la France, et l'Allemagne; la géographie est encore de tous les arts celui qui a le plus besoin d'être perfectionné; et l'am-

[a] Avoué par le chapelain Nordberg, tome II, page 263.

bition a jusqu'ici pris plus de soin de dévaster la terre que de la décrire.

Contentons-nous de savoir que Charles enfin traversa toute l'Ukraine, au mois de février, brûlant partout des villages, et en trouvant que les Russes avaient brûlés. Il s'avança au sud-est jusqu'aux déserts arides bordés par les montagnes qui séparent les Tartares Nogaïs des Cosaques du Tanaïs : c'est à l'orient de ces montagnes que sont les autels d'Alexandre. Il se trouvait donc au-delà de l'Ukraine, dans le chemin que prennent les Tartares pour aller en Russie ; et quand il fut là, il fallut retourner sur ses pas pour subsister : les habitants se cachaient dans des tanières avec leurs bestiaux : ils disputaient quelquefois leur nourriture aux soldats qui venaient l'enlever ; les paysans dont on put se saisir furent mis à mort ; ce sont là, dit-on, les droits de la guerre. Je dois transcrire ici quelques lignes du chapelain Nordberg[a].
« Pour faire voir, dit-il, combien le roi aimait la jus-
« tice, nous insérerons un billet de sa main au colonel
« Hielmen : — Monsieur le colonel, je suis bien aise
« qu'on ait attrapé les paysans qui ont enlevé un Sué-
« dois ; quand on les aura convaincus de leur crime,
« on les punira suivant l'exigence du cas, en les fesant
« mourir. CHARLES, et plus bas Budis. » Tels sont les sentiments de justice et d'humanité du confesseur d'un roi ; mais si les paysans de l'Ukraine avaient pu faire pendre des paysans d'Ostrogothie enrégimentés, qui se croyaient en droit de venir de si loin leur ravir la nourriture de leurs femmes et de leurs enfants, les

[a] Tome II, page 279.

confesseurs et les chapelains de ces Ukraniens n'auraient-ils pas pu bénir leur justice?

Mazeppa négociait depuis long-temps avec les Zaporaviens, qui habitent vers les deux rives du Borysthène, et dont une partie habite les îles de ce fleuve^a. C'est cette partie qui compose ce peuple, sans femmes et sans familles, subsistant de rapines, entassant leurs provisions dans leurs îles pendant l'hiver, et les allant vendre au printemps dans la petite ville de Pultava; les autres habitent des bourgs à droite et à gauche du fleuve. Tous ensemble choisissent un hetman particulier, et cet hetman est subordonné à celui de l'Ukraine. Celui qui était alors à la tête des Zaporaviens alla trouver Mazeppa : ces deux barbares s'abouchèrent, fesant porter chacun devant eux une queue de cheval et une massue.

Pour faire connaître ce que c'était que cet hetman des Zaporaviens et son peuple, je ne crois pas indigne de l'histoire de rapporter comment le traité fut fait. Mazeppa donna un grand repas servi avec quelque vaisselle d'argent à l'hetman zaporavien et à ses principaux officiers : quand ces chefs furent ivres d'eau-de-vie, ils jurèrent à table, sur l'Évangile, qu'ils fourniraient des hommes et des vivres à Charles XII; après quoi ils emportèrent la vaisselle et tous les meubles. Le maître d'hôtel de la maison courut après eux, et leur remontra que cette conduite ne s'accordait pas avec l'Évangile sur lequel ils avaient juré; les domestiques de Mazeppa voulurent reprendre la vaisselle : les Zaporaviens s'attroupèrent; ils vinrent en corps se

^a Voyez le chapitre 1, page 43.

plaindre à Mazeppa de l'affront inouï qu'on fesait à de si braves gens, et demandèrent qu'on leur livrât le maître d'hôtel pour le punir selon les lois; il leur fut abandonné; et les Zaporaviens, selon les lois, se jetèrent les uns aux autres ce pauvre homme, comme on pousse un ballon; après quoi on lui plongea un couteau dans le cœur.

Tels furent les nouveaux alliés que fut obligé de recevoir Charles XII; il en composa un régiment de deux mille hommes; le reste marcha par troupes séparées contre les Cosaques et les Calmoucks du czar, répandus dans ces quartiers.

La petite ville de Pultava, dans laquelle ces Zaporaviens trafiquent, était remplie de provisions, et pouvait servir à Charles d'une place d'armes; elle est située sur la rivière de Vorskla, assez près d'une chaîne de montagnes qui la dominent au nord; le côté de l'orient est un vaste désert; celui de l'occident est plus fertile et plus peuplé. La Vorskla va se perdre à quinze grandes lieues au-dessous dans le Borysthène. On peut aller de Pultava au septentrion gagner le chemin de Moscou, par les défilés qui servent de passage aux Tartares; cette route est difficile; les précautions du czar l'avaient rendue presque impraticable; mais rien ne paraissait impossible à Charles, et il comptait toujours prendre le chemin de Moscou, après s'être emparé de Pultava : il mit donc le siége devant cette ville au commencement de mai.

CHAPITRE XVIII.

Bataille de Pultava.

C'était là que Pierre l'attendait : il avait disposé ses corps d'armée à portée de se joindre, et de marcher tous ensemble aux assiégeants ; il avait visité toutes les contrées qui entourent l'Ukraine, le duché de Sévérie, où coule la Desna, devenue célèbre par sa victoire, et où cette rivière est déjà profonde ; le pays de Bolcho, dans lequel l'Occa prend sa source ; les déserts et les montagnes qui conduisent aux Palus-Méotides : il était enfin auprès d'Azof, et là il fesait nettoyer le port, construire des vaisseaux, fortifier la citadelle de Taganrock, mettant ainsi à profit, pour l'avantage de ses états, le temps qui s'écoula entre les batailles de Desna et de Pultava.

Dès qu'il sait que cette ville est assiégée, il rassemble ses quartiers. Sa cavalerie, ses dragons, son infanterie, Cosaques, Calmoucks, s'avancent de vingt endroits ; rien ne manque à son armée, ni gros canon, ni pièces de campagne, ni munitions de toute espèce, ni vivres, ni médicaments ; c'était encore une supériorité qu'il s'était donnée sur son rival.

Le 15 juin 1709, il arrive devant Pultava avec une armée d'environ soixante mille combattants ; la rivière Vorskla était entre lui et Charles : les assiégeants au nord-ouest ; les Russes au sud-est.

Pierre remonte la rivière au-dessus de la ville, établit ses ponts, fait passer son armée^a, et tire un long retranchement, qu'on commence et qu'on achève en une seule nuit, vis-à-vis l'armée ennemie. Charles put juger alors si celui qu'il méprisait, et qu'il comptait détrôner à Moscou, entendait l'art de la guerre. Cette disposition faite, Pierre posta sa cavalerie entre deux bois, et la couvrit de plusieurs redoutes garnies d'artillerie. Toutes les mesures ainsi prises, il va reconnaître le camp des assiégeants^b pour en former l'attaque.

Cette bataille allait décider du destin de la Russie, de la Pologne, de la Suède, et des deux monarques sur qui l'Europe avait les yeux. On ne savait, chez la plupart des nations attentives à ces grands intérêts, ni où étaient ces deux princes, ni quelle était leur situation : mais après avoir vu partir de Saxe Charles XII victorieux, à la tête de l'armée la plus formidable, après avoir vu qu'il poursuivait partout son ennemi, on ne doutait pas qu'il ne dût l'accabler, et qu'ayant donné des lois en Danemark, en Pologne, en Allemagne, il n'allât dicter dans le Kremelin de Moscou les conditions de la paix, et faire un czar après avoir fait un roi de Pologne. J'ai vu des lettres de plusieurs ministres qui confirmaient leurs cours dans cette opinion générale.

Le risque n'était point égal entre ces deux rivaux. Si Charles perdait une vie tant de fois prodiguée, ce n'était, après tout, qu'un héros de moins. Les provinces de l'Ukraine, les frontières de Lithuanie et de Russie cessaient alors d'être dévastées; la Pologne

^a 3 juillet. — ^b 6 juillet.

reprenait avec sa tranquillité son roi légitime, déjà réconcilié avec le czar son bienfaiteur.

La Suède, enfin épuisée d'hommes et d'argent, pouvait trouver des motifs de consolation; mais si le czar périssait, des travaux immenses, utiles à tout le genre humain, étaient ensevelis avec lui, et le plus vaste empire de la terre retombait dans le chaos, dont il était à peine tiré.

Quelques corps suédois et russes avaient été plus d'une fois aux mains sous les murs de la ville. Charles, dans une de ces rencontres [a], avait été blessé d'un coup de carabine qui lui fracassa les os du pied; il essuya des opérations douloureuses, qu'il soutint avec son courage ordinaire, et fut obligé d'être quelques jours au lit. Dans cet état, il apprit que Pierre devait l'attaquer; ses idées de gloire ne lui permirent pas de l'attendre dans ses retranchements; il sortit du sien en se fesant porter sur un brancard. Le Journal de Pierre-le-Grand avoue que les Suédois attaquèrent avec une ardeur si opiniâtre les redoutes garnies de canons qui protégeaient sa cavalerie, que, malgré sa résistance et malgré un feu continuel, ils se rendirent maîtres de deux redoutes. On a écrit que l'infanterie suédoise, maîtresse des deux redoutes, crut la bataille gagnée, et cria *victoire!* Le chapelain Nordberg, qui était loin du champ de bataille au bagage (où il devait être), prétend que c'est une calomnie; mais que les Suédois aient crié victoire ou non, il est certain qu'ils ne l'eurent pas. Le feu des autres redoutes ne se ralentit point, et les Russes résistèrent

[a] 27 juin.

partout avec autant de fermeté qu'on les attaquait avec ardeur. Ils ne firent aucun mouvement irrégulier. Le czar rangea son armée en bataille hors de ses retranchements avec ordre et promptitude.

La bataille devint générale. Pierre fesait dans son armée la fonction de général-major; le général Bauer commandait la droite; Menzikoff, la gauche; Sheremetof, le centre. L'action dura deux heures. Charles, le pistolet à la main, allait de rang en rang sur son brancard, porté par ses drabans. Un coup de canon tua un des gardes qui le portaient, et mit le brancard en pièces. Charles se fit alors porter sur des piques; car il est difficile, quoi qu'en dise Nordberg, que dans une action aussi vive on eût trouvé un nouveau brancard tout prêt. Pierre reçut plusieurs coups dans ses habits et dans son chapeau; ces deux princes furent continuellement au milieu du feu pendant toute l'action. Enfin, après deux heures de combat, les Suédois furent partout enfoncés; la confusion se mit parmi eux, et Charles XII fut obligé de fuir devant celui qu'il avait tant méprisé. On mit à cheval, dans sa fuite, ce même héros qui n'avait pu y monter pendant la bataille; la nécessité lui rendit un peu de force; il courut en souffrant d'extrêmes douleurs, devenues encore plus cuisantes par celle d'être vaincu sans ressource. Les Russes comptèrent neuf mille deux cent vingt-quatre Suédois morts sur le champ de bataille[1] : ils firent pendant l'action deux à trois mille prisonniers, surtout dans la cavalerie.

Charles XII précipitait sa fuite avec environ qua-

---

[1] Voyez tome XXIV, page 194. B.

torze mille combattants, très peu d'artillerie de campagne, de vivres, de munitions et de poudre. Il marcha vers le Borysthène, au midi, entre les rivières de Vorskla et de Sol [a], dans le pays des Zaporaviens. Par-delà le Borysthène, en cet endroit, sont de grands déserts qui conduisent aux frontières de la Turquie. Nordberg assure que les vainqueurs n'osèrent poursuivre Charles; cependant il avoue que le prince Menzikoff se présenta sur les hauteurs avec dix mille hommes de cavalerie et un train d'artillerie considérable, quand le roi passait le Borysthène.

Quatorze mille Suédois se rendirent prisonniers de guerre [b] à ces dix mille Russes; Levenhaupt, qui les commandait, signa cette fatale capitulation, par laquelle il livrait au czar les Zaporaviens, qui, ayant combattu pour son roi, se trouvaient dans cette armée fugitive. Les principaux prisonniers faits dans la bataille et par la capitulation furent le comte Piper, premier ministre, avec deux secrétaires d'état et deux du cabinet; le feld-maréchal Rehnsköld, les généraux Levenhaupt, Slipenbach, Rosen, Stackelberg, Creutz, Hamilton, trois aides-de-camp-généraux, l'auditeur-général de l'armée, cinquante-neuf officiers de l'état-major, cinq colonels, parmi lesquels était un prince de Virtemberg; seize mille neuf cent quarante-deux soldats ou bas officiers : enfin, en y comprenant les domestiques du roi et d'autres personnes suivant l'armée, il y en eut dix-huit mille sept cent quarante-six au pouvoir du vainqueur; ce qui, joint aux neuf mille deux cent vingt-quatre qui furent tués dans la bataille,

---

[a] Ou Psol. — [b] 12 juillet.

et à près de deux mille hommes qui passèrent le Borysthène à la suite du roi, fait voir qu'il avait en effet vingt-sept mille combattants sous ses ordres dans cette journée mémorable [a].

Il était parti de Saxe avec quarante-cinq mille combattants; Levenhaupt en avait amené plus de seize mille de Livonie; rien ne restait de toute cette armée florissante; et d'une nombreuse artillerie perdue dans ses marches, enterrée dans des marais, il n'avait conservé que dix-huit canons de fonte, deux obus, et douze mortiers. C'était avec ces faibles armes qu'il avait entrepris le siége de Pultava, et qu'il avait attaqué une armée pourvue d'une artillerie formidable : aussi l'accuse-t-on d'avoir montré, depuis son départ d'Allemagne, plus de valeur que de prudence. Il n'y eut de morts du côté des Russes que cinquante-deux officiers et douze cent quatre-vingt-treize soldats; c'est une preuve que leur disposition était meilleure que celle de Charles, et que leur feu fut infiniment supérieur.

Un ministre envoyé à la cour du czar prétend, dans ses Mémoires, que Pierre ayant appris le dessein de Charles XII de se retirer chez les Turcs, lui écrivit pour le conjurer de ne point prendre cette résolution désespérée, et de se remettre plutôt entre ses mains qu'entre celles de l'ennemi naturel de tous les princes

---

[a] On a imprimé à Amsterdam, en 1730, les *Mémoires de Pierre-le-Grand*, par le prétendu boïard Ivan Nestesuranoy. Il est dit dans ces Mémoires que le roi de Suède, avant de passer le Borysthène, envoya un officier général offrir la paix au czar. Les quatre tomes de ces Mémoires sont un tissu de faussetés et d'inepties pareilles, ou de gazettes compilées.

chrétiens. Il lui donnait sa parole d'honneur de ne point le retenir prisonnier, et de terminer leurs différents par une paix raisonnable. La lettre fut portée par un exprès jusqu'à la rivière de Bug, qui sépare les déserts de l'Ukraine des états du grand-seigneur. Il arriva lorsque Charles était déjà en Turquie, et rapporta la lettre à son maître. Le ministre ajoute qu'il tient ce fait [a] de celui-là même qui avait été chargé de la lettre. Cette anecdote n'est pas sans vraisemblance, mais elle ne se trouve ni dans le Journal de Pierre-le-Grand, ni dans aucun des mémoires qu'on m'a confiés. Ce qui est le plus important dans cette bataille, c'est que de toutes celles qui ont jamais ensanglanté la terre, c'est la seule qui, au lieu de ne produire que la destruction, ait servi au bonheur du genre humain, puisqu'elle a donné au czar la liberté de policer une grande partie du monde.

Il s'est donné en Europe plus de deux cents batailles rangées depuis le commencement de ce siècle jusqu'à l'année où j'écris. Les victoires les plus signalées et les plus sanglantes n'ont eu d'autres suites que la réduction de quelques petites provinces, cédées ensuite par des traités et reprises par d'autres batailles. Des armées de cent mille hommes ont souvent combattu, mais les plus violents efforts n'ont eu que des succès faibles et passagers : on a fait les plus petites choses avec les plus grands moyens. Il n'y a point d'exemple dans nos nations modernes d'aucune guerre qui ait compensé par un peu de bien le mal qu'elle a fait ;

---

[a] Ce fait se trouve aussi dans une lettre imprimée au-devant des *Anecdotes de Russie*.

mais il a résulté de la journée de Pultava la félicité du plus vaste empire de la terre.

CHAPITRE XIX.

Suite de la victoire de Pultava. Charles XII réfugié chez les Turcs. Auguste, détrôné par lui, rentre dans ses états. Conquêtes de Pierre-le-Grand.

Cependant on présentait au vainqueur tous les principaux prisonniers; le czar leur fit rendre leurs épées, et les invita à sa table. Il est assez connu qu'en buvant à leur santé il leur dit : « Je bois à la santé de « mes maîtres dans l'art de la guerre : » mais la plupart de ses maîtres, du moins tous les officiers subalternes et tous les soldats, furent bientôt envoyés en Sibérie. Il n'y avait point de cartel entre les Russes et les Suédois : le czar en avait proposé un avant le siége de Pultava; Charles le refusa, et ses Suédois furent en tout les victimes de son indomptable fierté.

C'est cette fierté, toujours hors de saison, qui causa toutes les aventures de ce prince en Turquie, et toutes ses calamités plus dignes d'un héros de l'Arioste que d'un roi sage; car, dès qu'il fut auprès de Bender, on lui conseilla d'écrire au grand-vizir selon l'usage, et il crut que ce serait trop s'abaisser. Une pareille opiniâtreté le brouilla avec tous les ministres de la Porte successivement : il ne savait s'accommoder ni aux temps ni aux lieux [a].

[a] La Motraye, dans le récit de ses voyages, rapporte une lettre de Char-

Aux premières nouvelles de la bataille de Pultava, ce fut une révolution générale dans les esprits et dans les affaires en Pologne, en Saxe, en Suède, en Silésie. Charles, quand il donnait des lois, avait exigé de l'empereur d'Allemagne, Joseph Ier, qu'on dépouillât les catholiques de cent cinq églises, en faveur des Silésiens de la confession d'Augsbourg; les catholiques reprirent presque tous les temples luthériens, dès qu'ils furent informés de la disgrace de Charles. Les Saxons ne songèrent qu'à se venger des extorsions d'un vainqueur qui leur avait coûté, disaient-ils, vingt-trois millions d'écus. Leur électeur, roi de Pologne, protesta sur-le-champ [a] contre l'abdication qu'on lui avait arrachée, et étant rentré dans les bonnes graces du czar, il s'empressa de remonter sur le trône de Pologne. La Suède consternée crut long-temps son roi mort, et le sénat incertain ne pouvait prendre aucun parti.

Pierre prit incontinent celui de profiter de sa victoire : il fait partir le maréchal Sheremetof avec une armée pour la Livonie, sur les frontières de laquelle ce général s'était signalé tant de fois. Le prince Menzikoff fut envoyé en diligence avec une nombreuse cavalerie pour seconder le peu de troupes laissées en Pologne, pour encourager toute la noblesse du parti d'Auguste, pour chasser le compétiteur que l'on ne regardait plus que comme un rebelle, et pour dissi-

---

les XII au grand-vizir; mais cette lettre est fausse comme la plupart des récits de ce voyageur mercenaire; et Nordberg lui-même avoue que le roi de Suède ne voulut jamais écrire au grand-vizir.

[a] 8 août.

per quelques troupes suédoises qui restaient encore sous le général suédois Crassau.

Pierre part bientôt lui-même, passe par la Kiovie, par les palatinats de Chelm et de la Haute-Volhinie, arrive à Lublin, se concerte avec le général de la Lithuanie; il voit ensuite les troupes de la couronne, qui prêtent serment de fidélité au roi Auguste[a]; de là il se rend à Varsovie, et jouit à Thorn du plus beau de tous les triomphes, celui de recevoir[b] les remercîments d'un roi auquel il rendait ses états. C'est là qu'il conclut un traité contre la Suède avec les rois de Danemark, de Pologne, et de Prusse. Il s'agissait déjà de reprendre toutes les conquêtes de Gustave-Adolphe. Pierre fesait revivre les anciennes prétentions des czars sur la Livonie, l'Ingrie, la Carélie, et sur une partie de la Finlande; le Danemark revendiquait la Scanie; le roi de Prusse, la Poméranie.

La valeur infortunée de Charles ébranlait ainsi tous les édifices que la valeur heureuse de Gustave-Adolphe avait élevés. La noblesse polonaise venait en foule confirmer ses serments à son roi, ou lui demander pardon de l'avoir abandonné; presque tous reconnaissaient Pierre pour leur protecteur.

Aux armes du czar, à ces traités, à cette révolution subite, Stanislas n'eut à opposer que sa résignation; il répandit un écrit qu'on appelle *Universal*, dans lequel il dit qu'il est prêt à renoncer à la couronne si la république l'exige.

Pierre, après avoir tout concerté avec le roi de Pologne, et ayant ratifié le traité avec le Danemark,

[a] 18 septembre. — [b] 7 octobre.

partit incontinent pour achever sa négociation avec le roi de Prusse. Il n'était pas encore en usage chez les souverains d'aller faire eux-mêmes les fonctions de leurs ambassadeurs : ce fut Pierre qui introduisit cette coutume nouvelle et peu suivie. L'électeur de Brandebourg, premier roi de Prusse, alla conférer avec le czar à Marienverder, petite ville située dans la partie occidentale de la Poméranie, bâtie par les chevaliers teutoniques, et enclavée dans la lisière de la Prusse devenue royaume. Ce royaume était petit et pauvre, mais son nouveau roi y étalait, quand il y voyageait, la pompe la plus fastueuse : c'est dans cet éclat qu'il avait déjà reçu Pierre à son premier passage, quand ce prince quitta son empire pour aller s'instruire chez les étrangers. Il reçut le vainqueur de Charles XII avec encore plus de magnificence. Pierre ne conclut d'abord avec le roi de Prusse qu'un traité défensif[a], mais qui ensuite acheva la ruine des affaires de Suède.

Nul instant n'était perdu. Pierre, après avoir achevé rapidement les négociations qui partout ailleurs sont si longues, va joindre son armée devant Riga, la capitale de la Livonie, commence par bombarder la place[b], met le feu lui-même aux trois premières bombes, forme ensuite un blocus; et, sûr que Riga ne lui peut échapper, il va veiller aux ouvrages de sa ville de Pétersbourg, à la construction des maisons, à sa flotte, pose de ses mains la quille d'un vaisseau[c] de cinquante-quatre canons, et part ensuite

---

[a] 20 octobre. — [b] 21 novembre. — [c] 3 décembre.

pour Moscou. Il se fit un amusement de travailler aux préparatifs du triomphe qu'il étala dans cette capitale; il ordonna toute la fête, travailla lui-même, disposa tout.

L'année 1710 commença[a] par cette solennité nécessaire alors à ses peuples, auxquels elle inspirait des sentiments de grandeur, et agréable à ceux qui avaient craint de voir entrer, en vainqueurs dans leurs murs ceux dont on triomphait; on vit passer sous sept arcs magnifiques l'artillerie des vaincus, leurs drapeaux, leurs étendards, le brancard de leur roi, les soldats, les officiers, les généraux, les ministres prisonniers, tous à pied, au bruit des cloches, des trompettes, de cent pièces de canon, et des acclamations d'un peuple innombrable, qui se fesaient entendre quand les canons se taisaient. Les vainqueurs à cheval fermaient la marche, les généraux à la tête, et Pierre à son rang de général-major. A chaque arc de triomphe on trouvait des députés des différents ordres de l'état, et au dernier une troupe choisie de jeunes enfants de boïards vêtus à la romaine, qui présentaient des lauriers au monarque victorieux.

A cette fête publique succéda une cérémonie non moins satisfesante. Il était arrivé, en 1708, une aventure d'autant plus désagréable, que Pierre était alors malheureux. Matéof, son ambassadeur à Londres auprès de la reine Anne, ayant pris congé, fut arrêté avec violence par deux officiers de justice, au nom de quelques marchands anglais, et conduit chez un juge de paix pour la sûreté de leurs créances. Les mar-

[a] 1er janvier.

chands anglais prétendaient que les lois du commerce devaient l'emporter sur les priviléges des ministres : l'ambassadeur du czar et tous les ministres publics qui se joignirent à lui, disaient que leur personne doit être toujours inviolable. Le czar demanda fortement justice par ses lettres à la reine Anne; mais elle ne pouvait la lui faire, parceque les lois d'Angleterre permettaient aux marchands de poursuivre leurs débiteurs, et qu'aucune loi n'exemptait les ministres publics de cette poursuite. Le meurtre de Patkul, ambassadeur du czar, exécuté l'année précédente par les ordres de Charles XII, enhardissait le peuple d'Angleterre à ne pas respecter un caractère si cruellement profané : les autres ministres qui étaient alors à Londres furent obligés de répondre pour celui du czar; et enfin, tout ce que put faire la reine en sa faveur, ce fut d'engager le parlement à passer un acte par lequel dorénavant il ne serait plus permis de faire arrêter un ambassadeur pour ses dettes : mais, après la bataille de Pultava, il fallut faire une satisfaction plus authentique. La reine lui fit des excuses publiques par une ambassade solennelle. M. de Withworth, choisi pour cette cérémonie[a], commença sa harangue par ces mots : *Très haut et très puissant empereur.* Il lui dit qu'on avait mis en prison ceux qui avaient osé arrêter son ambassadeur, et qu'on les avait déclarés infames ; il n'en était rien, mais il suffisait de le dire; et le titre d'empereur, que la reine ne lui donnait pas avant la bataille de Pultava, marquait assez la considération qu'il avait en Europe. On lui

[a] 16 février.

donnait déjà communément ce titre en Hollande; et non seulement ceux qui l'avaient vu travailler avec eux dans les chantiers de Sardam, et qui s'intéressaient davantage à sa gloire, mais tous les principaux de l'état l'appelaient à l'envi du nom d'empereur, et célébraient sa victoire par des fêtes en présence du ministre de Suède.

Cette considération universelle qu'il s'était donnée par sa victoire, il l'augmentait en ne perdant pas un moment pour en profiter. Elbing est d'abord assiégée; c'est une ville anséatique de la Prusse royale, en Pologne; les Suédois y avaient encore une garnison. Les Russes montent à l'assaut[a], entrent dans la ville, et la garnison se rend prisonnière de guerre : cette place était un des grands magasins de Charles XII; on y trouva cent quatre-vingt-trois canons de bronze, et cent cinquante-sept mortiers. Aussitôt Pierre se hâte d'aller de Moscou à Pétersbourg : à peine arrivé[b], il s'embarque sous sa nouvelle forteresse de Cronslot, côtoie les côtes de la Carélie, et, malgré une violente tempête, il amène sa flotte devant Vibourg, la capitale de la Carélie en Finlande, tandis que ses troupes de terre approchent sur des marais glacés : la ville est investie, et le blocus de la capitale de la Livonie est resserré. Vibourg se rend[c] bientôt après la brèche faite; et une garnison, composée d'environ quatre mille hommes, capitule, mais sans pouvoir obtenir les honneurs de la guerre; elle fut faite prisonnière malgré la capitulation. Pierre se plaignait de plusieurs infractions de la part des Suédois;

---

[a] 11 mars. — [b] 2 avril. — [c] 23 juin.

il promit de rendre la liberté à ces troupes, quand les Suédois auraient satisfait à ses plaintes; il fallut, sur cette affaire, demander les ordres du roi de Suède, toujours inflexible; et ces soldats, que Charles aurait pu délivrer, restèrent captifs. C'est ainsi que le prince d'Orange, roi d'Angleterre, Guillaume III, avait arrêté, en 1695, le maréchal de Boufflers, malgré la capitulation de Namur. Il y a plusieurs exemples de ces violations, et il serait à souhaiter qu'il n'y en eût point.

Après la prise de cette capitale, le siége de Riga devint bientôt un siége régulier, poussé avec vivacité: il fallait rompre les glaces dans la rivière de Duna, qui baigne au nord les murs de la ville. La contagion, qui désolait depuis quelque temps ces climats, se mit dans l'armée assiégeante, et lui enleva neuf mille hommes: cependant le siége ne fut point ralenti; il fut long, et la garnison obtint les honneurs de la guerre; mais on stipula dans la capitulation [a] que tous les officiers et soldats livoniens resteraient au service de la Russie, comme citoyens d'un pays qui en avait été démembré, et que les ancêtres de Charles XII avaient usurpé; les priviléges dont son père avait dépouillé les Livoniens leur furent rendus, et tous les officiers entrèrent au service du czar : c'était la plus noble vengeance qu'il pût prendre du meurtre du Livonien Patkul, son ambassadeur, condamné pour avoir défendu ces mêmes priviléges. La garnison était composée d'environ cinq mille hommes. Peu de temps après, la citadelle de Pennamunde fut prise; on trouva,

---

[a] 15 juillet.

tant dans la ville que dans ce fort, plus de huit cents bouches à feu.

Il manquait, pour être entièrement maître de la Carélie, la forte ville de Kexholm, sur le lac Ladoga, située dans une île, et qu'on regardait comme imprenable; elle fut bombardée quelque temps après[a], et bientôt rendue[b]. L'île d'Oesel, dans la mer qui borde le nord de la Livonie, fut soumise avec la même rapidité.

Du côté de l'Estonie, province de la Livonie, vers le septentrion, et sur le golfe de Finlande, sont les villes de Pernau et de Revel; si on en était maître, la conquête de la Livonie était achevée. Pernau se rendit après un siége de peu de jours[c], et Revel se soumit[d] sans qu'on tirât contre la ville un seul coup de canon; mais les assiégés trouvèrent le moyen d'échapper au vainqueur dans le temps même qu'ils se rendaient prisonniers de guerre : quelques vaisseaux de Suède abordèrent à la rade pendant la nuit; la garnison s'embarqua, ainsi que la plupart des bourgeois; et les assiégeants, en entrant dans la ville, furent étonnés de la trouver déserte. Quand Charles XII remportait la victoire de Narva, il ne s'attendait pas que ses troupes auraient un jour besoin de pareilles ruses de guerre.

En Pologne, Stanislas, voyant son parti détruit, s'était réfugié dans la Poméranie, qui restait à Charles XII; Auguste régnait, et il était difficile de décider si Charles avait eu plus de gloire à le détrôner que Pierre à le rétablir.

---

[a] 19 septembre. — [b] 23 septembre. — [c] 25 août. — [d] 10 septembre.

Les états du roi de Suède étaient encore plus malheureux que lui; cette maladie contagieuse qui avait ravagé toute la Livonie passa en Suède, et enleva trente mille personnes dans la seule ville de Stockholm: elle y ravagea les provinces déjà trop dénuées d'habitants; car, pendant dix années de suite, la plupart étaient sortis du pays pour aller périr à la suite de leur maître.

Sa mauvaise fortune le poursuivait dans la Poméranie. Ses troupes de Pologne s'y étaient retirées au nombre de onze mille combattants; le czar, le roi de Danemark, celui de Prusse, l'électeur de Hanovre, le duc de Holstein, s'unirent tous ensemble pour rendre cette armée inutile, et pour forcer le général Crassau, qui la commandait, à la neutralité. La régence de Stockholm, ne recevant point de nouvelles de son roi, se crut trop heureuse, au milieu de la contagion qui dévastait la ville, de signer cette neutralité, qui semblait du moins devoir écarter les horreurs de la guerre d'une de ses provinces. L'empereur d'Allemagne favorisa ce traité singulier. On stipula que l'armée suédoise qui était en Poméranie n'en pourrait sortir pour aller défendre ailleurs son monarque: il fut même résolu, dans l'empire d'Allemagne, de lever une armée pour faire exécuter cette convention, qui n'avait point d'exemple: c'est que l'empereur, qui était alors en guerre contre la France, espérait faire entrer l'armée suédoise à son service. Toute cette négociation fut conduite pendant que Pierre s'emparait de la Livonie, de l'Estonie, et de la Carélie.

Charles XII, qui, pendant tout ce temps-là, fesait

jouer, de Bender à la Porte ottomane, tous les ressorts possibles pour engager le divan à déclarer la guerre au czar, reçut cette nouvelle comme un des plus funestes coups que lui portait sa mauvaise fortune : il ne put soutenir que son sénat de Stockholm eût lié les mains à son armée : ce fut alors qu'il lui écrivit qu'il lui enverrait *une de ses bottes pour le gouverner* [1].

Les Danois cependant préparaient une descente en Suède. Toutes les nations de l'Europe étaient alors en guerre ; l'Espagne, le Portugal, l'Italie, la France, l'Allemagne, la Hollande, l'Angleterre, combattaient encore pour la succession du roi d'Espagne Charles II ; et tout le Nord était armé contre Charles XII. Il ne manquait qu'une querelle avec la Porte ottomane pour qu'il n'y eût pas un village d'Europe qui ne fût exposé aux ravages. Cette querelle arriva lorsque Pierre était au plus haut point de sa gloire, et précisément parcequ'il y était.

[1] Dans l'*Histoire de Charles XII*, tome XXIV, page 300, c'est de Démotica que le roi de Suède écrit cette lettre. B.

FIN DE LA PREMIÈRE PARTIE.

SECONDE PARTIE[1].

CHAPITRE I.

Campagne du Pruth.

Le sultan Achmet III déclara la guerre à Pierre Ier; mais ce n'était pas pour le roi de Suède; c'était, comme on le croit bien, pour ses seuls intérêts. Le kan des Tartares de Crimée voyait avec crainte un voisin devenu si puissant. La Porte avait pris ombrage de ses vaisseaux sur les Palus-Méotides et sur la mer Noire, de la ville d'Azof fortifiée, du port de Taganrock, déjà célèbre, enfin de tant de grands succès, et de l'ambition, que les succès augmentent toujours.

Il n'est ni vraisemblable ni vrai que la Porte ottomane ait fait la guerre au czar vers les Palus-Méotides, parcequ'un vaisseau suédois avait pris sur la mer Baltique une barque dans laquelle on avait trouvé une lettre d'un ministre qu'on n'a jamais nommé. Nordberg a écrit que cette lettre contenait un plan de la conquête de l'empire turc; que la lettre fut portée à Charles XII, en Turquie; que Charles l'envoya au divan, et que, sur cette lettre, la guerre fut déclarée. Cette fable porte assez avec elle son caractère de fable. Le kan des Tartares, plus inquiet encore que le divan de Constantinople du voisinage d'Azof, fut celui

[1] Voyez ma préface en tête de ce volume. B.

qui, par ses instances, obtint qu'on entrerait en campagne [a].

La Livonie n'était point encore tout entière au pouvoir du czar, quand Achmet III prit, dès le mois d'auguste, la résolution de se déclarer. Il pouvait à peine savoir la reddition de Riga. La proposition de rendre en argent les effets perdus par le roi de Suède à Pultava serait de toutes les idées la plus ridicule, si celle de démolir Pétersbourg ne l'était davantage. Il y eut beaucoup de romanesque dans la conduite de Charles à Bender; mais celle du divan eût été plus romanesque encore s'il eût fait de telles demandes.

Le kan des Tartares, qui fut le grand moteur de cette guerre, alla voir Charles dans sa retraite [b]. Ils étaient unis par les mêmes intérêts, puisque Azof est frontière de la petite Tartarie. Charles et le kan de Crimée étaient ceux qui avaient le plus perdu par l'agrandissement du czar; mais ce kan ne commandait point les armées du grand-seigneur : il était comme les princes feudataires d'Allemagne, qui ont servi l'empire avec leurs propres troupes, subordonnées au général de l'empereur allemand.

[a] Ce que rapporte Nordberg sur les prétentions du grand-seigneur n'est ni moins faux ni moins puéril : il dit que le sultan Achmet envoya au czar les conditions auxquelles il accorderait la paix avant d'avoir commencé la guerre. Ces conditions étaient, selon le confesseur de Charles XII, de renoncer à son alliance avec le roi Auguste, de rétablir Stanislas, de rendre la Livonie à Charles, de payer à ce prince, argent comptant, ce qu'il lui avait pris à Pultava, et de démolir Pétersbourg. Cette pièce fut forgée par un nommé Brazey, auteur famélique d'une feuille intitulée : *Mémoires satiriques, historiques, et amusants*. Nordberg puisa dans cette source. Il paraît que ce confesseur n'était pas le confident de Charles XII.

[b] Novembre 1710.

La première démarche du divan fut de faire arrêter[a] dans les rues de Constantinople l'ambassadeur du czar, Tolstoy, et trente de ses domestiques, et de l'enfermer au château des Sept-Tours. Cet usage barbare, dont les sauvages auraient honte, vient de ce que les Turcs ont toujours des ministres étrangers résidant continuellement chez eux, et qu'ils n'envoient jamais d'ambassadeurs ordinaires. Ils regardent les ambassadeurs des princes chrétiens comme des consuls de marchands; et n'ayant pas d'ailleurs moins de mépris pour les chrétiens que pour les juifs, ils ne daignent observer avec eux le droit des gens que quand ils y sont forcés; du moins, jusqu'à présent, ils ont persisté dans cet orgueil féroce.

Le célèbre vizir Achmet Couprougli, qui prit Candie sous Mahomet IV, avait traité le fils d'un ambassadeur de France avec outrage, et ayant poussé la brutalité jusqu'à le frapper, l'avait envoyé en prison, sans que Louis XIV, tout fier qu'il était, s'en fût autrement ressenti qu'en envoyant un autre ministre à la Porte. Les princes chrétiens, très délicats entre eux sur le point d'honneur, et qui l'ont même fait entrer dans le droit public, semblaient l'avoir oublié avec les Turcs.

Jamais souverain ne fut plus offensé dans la personne de ses ministres que le czar de Russie. Il vit, dans l'espace de peu d'années, son ambassadeur à Londres mis en prison pour dettes; son plénipotentiaire en Pologne et en Saxe roué vif sur un ordre du roi de Suède; son ministre à la Porte ottomane saisi

---

[a] 29 novembre 1710.

et mis en prison dans Constantinople comme un malfaiteur.

La reine d'Angleterre lui fit, comme nous avons vu[1], satisfaction pour l'outrage de Londres. L'horrible affront reçu dans la personne de Patkul fut lavé dans le sang des Suédois à la bataille de Pultavá; mais la fortune laissa impunie la violation du droit des gens par les Turcs.

Le czar fut obligé de quitter le théâtre de la guerre en Occident[a] pour aller combattre sur les frontières de la Turquie. D'abord il fait avancer vers la Moldavie[b] dix régiments qui étaient en Pologne; il ordonne au maréchal Sheremetof de partir de la Livonie avec son corps d'armée; et laissant le prince Menzikoff à la tête des affaires à Pétersbourg, il va donner dans Moscou tous les ordres pour la campagne qui doit s'ouvrir.

Un sénat de régence est établi[c]; ses régiments des gardes se mettent en marche; il ordonne à la jeune noblesse de venir apprendre sous lui le métier de la guerre; place les uns en qualité de cadets, les autres, d'officiers subalternes. L'amiral Apraxin va dans Azof commander sur terre et sur mer. Toutes ces mesures étant prises, il ordonne dans Moscou qu'on reconnaisse une nouvelle czarine; c'était cette même personne faite prisonnière de guerre dans Marienbourg en 1702. Pierre avait répudié, l'an 1696, Eudoxia Lapoukin[d], son épouse, dont il avait deux enfants.

[1] Page 208. B.
[a] Janvier 1711. — [b] Il est bien étrange que tant d'auteurs confondent la Valachie et la Moldavie. — [c] 18 janvier 1711. — [d] Ou Lapouchin.

Les lois de son Église permettent le divorce; et si elles l'avaient défendu, il eût fait une loi pour le permettre.

La jeune prisonnière de Marienbourg, à qui on avait donné le nom de Catherine, était au-dessus de son sexe et de son malheur. Elle se rendit si agréable par son caractère, que le czar voulut l'avoir auprès de lui; elle l'accompagna dans ses courses et dans ses travaux pénibles; partageant ses fatigues, adoucissant ses peines par la gaîté de son esprit et par sa complaisance, ne connaissant point cet appareil de luxe et de mollesse dont les femmes se sont fait ailleurs des besoins réels. Ce qui rendit sa faveur plus singulière, c'est qu'elle ne fut ni enviée ni traversée, et que personne n'en fut la victime. Elle calma souvent la colère du czar, et le rendit plus grand encore en le rendant plus clément. Enfin, elle lui devint si nécessaire, qu'il l'épousa secrètement en 1707. Il en avait déjà deux filles, et il en eut l'année suivante une princesse qui épousa depuis le duc de Holstein. Le mariage secret de Pierre et de Catherine fut déclaré le jour même[a] que le czar[b] partit avec elle pour aller éprouver sa fortune contre l'empire ottoman. Toutes les dispositions promettaient un heureux succès. L'hetman des Cosaques devait contenir les Tartares, qui déjà ravageaient l'Ukraine dès le mois de février; l'armée russe avançait vers le Niester; un autre corps de troupes, sous le prince Gallitzin, marchait par la Pologne. Tous les commencements furent favorables; car Gallitzin ayant rencontré près de Kio-

[a] 17 mars 1711. — [b] Journal de Pierre-le-Grand.

vie un parti nombreux de Tartares joints à quelques Cosaques et à quelques Polonais du parti de Stanislas, et même de Suédois, il les défit entièrement, et leur tua cinq mille hommes. Ces Tartares avaient déjà fait dix mille esclaves dans le plat pays. C'est de temps immémorial la coutume des Tartares de porter plus de cordes que de cimeterres, pour lier les malheureux qu'ils surprennent. Les captifs furent tous délivrés, et leurs ravisseurs passés au fil de l'épée. Toute l'armée, si elle eût été rassemblée, devait monter à soixante mille hommes. Elle dut être encore augmentée par les troupes du roi de Pologne. Ce prince, qui devait tout au czar, vint le trouver le 3 juin, à Jaroslau, sur la rivière de Sane, et lui promit de nombreux secours. On proclama la guerre contre les Turcs au nom des deux rois; mais la diète de Pologne ne ratifia pas ce qu'Auguste avait promis; elle ne voulut point rompre avec les Turcs. C'était là le sort du czar d'avoir dans le roi Auguste un allié qui ne pouvait jamais l'aider. Il eut les mêmes espérances dans la Moldavie et dans la Valachie, et il fut trompé de même.

La Moldavie et la Valachie devaient secouer le joug des Turcs. Ces pays sont ceux des anciens Daces, qui, mêlés aux Gépides, inquiétèrent long-temps l'empire romain : Trajan les soumit; le premier Constantin les rendit chrétiens. La Dacie fut une province de l'empire d'Orient; mais bientôt après ces mêmes peuples contribuèrent à la ruine de celui d'Occident, en servant sous les Odoacre et sous les Théodoric.

Ces contrées restèrent depuis annexées à l'empire grec; et quand les Turcs eurent pris Constantinople, elles furent gouvernées et opprimées par des princes particuliers. Enfin elles ont été entièrement soumises par le padisha ou empereur turc, qui en donne l'investiture. Le hospodar ou vaivode que la Porte choisit pour gouverner ces provinces est toujours un chrétien grec. Les Turcs ont, par ce choix, fait connaître leur tolérance, tandis que nos déclamateurs ignorants leur reprochent la persécution. Le prince que la Porte nomme est tributaire, ou plutôt fermier : elle confère cette dignité à celui qui en offre davantage, et qui fait le plus de présents au vizir, ainsi qu'elle confère le patriarcat grec de Constantinople. C'est quelquefois un dragoman, c'est-à-dire un interprète du divan, qui obtient cette place. Rarement la Moldavie et la Valachie sont réunies sous un même vaivode; la Porte partage ces deux provinces, pour en être plus sûre. Démétrius Cantemir avait obtenu la Moldavie. On fesait descendre ce vaivode Cantemir de Tamerlan, parceque le nom de Tamerlan était Timur, que ce Timur était un kan tartare; et du nom de Timur-kan venait, disait-on, la famille de Kantemir.

Bassaraba Brancovan avait été investi de la Valachie. Ce Bassaraba ne trouva point de généalogiste qui le fît descendre d'un conquérant tartare. Cantemir crut que le temps était venu de se soustraire à la domination des Turcs, et de se rendre indépendant par la protection du czar. Il fit précisément avec Pierre ce que Mazeppa avait fait avec Charles. Il engagea même d'abord le hospodar de Valachie, Bassaraba, à entrer dans la conspiration, dont il espérait recueillir tout le fruit. Son plan était de se rendre maître des deux provinces. L'évêque de Jérusalem, qui était alors en Valachie, fut l'ame de ce complot. Cantemir promit au czar des troupes et des vivres, comme Mazeppa en avait promis au roi de Suède, et ne tint pas mieux sa parole.

Le général Sheremetof s'avança jusqu'à Yassi, capitale de la Moldavie, pour voir et pour soutenir l'exécution de ces grands projets. Cantemir l'y vint trouver et en fut reçu en prince; mais il n'agit en prince qu'en publiant un manifeste contre l'empire turc. Le hospodar de Valachie, qui démêla bientôt ses vues ambitieuses, abandonna son parti, et rentra dans son devoir. L'évêque de Jérusalem, craignant justement pour sa tête, s'enfuit et se cacha; les peuples de la Valachie et de la Moldavie demeurèrent fidèles à la Porte ottomane, et ceux qui devaient fournir des vivres à l'armée russe les allèrent porter à l'armée turque.

Déjà le vizir Baltagi Mehemet avait passé le Danube à la tête de cent mille hommes, et marchait vers Yassi le long du Pruth, autrefois le fleuve Hiérase, qui tombe dans le Danube, et qui est à peu près la frontière de la Moldavie et de la Bessarabie. Il envoya alors le comte Poniatowski, gentilhomme polonais attaché à la fortune du roi de Suède, prier ce prince de venir lui rendre visite, et voir son armée. Charles ne put s'y résoudre; il exigeait que le grand-vizir lui fît sa première visite dans son asile près de Bender : sa fierté l'emporta sur ses intérêts. Quand Poniatowski revint au camp des Turcs, et qu'il excusa les refus de Charles XII : « Je m'attendais bien, dit le vizir au kan « des Tartares, que ce fier païen en userait ainsi. »

Cette fierté réciproque, qui aliène toujours tous les hommes en place, n'avança pas les affaires du roi de Suède : il dut d'ailleurs s'apercevoir bientôt que les Turcs n'agissaient que pour eux, et non pas pour lui.

Tandis que l'armée ottomane passait le Danube, le czar avançait par les frontières de la Pologne, passait le Borysthène pour aller dégager le maréchal Sheremetof, qui, étant au midi d'Yassi sur les bords du Pruth, était menacé de se voir bientôt environné de cent mille Turcs et d'une armée de Tartares. Pierre, avant de passer le Borysthène, avait craint d'exposer Catherine à un danger qui devenait chaque jour plus terrible; mais Catherine regarda cette attention du czar comme un outrage à sa tendresse et à son courage; elle fit tant d'instances que le czar ne put se passer d'elle; l'armée la voyait avec joie à cheval, à la tête des troupes. Elle se servait rarement de voiture. Il fallut marcher au-delà du Borysthène par quelques déserts, traverser le Bog, et ensuite la rivière du Tiras qu'on nomme aujourd'hui Niester ; après quoi l'on trouvait encore un autre désert avant d'arriver à Yassi sur les bords du Pruth. Elle encourageait l'armée, y répandait la gaîté, envoyait des secours aux officiers malades, et étendait ses soins sur les soldats.

On arriva enfin à Yassi [a], où l'on devait établir des magasins. Le hospodar de Valachie, Bassaraba, rentré dans les intérêts de la Porte, et feignant d'être dans ceux du czar, lui proposa la paix, quoique le grand-vizir ne l'en eût point chargé: on sentit le piége; on se borna à demander des vivres qu'il ne pouvait

[a] 4 juillet 1711.

ni ne voulait fournir. Il était difficile d'en faire venir de Pologne; les provisions que Cantemir avait promises, et qu'il espérait en vain tirer de la Valachie, ne pouvaient arriver; la situation devenait très inquiétante. Un fléau dangereux se joignit à tous ces contre-temps; des nuées de sauterelles couvrirent les campagnes, les dévorèrent, et les infectèrent : l'eau manquait souvent dans la marche sous un soleil brûlant et dans des déserts arides; on fut obligé de faire porter à l'armée de l'eau dans des tonneaux.

Pierre, dans cette marche, se trouvait, par une fatalité singulière, à portée de Charles XII ; car Bender n'est éloigné que de vingt-cinq lieues communes de l'endroit où l'armée russe campait auprès d'Yassi. Des partis de Cosaques pénétrèrent jusqu'à la retraite de Charles; mais les Tartares de Crimée, qui voltigeaient dans ces quartiers, mirent le roi de Suède à couvert d'une surprise. Il attendait avec impatience et sans crainte dans son camp l'événement de la guerre.

Pierre se hâta de marcher sur la rive droite du Pruth, dès qu'il eut formé quelques magasins. Le point décisif était d'empêcher les Turcs, postés au-dessous sur la rive gauche, de passer ce fleuve, et de venir à lui. Cette manœuvre devait le rendre maître de la Moldavie et de la Valachie; il envoya le général Janus avec l'avant-garde pour s'opposer à ce passage des Turcs : mais ce général n'arriva que dans le temps même qu'ils passaient sur leurs pontons ; il se retira, et son infanterie fut poursuivie jusqu'à ce que le czar vînt lui-même le dégager.

L'armée du grand-vizir s'avança donc bientôt vers celle du czar le long du fleuve. Ces deux armées étaient bien différentes : celle des Turcs, renforcée des Tartares, était, dit-on, de près de deux cent cinquante mille hommes; celle des Russes n'était alors que d'environ trente-sept mille combattants. Un corps assez considérable, sous le général Renne, était au-delà des montagnes de la Moldavie sur la rivière de Sireth; et les Turcs coupèrent la communication.

Le czar commençait à manquer de vivres, et à peine ses troupes, campées non loin du fleuve, pouvaient-elles avoir de l'eau; elles étaient exposées à une nombreuse artillerie placée par le grand-vizir sur la rive gauche, avec un corps de troupes qui tirait sans cesse sur les Russes. Il paraît, par ce récit très détaillé et très fidèle, que le vizir Baltagi Mehemet, loin d'être un imbécile, comme les Suédois l'ont représenté, s'était conduit avec beaucoup d'intelligence. Passer le Pruth à la vue d'un ennemi, le contraindre à reculer, et le poursuivre, couper tout d'un coup la communication entre l'armée du czar et un corps de sa cavalerie, enfermer cette armée sans lui laisser de retraite, lui ôter l'eau et les vivres, la tenir sous des batteries de canon qui la menacent d'une rive opposée; tout cela n'était pas d'un homme sans activité et sans prévoyance.

Pierre alors se trouva dans une plus mauvaise position que Charles XII à Pultava; enfermé comme lui par une armée supérieure, éprouvant plus que lui la disette, et s'étant fié comme lui aux promesses d'un prince trop peu puissant pour les tenir, il prit le parti de la retraite, et tenta d'aller choisir un camp avantageux, en retournant vers Yassi.

Il décampa dans la nuit[a] ; mais à peine est-il en marche, que les Turcs tombent sur son arrière-garde au point du jour. Le régiment des gardes Préobazinski arrêta long-temps leur impétuosité. On se forma, on fit des retranchements avec les chariots et le bagage. Le même jour[b] toute l'armée turque attaqua encore les Russes. Une preuve qu'ils pouvaient se défendre, quoi qu'on en ait dit, c'est qu'ils se défendirent très long-temps, qu'ils tuèrent beaucoup d'ennemis, et qu'ils ne furent point entamés.

Il y avait dans l'armée ottomane deux officiers du roi de Suède, l'un le comte Poniatowski, l'autre le comte de Sparre, avec quelques Cosaques du parti de Charles XII. Mes Mémoires disent que ces généraux conseillèrent au grand-vizir de ne point combattre, de couper l'eau et les vivres aux ennemis, et de les forcer à se rendre prisonniers ou de mourir. D'autres Mémoires prétendent qu'au contraire ils animèrent le grand-vizir à détruire avec le sabre une armée fatiguée et languissante, qui périssait déjà par la disette. La première idée paraît plus circonspecte ; la seconde, plus conforme au caractère des généraux élevés par Charles XII.

Le fait est que le grand-vizir tomba sur l'arrière-garde au point du jour. Cette arrière-garde était en désordre. Les Turcs ne rencontrèrent d'abord devant eux qu'une ligne de quatre cents hommes ; on se forma avec célérité. Un général allemand, nommé Al-

---

[a] 20 juillet 1711. — [b] 21 juillet 1711.

lard, eut la gloire de faire des dispositions si rapides et si bonnes, que les Russes résistèrent pendant trois heures à l'armée ottomane sans perdre de terrain.

La discipline à laquelle le czar avait accoutumé ses troupes le paya bien de ses peines. On avait vu à Narva soixante mille hommes défaits par huit mille, parcequ'ils étaient indisciplinés; et ici l'on voit une arrière-garde d'environ huit mille Russes soutenir les efforts de cent cinquante mille Turcs, leur tuer sept mille hommes, et les forcer à retourner en arrière.

Après ce rude combat, les deux armées se retranchèrent pendant la nuit; mais l'armée russe restait toujours enfermée, privée de provisions et d'eau même. Elle était près des bords du Pruth, et ne pouvait approcher du fleuve; car sitôt que quelques soldats hasardaient d'aller puiser de l'eau, un corps de Turcs postés à la rive opposée fesait pleuvoir sur eux le plomb et le fer d'une artillerie nombreuse chargée à cartouche. L'armée turque, qui avait attaqué les Russes, continuait toujours de son côté à la foudroyer par son canon.

Il était probable qu'enfin les Russes allaient être perdus sans ressource par leur position, par l'inégalité du nombre, et par la disette. Les escarmouches continuaient toujours; la cavalerie du czar, presque toute démontée, ne pouvait plus être d'aucun secours, à moins qu'elle ne combattît à pied; la situation paraissait désespérée. Il ne faut que jeter les yeux sur la carte exacte du camp du czar et de l'armée ottomane, pour voir qu'il n'y eut jamais de position plus dangereuse, que la retraite était impossible, qu'il fallait remporter une victoire complète, ou périr jusqu'au dernier, ou être esclave des Turcs [1].

Toutes les relations, tous les mémoires du temps, conviennent unanimement que le czar, incertain s'il tenterait le lendemain le sort d'une nouvelle bataille, s'il exposerait sa femme, son armée, son empire, et le fruit de tant de travaux, à une perte qui semblait inévitable, se retira dans sa tente, accablé de douleur et agité de convulsions dont il était quelquefois attaqué, et que ses chagrins redoublaient. Seul, en proie à tant d'inquiétudes cruelles, ne voulant que personne fût témoin de son état, il défendit qu'on entrât dans sa tente. Il vit alors quel était son bonheur d'avoir permis à sa femme de le suivre. Catherine entra malgré la défense.

Une femme qui avait affronté la mort pendant tous ces combats, exposée comme un autre au feu de l'artillerie des Turcs, avait le droit de parler. Elle persuada son époux de tenter la voie de la négociation.

C'est la coutume immémoriale dans tout l'Orient, quand on demande audience aux souverains ou à leurs représentants, de ne les aborder qu'avec des présents. Catherine rassembla le peu de pierreries qu'elle avait

---

[1] L'auteur de la nouvelle *Histoire de Russie* prétend que le czar envoya un courrier à Moscou pour recommander aux sénateurs de continuer de gouverner, s'ils apprenaient qu'il eût été fait prisonnier, leur défendre d'exécuter ceux de ses ordres donnés pendant sa captivité qui leur paraîtraient contraires à l'intérêt de l'empire, et leur ordonner de choisir un autre maître, s'ils croyaient cette élection nécessaire au salut de l'état : cependant le czarovitz Alexis vivait alors, et était en âge de gouverner; mais il n'est question de cet ordre ni dans le *Journal de Pierre I*er, ni dans aucun recueil authentique. K.—Voyez ma note, page 112. B.

apportées dans ce voyage guerrier, dont toute magnificence et tout luxe étaient bannis; elle y ajouta deux pelisses de renard noir; l'argent comptant qu'elle ramassa fut destiné pour le kiaia. Elle choisit elle-même un officier intelligent qui devait, avec deux valets, porter les présents au grand-vizir, et ensuite faire conduire au kiaia en sûreté le présent qui lui était réservé. Cet officier fut chargé d'une lettre du maréchal Sheremetof à Mehemet Baltagi. Les Mémoires de Pierre conviennent de la lettre : ils ne disent rien des détails dans lesquels entra Catherine; mais tout est assez confirmé par la déclaration de Pierre lui-même, donnée en 1723, quand il fit couronner Catherine impératrice. « Elle nous a été, dit-il, d'un très grand secours « dans tous les dangers, et particulièrement à la ba- « taille du Pruth, où notre armée était réduite à vingt- « deux mille hommes. » Si le czar en effet n'avait plus alors que vingt-deux mille combattants, menacés de périr par la faim ou par le fer, le service rendu par Catherine était aussi grand que les bienfaits dont son époux l'avait comblée. Le journal manuscrit[a] de Pierre-le-Grand dit que, le jour même du grand combat du 20 juillet, il y avait trente et un mille cinq cent cinquante-quatre hommes d'infanterie, et six mille six cent quatre-vingt-douze de cavalerie, presque tous démontés; il aurait donc perdu seize mille deux cent quarante-six combattants dans cette bataille. Les autres Mémoires assurent que la perte des Turcs fut beaucoup plus considérable que la sienne, et qu'attaquant en foule et sans ordre, aucun des

---

[a] Page 177 du Journal de Pierre-le-Grand.

coups tirés sur eux ne porta à faux. S'il est ainsi, la journée du Pruth, du 20 au 21 juillet, fut une des plus meurtrières qu'on ait vues depuis plusieurs siècles.

Il faut, ou soupçonner Pierre-le-Grand de s'être trompé, lorsqu'en couronnant l'impératrice il lui témoigne sa reconnaissance « d'avoir sauvé son armée, « réduite à vingt-deux mille combattants; » ou accuser de faux son journal, dans lequel il est dit que, le jour de cette bataille, son armée du Pruth, indépendamment du corps qui campait sur le Sireth, « mon-« tait à trente et un mille cinq cent cinquante-quatre « hommes d'infanterie, et à six mille six cent quatre-« vingt-douze de cavalerie. » Suivant ce calcul, la bataille aurait été plus terrible que tous les historiens et tous les *Mémoires pour et contre ne l'ont rapporté jusqu'ici.* Il y a certainement ici quelque malentendu; et cela est très ordinaire dans les récits de campagnes, lorsqu'on entre dans les détails. Le plus sûr est de s'en tenir toujours à l'événement principal, à la victoire et à la défaite : on sait rarement avec précision ce que l'une et l'autre ont coûté.

A quelque petit nombre que l'armée russe fût réduite, on se flattait qu'une résistance si intrépide et si opiniâtre en imposerait au grand-vizir; qu'on obtiendrait la paix à des conditions honorables pour la Porte ottomane; que ce traité, en rendant le vizir agréable à son maître, ne serait pas trop humiliant pour l'empire de Russie. Le grand mérite de Catherine fut, ce semble, d'avoir vu cette possibilité dans un moment où les généraux ne paraissaient voir qu'un malheur inévitable.

Nordberg, dans son *Histoire de Charles XII*, rapporte une lettre du czar au grand-vizir dans laquelle il s'exprime en ces mots : « Si, contre mon attente, « j'ai le malheur d'avoir déplu à sa hautesse, je suis « prêt à réparer les sujets de plainte qu'elle peut avoir « contre moi.... Je vous conjure, très noble général, « d'empêcher qu'il ne soit répandu plus de sang, et je « vous supplie de faire cesser dans le moment le feu « excessif de votre artillerie... Recevez l'otage que je « viens de vous envoyer... »

Cette lettre porte tous les caractères de fausseté, ainsi que la plupart des pièces rapportées au hasard par Nordberg : elle est datée du 11 juillet, nouveau style; et on n'écrivit à Baltagi Mehemet que le 21, nouveau style : ce ne fut point le czar qui écrivit, ce fut le maréchal Sheremetof : on ne se servit point dans cette lettre de ces expressions, « le czar a eu le « malheur de déplaire à sa hautesse; » ces termes ne conviennent qu'à un sujet qui demande pardon à son maître : il n'est point question d'otage; on n'en envoya point; la lettre fut portée par un officier, tandis que l'artillerie tonnait des deux côtés. Sheremetof, dans sa lettre, fesait seulement souvenir le vizir de quelques offres de paix que la Porte avait faites au commencement de la campagne par les ministres d'Angleterre et de Hollande, lorsque le divan demandait la cession de la citadelle et du port de Taganrock, qui étaient les vrais sujets de la guerre.

Il se passa quelques heures avant qu'on eût une réponse du grand-vizir. On craignait que le porteur n'eût été tué par le canon, ou n'eût été retenu par les Turcs. On dépêcha un second courrier[a] avec un duplicata, et on tint conseil de guerre en présence de Catherine. Dix officiers généraux signèrent le résultat que voici :

« Si l'ennemi ne veut pas accepter les conditions
« qu'on lui offre, et s'il demande que nous posions
« les armes, et que nous nous rendions à discrétion,
« tous les généraux et les ministres sont unanime-
« ment d'avis de se faire jour au travers des ennemis. »

En conséquence de cette résolution, on entoura le bagage de retranchements, et on s'avança jusqu'à cent pas de l'armée turque, lorsque enfin le grand-vizir fit publier une suspension d'armes.

Tout le parti suédois a traité dans ses Mémoires ce vizir de lâche et d'infame, qui s'était laissé corrompre. C'est ainsi que tant d'écrivains ont accusé le comte Piper d'avoir reçu de l'argent du duc de Marlborough pour engager le roi de Suède à continuer la guerre contre le czar, et qu'on a imputé à un ministre de France d'avoir fait, à prix d'argent, le traité de Séville. De telles accusations ne doivent être avancées que sur des preuves évidentes. Il est très rare que des premiers ministres s'abaissent à de si honteuses lâchetés, découvertes tôt ou tard par ceux qui ont donné l'argent, et par les registres qui en font foi. Un ministre est toujours un homme en spectacle à l'Europe, son

[a] 21 juillet 1711.

honneur est la base de son crédit; il est toujours assez riche pour n'avoir pas besoin d'être un traître.

La place de vice-roi de l'empire ottoman est si belle, les profits en sont si immenses en temps de guerre, l'abondance et la magnificence régnaient à un si haut point dans les tentes de Baltagi Mehemet, la simplicité et surtout la disette étaient si grandes dans l'armée du czar, que c'était bien plutôt au grand-vizir à donner qu'à recevoir. Une légère attention de la part d'une femme qui envoyait des pelisses et quelques bagues, comme il est d'usage dans toutes les cours, ou plutôt dans toutes les Portes orientales, ne pouvait être regardée comme une corruption. La conduite franche et ouverte de Baltagi Mehemet semble confondre les accusations dont on a souillé tant d'écrits touchant cette affaire. Le vice-chancelier Schaffirof alla dans sa tente avec un grand appareil; tout se passa publiquement, et ne pouvait se passer autrement. La négociation même fut entamée en présence d'un homme attaché au roi de Suède, et domestique du comte Poniatowski, officier de Charles XII, lequel servit d'abord d'interprète; et les articles furent rédigés publiquement par le premier secrétaire du viziriat, nommé Hummer Effendi. Le comte Poniatowski y était présent lui-même. Le présent qu'on fesait au kiaia fut offert publiquement et en cérémonie; tout se passa selon l'usage des Orientaux; on se fit des présents réciproques : rien ne ressemble moins à une trahison. Ce qui détermina le vizir à conclure, c'est que dans ce temps-là même le corps d'armée commandé par le général Renne, sur la rivière de Sireth en Moldavie, avait passé trois rivières, et était alors vers le Danube, où Renne venait de prendre la ville et le château de Brahila, défendus par une garnison nombreuse commandée par un pacha. Le czar avait un autre corps d'armée qui avançait des frontières de la Pologne. Il est de plus très vraisemblable que le vizir ne fut pas instruit de la disette que souffraient les Russes. Le compte des vivres et des munitions n'est pas communiqué à son ennemi; on se vante, au contraire, devant lui d'être dans l'abondance, dans le temps qu'on souffre le plus. Il n'y a point de transfuge entre les Turcs et les Russes; la différence des vêtements, de la religion, et du langage, ne le permet pas. Ils ne connaissent point comme nous la désertion; aussi le grand-vizir ne savait pas au juste dans quel état déplorable était l'armée de Pierre.

Baltagi, qui n'aimait pas la guerre, et qui cependant l'avait bien faite, crut que son expédition était assez heureuse s'il remettait aux mains du grand-seigneur les villes et les ports pour lesquels il combattait; s'il renvoyait des bords du Danube en Russie l'armée victorieuse du général Renne, et s'il fermait à jamais l'entrée des Palus-Méotides, le Bosphore cimmérien, la mer Noire, à un prince entreprenant; enfin s'il ne mettait pas des avantages certains au risque d'une nouvelle bataille, qu'après tout le désespoir pouvait gagner contre la force : il avait vu ses janissaires repoussés la veille, et il y avait bien plus d'un exemple de victoires remportées par le petit nombre contre le grand. Telles furent ses raisons : ni les officiers de Charles qui étaient dans son armée, ni le kan des Tartares ne les approuvèrent. L'intérêt des Tartares était de pouvoir exercer leurs pillages sur les frontières de Russie et de Pologne; l'intérêt de Charles XII était de se venger du czar; mais le général, le premier ministre de l'empire ottoman, n'était animé ni par la vengeance particulière d'un prince chrétien, ni par l'amour du butin qui conduisait les Tartares. Dès qu'on fut convenu d'une suspension d'armes, les Russes achetèrent des Turcs les vivres dont ils manquaient. Les articles de cette paix ne furent point rédigés comme le voyageur La Motraye le rapporte, et comme Nordberg le copie d'après lui. Le vizir, parmi les conditions qu'il exigeait, voulait d'abord que le czar s'engageât à ne plus entrer dans les intérêts de la Pologne; et c'est sur quoi Poniatowski insistait; mais il était, au fond, convenable à l'empire turc que la Pologne restât désunie et impuissante : ainsi cet article se réduisit à retirer les troupes russes des frontières. Le kan des Tartares demandait un tribut de quarante mille sequins : ce point fut long-temps débattu, et ne passa point.

Le vizir demanda long-temps qu'on lui livrât Cantemir, comme le roi de Suède s'était fait livrer Patkul. Cantemir se trouvait précisément dans le même cas où avait été Mazeppa. Le czar avait fait à Mazeppa son procès criminel, et l'avait fait exécuter en effigie. Les Turcs n'en usèrent point ainsi; ils ne connaissent ni les procès par contumace, ni les sentences publiques. Ces condamnations affichées et les exécutions en effigie sont d'autant moins en usage chez eux, que leur loi leur défend les représentations humaines, de quelque genre qu'elles puissent être. Ils insistèrent en vain sur l'extradition de Cantemir. Pierre écrivit ces propres paroles au vice-chancelier Schaffirof :

« J'abandonnerai plutôt aux Turcs tout le terrain « qui s'étend jusqu'à Cursk; il me restera l'espérance « de le recouvrer : mais la perte de ma foi est irrépa-« rable, je ne peux la violer. Nous n'avons de propre « que l'honneur; y renoncer, c'est cesser d'être mo-« narque. »

Enfin le traité fut conclu et signé près du village nommé Falksen, sur les bords du Pruth. On convint dans le traité qu'Azof et son territoire seraient rendus avec les munitions et l'artillerie dont il était pourvu avant que le czar l'eût pris, en 1696; que le port de Taganrock, sur la mer de Zabache, serait démoli, ainsi que celui de Samara, sur la rivière de ce nom, et d'autres petites citadelles. On ajouta enfin un article touchant le roi de Suède, et cet article même fesait assez voir combien le vizir était mécontent de lui. Il fut stipulé que ce prince ne serait point inquiété par le czar, s'il retournait dans ses états, et que d'ailleurs le czar et lui pouvaient faire la paix s'ils en avaient envie.

Il est bien évident, par la rédaction singulière de cet article, que Baltagi Mehemet se souvenait des hauteurs de Charles XII. Qui sait même si ces hauteurs n'avaient pas incliné Mehemet du côté de la paix? La perte du czar était la grandeur de Charles, et il n'est pas dans le cœur humain de rendre puissants ceux qui nous méprisent. Enfin ce prince, qui n'avait pas voulu venir à l'armée du vizir quand il avait besoin de le ménager, accourut quand l'ouvrage qui lui ôtait toutes ses espérances allait être consommé. Le vizir n'alla point à sa rencontre, et se contenta de lui envoyer deux bachas; il ne vint au-devant de Charles qu'à quelque distance de sa tente.

La conversation ne se passa, comme on sait, qu'en reproches. Plusieurs historiens ont cru que la réponse du vizir au roi, quand ce prince lui reprocha d'avoir pu prendre le czar prisonnier, et de ne l'avoir pas fait, était la réponse d'un imbécile. « Si j'avais pris le czar, « dit-il, qui aurait gouverné son empire? » Il est aisé pourtant de comprendre que c'était la réponse d'un homme piqué; et ces mots qu'il ajouta: « Il ne faut pas « que tous les rois sortent de chez eux, » montrent assez combien il voulait mortifier l'hôte de Bender.

Charles ne retira d'autre fruit de son voyage que celui de déchirer la robe du grand-vizir avec l'éperon de ses bottes. Le vizir, qui pouvait l'en faire repentir, feignit de ne s'en pas apercevoir; et en cela il était très supérieur à Charles. Si quelque chose put faire sentir à ce monarque, dans sa vie brillante et tumultueuse, combien la fortune peut confondre la grandeur, c'est qu'à Pultava un pâtissier avait fait mettre bas les armes à toute son armée, et qu'au Pruth un fendeur de bois avait décidé du sort du czar et du sien; car ce vizir Baltagi Mehemet avait été fendeur de bois dans le sérail, comme son nom le signifie; et, loin d'en rougir, il s'en fesait honneur : tant les mœurs orientales diffèrent des nôtres.

Le sultan et tout Constantinople furent d'abord très contents de la conduite du vizir : on fit des réjouissances publiques une semaine entière; le kiaia de Mehemet, qui porta le traité au divan, fut élevé incontinent à la dignité de boujouk imraour, grand-écuyer : ce n'est pas ainsi qu'on traite ceux dont on croit être mal servi.

Il paraît que Nordberg connaissait peu le gouvernement ottoman, puisqu'il dit « que le grand-seigneur « ménageait son vizir, et que Baltagi Mehemet était à « craindre. » Les janissaires ont été souvent dangereux aux sultans, mais il n'y a pas un exemple d'un seul vizir qui n'ait été aisément sacrifié sur un ordre de son maître; et Mehemet n'était pas en état de se soutenir par lui-même. C'est, de plus, se contredire que d'assurer dans la même page que les janissaires étaient irrités contre Mehemet, et que le sultan craignait son pouvoir.

Le roi de Suède fut réduit à la ressource de cabaler à la cour ottomane. On vit un roi qui avait fait des rois s'occuper à faire présenter au sultan des mémoires et des placets qu'on ne voulait pas recevoir. Charles employa toutes les intrigues, comme un sujet qui veut décrier un ministre auprès de son maître. C'est ainsi qu'il se conduisit contre le vizir Mehemet et contre tous ses successeurs : tantôt on s'adressait à la sultane validé par une juive, tantôt on employait un eunuque : il y eut enfin un homme [1] qui, se mêlant parmi les gardes du grand-seigneur, contrefit l'insensé, afin

---

[1] Villelongue: voyez tome XXIV, page 288. B.

d'attirer ses regards, et de pouvoir lui donner un mémoire du roi. De toutes ces manœuvres, Charles ne recueillit d'abord que la mortification de se voir retrancher son thaïm, c'est-à-dire la subsistance que la générosité de la Porte lui fournissait par jour, et qui se montait à quinze cents livres, monnaie de France. Le grand-vizir, au lieu de thaïm, lui dépêcha un ordre, en forme de conseil, de sortir de la Turquie.

Charles s'obstina plus que jamais à rester, s'imaginant toujours qu'il rentrerait en Pologne, et dans l'empire russe, avec une armée ottomane. Personne n'ignore quelle fut enfin, en 1714, l'issue de son audace inflexible, comment il se battit contre une armée de janissaires, de spahis, et de Tartares, avec ses secrétaires, ses valets de chambre, ses gens de cuisine et d'écurie; qu'il fut captif dans le pays où il avait joui de la plus généreuse hospitalité; qu'il retourna ensuite déguisé en courrier dans ses états, après avoir demeuré cinq années en Turquie. Il faut avouer que s'il y a eu de la raison dans sa conduite, cette raison n'était pas faite comme celle des autres hommes.

CHAPITRE II.

Suite de l'affaire du Pruth.

Il est utile de rappeler ici un fait déjà raconté dans l'*Histoire de Charles XII*[1]. Il arriva, pendant la suspension d'armes qui précéda le traité du Pruth, que

---

[1] Voyez tome XXIV, page 240. B.

deux Tartares surprirent deux officiers italiens de l'armée du czar, et vinrent les vendre à un officier des janissaires; le vizir punit cet attentat contre la foi publique par la mort des deux Tartares. Comment accorder cette délicatesse si sévère avec la violation du droit des gens dans la personne de l'ambassadeur Tolstoy, que le même grand-vizir avait fait arrêter dans les rues de Constantinople? Il y a toujours une raison des contradictions dans la conduite des hommes. Baltagi Mehemet était piqué contre le kan des Tartares, qui ne voulait pas entendre parler de paix; et il voulut lui faire sentir qu'il était le maître.

Le czar, après la paix signée, se retira par Yassi jusque sur la frontière, suivi d'un corps de huit mille Turcs, que le vizir envoya non seulement pour observer la marche de l'armée russe, mais pour empêcher que les Tartares vagabonds ne l'inquiétassent.

Pierre accomplit d'abord le traité, en fesant démolir la forteresse de Samara et de Kamienska; mais la reddition d'Azof et la démolition de Taganrock souffrirent plus de difficultés: il fallait, aux termes du traité, distinguer l'artillerie et les munitions d'Azof qui appartenaient aux Turcs de celles que le czar y avait mises depuis qu'il avait conquis cette place. Le gouverneur traîna en longueur cette négociation, et la Porte en fut justement irritée. Le sultan était impatient de recevoir les clefs d'Azof; le vizir les promettait; le gouverneur différait toujours. Baltagi Mehemet en perdit les bonnes graces de son maître et sa place; le kan des Tartares et ses autres ennemis prévalurent contre lui : il fut enveloppé dans la disgrace de plusieurs bachas; mais le grand-seigneur, qui connaissait sa fidélité, ne lui ôta ni son bien ni sa vie; il fut envoyé à Mitylène[a], où il commanda. Cette simple déposition, cette conservation de sa fortune, et surtout ce commandement dans Mitylène, démentent évidemment tout ce que Nordberg avance pour faire croire que ce vizir avait été corrompu par l'argent du czar.

Nordberg dit que le bostangi bachi qui vint lui redemander le bul de l'empire, et lui signifier son arrêt, le déclara « traître et désobéissant à son maître, vendu « aux ennemis à prix d'argent, et coupable de n'avoir « point veillé aux intérêts du roi de Suède. » Premièrement, ces sortes de déclarations ne sont point du tout en usage en Turquie: les ordres du sultan sont donnés en secret, et exécutés en silence. Secondement, si le vizir avait été déclaré *traître, rebelle, et corrompu,* de tels crimes auraient été punis par la mort dans un pays où ils ne sont jamais pardonnés. Enfin, s'il avait été puni pour n'avoir pas assez ménagé l'intérêt de Charles XII, il est clair que ce prince aurait eu en effet à la Porte ottomane un pouvoir qui devait faire trembler les autres ministres; ils devaient, en ce cas, implorer sa faveur et prévenir ses volontés; mais, au contraire, Jussuf Bacha, aga des janissaires, qui succéda à Mehemet Baltagi dans le viziriat, pensa hautement comme son prédécesseur sur la conduite de ce prince : loin de le servir, il ne songea qu'à se défaire d'un hôte dangereux; et quand Poniatowski, le confident et le compagnon de Charles XII, vint com-

[a] Novembre 1711.

plimenter ce vizir sur sa nouvelle dignité, il lui dit:
« Païen, je t'avertis qu'à la première intrigue que tu
« voudras tramer, je te ferai jeter dans la mer, une
« pierre au cou. »

Ce compliment, que le comte Poniatowski rapporte lui-même dans des Mémoires qu'il fit à ma réquisition, ne laisse aucun doute sur le peu d'influence que Charles XII avait à la Porte. Tout ce que Nordberg a rapporté des affaires de Turquie paraît d'un homme passionné et mal informé. Il faut ranger parmi les erreurs de l'esprit de parti, et parmi les mensonges politiques, tout ce qu'il avance sans preuve touchant la prétendue corruption d'un grand-vizir, c'est-à-dire d'un homme qui disposait de plus de soixante millions par an sans en rendre compte. J'ai encore entre les mains la lettre que le comte Poniatowski écrivit au roi Stanislas immédiatement après la paix du Pruth : il reproche à Baltagi Mehemet son éloignement pour le roi de Suède, son peu de goût pour la guerre, sa facilité; mais il se garde bien de l'accuser de corruption; il savait trop ce que c'est que la place d'un grand-vizir pour penser que le czar pût mettre un prix à la trahison du vice-roi de l'empire ottoman.

Schaffirof et Sheremetof, demeurés en otage à Constantinople, ne furent point traités comme ils l'auraient été, s'ils avaient été convaincus d'avoir acheté la paix, et d'avoir trompé le sultan de concert avec le vizir; ils demeurèrent en liberté dans la ville, escortés de deux compagnies de janissaires.

L'ambassadeur Tolstoy étant sorti des Sept-Tours immédiatement après la paix du Pruth, les ministres d'Angleterre et de Hollande s'entremirent auprès du nouveau vizir pour l'exécution des articles.

Azof venait enfin d'être rendu aux Turcs ; on démolissait les forteresses stipulées dans le traité. Quoique la Porte ottomane n'entre guère dans les différents des princes chrétiens, cependant elle était flattée alors de se voir arbitre entre la Russie, la Pologne, et le roi de Suède : elle voulait que le czar retirât ses troupes de la Pologne, et délivrât la Turquie d'un voisinage si dangereux ; elle souhaitait que Charles retournât dans ses états, afin que les princes chrétiens fussent continuellement divisés, mais jamais elle n'eut l'intention de lui fournir une armée. Les Tartares desiraient toujours la guerre, comme les artisans veulent exercer leurs professions lucratives. Les janissaires la souhaitaient, mais plus par haine contre les chrétiens, par fierté, par amour pour la licence, que par d'autres motifs. Cependant les négociations des ministres anglais et hollandais prévalurent contre le parti opposé. La paix du Pruth fut confirmée ; mais on ajouta dans le nouveau traité que le czar retirerait dans trois mois toutes ses troupes de la Pologne, et que l'empereur turc renverrait incessamment Charles XII.

On peut juger, par ce nouveau traité, si le roi de Suède avait à la Porte autant de pouvoir qu'on l'a dit. Il était évidemment sacrifié par le nouveau vizir Jussuf Bacha, ainsi que par Baltagi Mehemet. Ses historiens n'ont eu d'autre ressource, pour couvrir ce nouvel affront, que d'accuser Jussuf d'avoir été corrompu, ainsi que son prédécesseur. De pareilles imputations tant de fois renouvelées sans preuve, sont bien plutôt les cris d'une cabale impuissante que les témoignages de l'histoire. L'esprit de parti, obligé d'avouer les faits, en altère les circonstances et les motifs; et malheureusement c'est ainsi que toutes les histoires contemporaines parviennent falsifiées à la postérité, qui ne peut plus guère démêler la vérité du mensonge.

CHAPITRE III.

Mariage du czarovitz, et déclaration solennelle du mariage de Pierre avec Catherine, qui reconnaît son frère.

Cette malheureuse campagne du Pruth fut plus funeste au czar que ne l'avait été la bataille de Narva : car, après Narva, il avait su tirer parti de sa défaite même, réparer toutes ses pertes, et enlever l'Ingrie à Charles XII; mais après avoir perdu, par le traité de Falksen avec le sultan, ses ports et ses forteresses sur les Palus-Méotides, il fallut renoncer à l'empire sur la mer Noire. Il lui restait un champ assez vaste pour ses entreprises; il avait à perfectionner tous ses établissements en Russie, ses conquêtes sur la Suède à poursuivre, le roi Auguste à raffermir en Pologne, et ses alliés à ménager. Les fatigues avaient altéré sa santé; il fallut qu'il allât aux eaux de Carlsbad en Bohême; mais pendant qu'il prenait les eaux, il fesait attaquer la Poméranie, Stralsund était bloqué, et cinq petites villes étaient prises.

La Poméranie est la province d'Allemagne la plus septentrionale, bornée à l'orient par la Prusse et la

Pologne, à l'occident par le Brandebourg, au midi par le Mecklenbourg, et au nord par la mer Baltique : elle eut presque de siècle en siècle différents maîtres. Gustave-Adolphe s'en empara dans la fameuse guerre de trente ans, et enfin elle fut cédée solennellement aux Suédois par le traité de Vestphalie, à la réserve de l'évêché de Camin et de quelques petites places situées dans la Poméranie ultérieure. Toute cette province devait naturellement appartenir à l'électeur de Brandebourg, en vertu des pactes de famille faits avec les ducs de Poméranie. La race de ces ducs s'était éteinte en 1637; par conséquent, suivant les lois de l'empire, la maison de Brandebourg avait un droit évident sur cette province; mais la nécessité, la première des lois, l'emporta dans le traité d'Osnabruck sur les pactes de famille, et depuis ce temps la Poméranie presque tout entière avait été le prix de la valeur suédoise.

Le projet du czar était de dépouiller la couronne de Suède de toutes les provinces qu'elle possédait en Allemagne; il fallait, pour remplir ce dessein, s'unir avec les électeurs de Brandebourg et d'Hanovre, et avec le Danemark. Pierre écrivit tous les articles du traité qu'il projetait avec ces puissances, et tout le détail des opérations nécessaires pour se rendre maître de la Poméranie.

Pendant ce temps-là même, il maria dans Torgau[a] son fils Alexis avec la princesse de Volfenbuttel, sœur de l'impératrice d'Allemagne, épouse de Charles VI;

[a] 25 octobre 1711.

mariage qui fut depuis si funeste, et qui coûta la vie aux deux époux.

Le czarovitz était né du premier mariage de Pierre avec Eudoxie Lapoukin, mariée, comme on l'a dit[1], en 1689. Elle était alors confinée dans un couvent à Susdal. Son fils, Alexis Pétrovitz, né le 1er mars 1690, était dans sa vingt-deuxième année. Ce prince n'était pas encore connu en Europe. Un ministre[2], dont on a imprimé des mémoires sur la cour de Russie, dit, dans une lettre écrite à son maître, datée du 25 auguste 1711, « que ce prince était grand et bien fait, « qu'il ressemblait beaucoup à son père, qu'il avait le « cœur bon, qu'il était plein de piété, qu'il avait lu « cinq fois l'Écriture sainte, qu'il se plaisait fort à la « lecture des anciennes histoires grecques : il lui trouve « l'esprit étendu et facile; il dit que ce prince sait « les mathématiques, qu'il entend bien la guerre, la « navigation, la science de l'hydraulique, qu'il sait « l'allemand, qu'il apprend le français; mais que son « père n'a jamais voulu qu'il fît ce qu'on appelle ses « exercices. »

Voilà un portrait bien différent de celui que le czar lui-même fit quelque temps après de ce fils infortuné; nous verrons avec quelle douleur son père lui reprocha tous les défauts contraires aux bonnes qualités que ce ministre admire en lui.

C'est à la postérité à décider entre un étranger qui peut juger légèrement ou flatter le caractère d'Alexis, et un père qui a cru devoir sacrifier les sentiments de

---

[1] Page 101. B. — [2] Je crois que ce ministre s'appelait Weber : voyez ma préface. B.

la nature au bien de son empire. Si le ministre n'a pas mieux connu l'esprit d'Alexis que sa figure, son témoignage a peu de poids : il dit que ce prince était grand et bien fait ; les Mémoires que j'ai reçus de Pétersbourg disent qu'il n'était ni l'un ni l'autre.

Catherine, sa belle-mère, n'assista point à ce mariage ; car, quoiqu'elle fût regardée comme czarine, elle n'était point reconnue solennellement en cette qualité, et le titre d'*altesse* qu'on lui donnait à la cour du czar lui laissait encore un rang trop équivoque pour qu'elle signât au contrat, et pour que le cérémonial allemand lui accordât une place convenable à sa dignité d'épouse du czar Pierre. Elle était alors à Thorn dans la Prusse polonaise. Le czar envoya d'abord[a] les deux nouveaux époux à Volfenbuttel, et reconduisit bientôt la czarine à Pétersbourg avec cette rapidité et cette simplicité d'appareil qu'il mettait dans tous ses voyages.

Ayant fait le mariage de son fils, il déclara plus solennellement le sien, et le célébra à Pétersbourg[b]. La cérémonie fut aussi auguste qu'on peut la rendre dans un pays nouvellement créé, dans un temps où les finances étaient dérangées par la guerre soutenue contre les Turcs, et par celle qu'on fesait encore au roi de Suède. Le czar ordonna seul la fête, et y travailla lui-même selon sa coutume. Ainsi Catherine fut reconnue publiquement czarine, pour prix d'avoir sauvé son époux et son armée.

Les acclamations avec lesquelles ce mariage fut reçu dans Pétersbourg étaient sincères : mais les ap-

[a] 9 janvier 1712. — [b] 19 février 1712.

plaudissements des sujets aux actions d'un prince absolu sont toujours suspects: ils furent confirmés par tous les esprits sages de l'Europe, qui virent avec plaisir, presque dans le même temps, d'un côté l'héritier de cette vaste monarchie, n'ayant de gloire que celle de sa naissance, marié à une princesse; et de l'autre un conquérant, un législateur partageant publiquement son lit et son trône avec une inconnue, captive à Marienbourg, et qui n'avait que du mérite. L'approbation même est devenue plus générale, à mesure que les esprits se sont plus éclairés par cette saine philosophie qui a fait tant de progrès depuis quarante ans; philosophie sublime et circonspecte, qui apprend à ne donner que des respects extérieurs à toute espèce de grandeur et de puissance, et à réserver les respects véritables pour les talents et pour les services.

Je dois fidèlement rapporter ce que je trouve concernant ce mariage, dans les dépêches du comte de Bassevitz, conseiller aulique à Vienne, et long-temps ministre de Holstein à la cour de Russie. C'était un homme de mérite, plein de droiture et de candeur, et qui a laissé en Allemagne une mémoire précieuse. Voici ce qu'il dit dans ses lettres : « La czarine avait
« été non seulement nécessaire à la gloire de Pierre,
« mais elle l'était à la conservation de sa vie. Ce prince
« était malheureusement sujet à des convulsions dou-
« loureuses, qu'on croyait être l'effet d'un poison
« qu'on lui avait donné dans sa jeunesse. Catherine
« seule avait trouvé le secret d'apaiser ses douleurs
« par des soins pénibles et des attentions recherchées

« dont elle seule était capable, et se donnait tout en-
« tière à la conservation d'une santé aussi précieuse
« à l'état qu'à elle-même. Ainsi le czar ne pouvant
« vivre sans elle, la fit compagne de son lit et de son
« trône. » Je me borne à rapporter ses propres paroles.

La fortune, qui dans cette partie du monde avait produit tant de scènes extraordinaires à nos yeux, et qui avait élevé l'impératrice Catherine de l'abaissement et de la calamité au plus haut degré d'élévation, la servit encore singulièrement quelques années après la solennité de son mariage.

Voici ce que je trouve dans le manuscrit curieux d'un homme qui était alors au service du czar, et qui parle comme témoin.

« Un envoyé du roi Auguste à la cour du czar, re-
« tournant à Dresde par la Courlande, entendit dans
« un cabaret un homme qui paraissait dans la misère,
« et à qui on fesait l'accueil insultant que cet état n'in-
« spire que trop aux autres hommes. Cet inconnu
« piqué dit que l'on ne le traiterait pas ainsi s'il pou-
« vait parvenir à être présenté au czar, et que peut-
« être il aurait dans sa cour de plus puissantes pro-
« tections qu'on ne pensait.

« L'envoyé du roi Auguste qui entendit ce discours
« eut la curiosité d'interroger cet homme, et sur quel-
« ques réponses vagues qu'il en reçut, l'ayant consi-
« déré plus attentivement, il crut démêler dans ses
« traits quelques ressemblances avec l'impératrice. Il
« ne put s'empêcher, quand il fut à Dresde, d'en écrire
« à un de ses amis à Pétersbourg. La lettre tomba
« dans les mains du czar, qui envoya ordre au prince

« Repnin, gouverneur de Riga, de tâcher de décou-
« vrir l'homme dont il était parlé dans la lettre. Le
« prince Repnin fit partir un homme de confiance
« pour Mittau, en Courlande ; on découvrit l'homme ;
« il s'appelait Charles Scavronski ; il était fils d'un gen-
« tilhomme de Lithuanie, mort dans les guerres de
« Pologne, et qui avait laissé deux enfants au ber-
« ceau, un garçon et une fille. L'un et l'autre n'eu-
« rent d'éducation que celle qu'on peut recevoir de
« la nature dans l'abandon général de toutes choses.
« Scavronski, séparé de sa sœur dès sa plus tendre en-
« fance, savait seulement qu'elle avait été prise dans
« Marienbourg en 1704, et la croyait encore auprès
« du prince Menzikoff, où il pensait qu'elle avait fait
« quelque fortune.

« Le prince Repnin, suivant les ordres exprès de
« son maître, fit conduire à Riga Scavronski, sous
« prétexte de quelque délit dont on l'accusait ; on fit
« contre lui une espèce d'information, et on l'envoya
« sous bonne garde à Pétersbourg, avec ordre de le
« bien traiter sur la route.

« Quand il fut arrivé à Pétersbourg, on le mena
« chez un maître d'hôtel du czar, nommé Shepleff. Ce
« maître d'hôtel, instruit du rôle qu'il devait jouer,
« tira de cet homme beaucoup de lumières sur son
« état, et lui dit enfin que l'accusation qu'on avait in-
« tentée contre lui à Riga était très grave, mais qu'il
« obtiendrait justice ; qu'il devait présenter une re-
« quête à sa majesté, qu'on dresserait cette requête
« en son nom, et qu'on ferait en sorte qu'il pût la lui
« donner lui-même.

« Le lendemain, le czar alla dîner chez Shepleff; on
« lui présenta Scavronski : ce prince lui fit beaucoup
« de questions, et demeura convaincu, par la naïveté
« de ses réponses, qu'il était le propre frère de la cza-
« rine. Tous deux avaient été dans leur enfance en
« Livonie. Toutes les réponses que fit Scavronski aux
« questions du czar se trouvaient conformes à ce que
« sa femme lui avait dit de sa naissance et des pre-
« miers malheurs de sa vie.

« Le czar ne doutant plus de la vérité, proposa le
« lendemain à sa femme d'aller dîner avec lui chez ce
« même Shepleff : il fit venir, au sortir de table, ce
« même homme qu'il avait interrogé la veille. Il vint
« vêtu des mêmes habits qu'il avait portés dans le
« voyage, le czar ne voulant point qu'il parût dans un
« autre état que celui auquel sa mauvaise fortune l'a-
« vait accoutumé. »

Il l'interrogea encore devant sa femme. Le manuscrit porte qu'à la fin il lui dit ces propres mots : « Cet
« homme est ton frère; allons, Charles, baise la main
« de l'impératrice, et embrasse ta sœur. »

L'auteur de la relation ajoute que l'impératrice
tomba en défaillance; et que lorsqu'elle eut repris ses
sens, le czar lui dit : « Il n'y a là rien que de simple;
« ce gentilhomme est mon beau-frère; s'il a du mé-
« rite, nous en ferons quelque chose; s'il n'en a point,
« nous n'en ferons rien. »

Il me semble qu'un tel discours montre autant de
grandeur que de simplicité, et que cette grandeur est
très peu commune. L'auteur dit que Scavronski resta
long-temps chez Shepleff, qu'on lui assigna une pen-

sion considérable, et qu'il vécut très retiré. Il ne pousse pas plus loin le récit de cette aventure, qui servit seulement à découvrir la naissance de Catherine : mais on sait d'ailleurs que ce gentilhomme fut créé comte, qu'il épousa une fille de qualité, et qu'il eut deux filles mariées à des premiers seigneurs de Russie. Je laisse au peu de personnes qui peuvent être instruites de ces détails, à démêler ce qui est vrai dans cette aventure, et ce qui peut y avoir été ajouté. L'auteur du manuscrit ne paraît pas avoir raconté ces faits dans la vue de débiter du merveilleux à ses lecteurs, puisque son Mémoire n'était point destiné à voir le jour. Il écrit à un ami avec naïveté ce qu'il dit avoir vu. Il se peut qu'il se trompe sur quelques circonstances; mais le fond paraît très vrai; car si ce gentilhomme avait su qu'il était frère d'une personne si puissante, il n'aurait pas attendu tant d'années pour se faire reconnaître. Cette reconnaissance, toute singulière qu'elle paraît, n'est pas si extraordinaire que l'élévation de Catherine : l'une et l'autre sont une preuve frappante de la destinée, et peuvent servir à nous faire suspendre notre jugement, quand nous traitons de fables tant d'événements de l'antiquité, moins opposés peut-être à l'ordre commun des choses que toute l'histoire de cette impératrice.

Les fêtes que Pierre donna pour le mariage de son fils et le sien ne furent pas des divertissements passagers qui épuisent le trésor, et dont le souvenir reste à peine. Il acheva la fonderie des canons et les bâtiments de l'amirauté; les grands chemins furent perfectionnés; de nouveaux vaisseaux furent construits;

il creusa des canaux; la bourse et les magasins furent achevés, et le commerce maritime de Pétersbourg commença à être dans sa vigueur. Il ordonna que le sénat de Moscou fût transporté à Pétersbourg; ce qui s'exécuta au mois d'avril 1712. Par là cette nouvelle ville devint comme la capitale de l'empire. Plusieurs prisonniers suédois furent employés aux embellissements de cette ville, dont la fondation était le fruit de leur défaite.

CHAPITRE IV.

Prise de Stetin. Descente en Finlande. Événements de 1712.

Pierre, se voyant heureux dans sa maison, dans son gouvernement, dans ses guerres contre Charles XII, dans ses négociations avec tous les princes qui voulaient chasser les Suédois du continent, et les renfermer pour jamais dans la presqu'île de la Scandinavie, portait toutes ses vues sur les côtes occidentales du nord de l'Europe, et oubliait les Palus-Méotides et la mer Noire. Les clefs d'Azof, long-temps refusées au bacha qui devait entrer dans cette place au nom du grand-seigneur, avaient été enfin rendues; et, malgré tous les soins de Charles XII, malgré toutes les intrigues de ses partisans à la cour ottomane, malgré même plusieurs démonstrations d'une nouvelle guerre, la Russie et la Turquie étaient en paix.

Charles XII restait toujours obstinément à Bender, et fesait dépendre sa fortune et ses espérances du caprice d'un grand-vizir, tandis que le czar menaçait toutes ses provinces, armait contre lui le Danemark et le Hanovre, était prêt à faire déclarer la Prusse, et réveillait la Pologne et la Saxe.

La même fierté inflexible que Charles mettait dans sa conduite avec la Porte, dont il dépendait, il la déployait contre ses ennemis éloignés, réunis pour l'accabler. Il bravait, du fond de sa retraite, dans les déserts de la Bessarabie, et le czar, et les rois de Pologne, de Danemark, et de Prusse, et l'électeur d'Hanovre, devenu bientôt après roi d'Angleterre, et l'empereur d'Allemagne, qu'il avait tant offensé quand il traversa la Silésie en vainqueur. L'empereur s'en vengeait en l'abandonnant à sa mauvaise fortune, et en ne donnant aucune protection aux états que la Suède possédait encore en Allemagne.

Il eût été aisé de dissiper la ligue qu'on formait contre lui. Il n'avait qu'à céder Stetin au premier roi de Prusse, Frédéric, électeur de Brandebourg, qui avait des droits très légitimes sur cette partie de la Poméranie; mais il ne regardait pas alors la Prusse comme une puissance prépondérante : ni Charles ni personne ne pouvait prévoir que le petit royaume de Prusse, presque désert, et l'électorat de Brandebourg, deviendraient formidables. Il ne voulut consentir à aucun accommodement; et, résolu de rompre plutôt que de plier, il ordonna qu'on résistât de tous côtés sur mer et sur terre. Ses états étaient presque épuisés d'hommes et d'argent; cependant on obéit : le sénat de Stockholm équipa une flotte de treize vaisseaux de ligne; on arma des milices; chaque habitant devint soldat. Le courage et la fierté de Charles XII semblèrent animer tous ses sujets, presque aussi malheureux que leur maître.

Il est difficile de croire que Charles eût un plan réglé de conduite. Il avait encore un parti en Pologne, qui, aidé des Tartares de Crimée, pouvait ravager ce malheureux pays, mais non pas remettre le roi Stanislas sur le trône; son espérance d'engager la Porte ottomane à soutenir ce parti, et de prouver au divan qu'il devait envoyer deux cent mille hommes à son secours, sous prétexte que le czar défendait en Pologne son allié Auguste, était une espérance chimérique.

Il attendait à Bender l'effet de tant de vaines intrigues; et les Russes, les Danois, les Saxons, étaient en Poméranie. Pierre mena son épouse à cette expédition[a]. Déjà le roi de Danemark s'était emparé de Stade, ville maritime du duché de Brême; les armées russe, saxonne, et danoise, étaient devant Stralsund.

Ce fut alors[b] que le roi Stanislas, voyant l'état déplorable de tant de provinces, l'impossibilité de remonter sur le trône de Pologne, et tout en confusion par l'absence obstinée de Charles XII, assembla les généraux suédois qui défendaient la Poméranie avec une armée d'environ dix à onze mille hommes, seule et dernière ressource de la Suède dans ces provinces.

Il leur proposa un accommodement avec le roi Auguste, et offrit d'en être la victime. Il leur parla en

[a] Septembre 1712. — [b] Octobre 1712.

français; voici les propres paroles dont il se servit, et qu'il leur laissa par un écrit que signèrent neuf officiers généraux, entre lesquels il se trouvait un Patkul, cousin germain de cet infortuné Patkul que Charles XII avait fait expirer sur la roue :

« J'ai servi jusqu'ici d'instrument à la gloire des « armes de la Suède; je ne prétends pas être le sujet « funeste de leur perte. Je me déclare de sacrifier ma « couronne[a] et més propres intérêts à la conservation « de la personne sacrée du roi, ne voyant pas humai- « nement d'autre moyen pour le retirer de l'endroit « où il se trouve. »

Ayant fait cette déclaration, il se disposa à partir pour la Turquie, dans l'espérance de fléchir l'opiniâtreté de son bienfaiteur, et de le toucher par ce sacrifice. Sa mauvaise fortune le fit arriver en Bessarabie, précisément dans le temps même que Charles, après avoir promis au sultan de quitter son asile, et ayant reçu l'argent et l'escorte nécessaire pour son retour, mais s'étant obstiné à rester et à braver les Turcs et les Tartares, soutint contre une armée entière, aidé de ses seuls domestiques, ce combat malheureux de Bender, où les Turcs, pouvant aisément le tuer, se contentèrent de le prendre prisonnier. Stanislas, arrivant dans cette étrange conjoncture, fut arrêté lui-même; ainsi deux rois chrétiens furent à-la-fois captifs en Turquie.

---

[a] On a cru devoir laisser la déclaration du roi Stanislas telle qu'il la donna mot pour mot : il y a des fautes de langue : *Je me déclare de sacrifier* n'est pas français; mais la pièce en est plus authentique, et n'en est pas moins respectable.

Dans ce temps où toute l'Europe était troublée, et où la France achevait, contre une partie de l'Europe, une guerre non moins funeste, pour mettre sur le trône d'Espagne le petit-fils de Louis XIV, l'Angleterre donna la paix à la France; et la victoire que le maréchal de Villars remporta à Denain, en Flandre, sauva cet état de ses autres ennemis. La France était, depuis un siècle, l'alliée de la Suède; il importait que son alliée ne fût pas privée de ses possessions en Allemagne. Charles, trop éloigné, ne savait pas même encore à Bender ce qui se passait en France.

La régence de Stockholm hasarda de demander de l'argent à la France épuisée, dans un temps où Louis XIV n'avait pas même de quoi payer ses domestiques. Elle fit partir un comte de Sparre, chargé de cette négociation, qui ne devait pas réussir. Sparre vint à Versailles, et représenta au marquis de Torci l'impuissance où l'on était de payer la petite armée suédoise qui restait à Charles XII en Poméranie, qu'elle était prête à se dissiper faute de paie, que le seul allié de la France allait perdre des provinces dont la conservation était nécessaire à la balance générale; qu'à la vérité Charles XII, dans ses victoires, avait trop négligé le roi de France; mais que la générosité de Louis XIV était aussi grande que les malheurs de Charles. Le ministre français fit voir au Suédois l'impuissance où l'on était de secourir son maître, et Sparre désespérait du succès.

Un particulier de Paris fit ce que Sparre désespérait d'obtenir. Il y avait à Paris un banquier, nommé Samuel Bernard, qui avait fait une fortune prodigieuse, tant par les remises de la cour dans les pays étrangers, que par d'autres entreprises; c'était un homme enivré d'une espèce de gloire rarement attachée à sa profession, qui aimait passionnément toutes les choses d'éclat, et qui savait que tôt ou tard le ministère de France rendait avec avantage ce qu'on hasardait pour lui. Sparre alla dîner chez lui, il le flatta, et au sortir de table le banquier fit délivrer au comte de Sparre six cent mille livres; après quoi il alla chez le ministre, marquis de Torci, et lui dit : « J'ai donné en votre nom « deux cent mille écus à la Suède; vous me les ferez « rendre quand vous pourrez. »

Le comte de Stenbock, général de l'armée de Charles, n'attendait pas un tel secours; il voyait ses troupes sur le point de se mutiner; et n'ayant à leur donner que des promesses, voyant grossir l'orage autour de lui, craignant enfin d'être enveloppé par trois armées de Russes, de Danois, de Saxons, il demanda un armistice, jugeant que Stanislas allait abdiquer, qu'il fléchirait la hauteur de Charles XII, qu'il fallait au moins gagner du temps, et sauver ses troupes par les négociations. Il envoya donc un courrier à Bender, pour représenter au roi l'état déplorable de ses finances, de ses affaires, et de ses troupes, et pour l'instruire qu'il se voyait forcé à cet armistice qu'il serait trop heureux d'obtenir. Il n'y avait pas trois jours que ce courrier était parti, et Stanislas ne l'était pas encore, quand Stenbock reçut les deux cent mille écus du banquier de Paris; c'était alors un trésor prodigieux dans un pays ruiné. Fort de ce secours avec lequel on remédie à tout, il encouragea son armée; il eut des munitions, des recrues; il se vit à la tête de douze mille hommes, et, renonçant à toute suspension d'armes, il ne chercha plus qu'à combattre.

C'était ce même Stenbock qui, en 1710, après la défaite de Pultava, avait vengé la Suède sur les Danois dans une irruption qu'ils avaient faite en Scanie: il avait marché contre eux avec de simples milices qui n'avaient que des cordes pour bandoulières, et avait remporté une victoire complète. Il était, comme tous les autres généraux de Charles XII, actif et intrépide; mais sa valeur était souillée par la férocité. C'est lui qui, après un combat contre les Russes, ayant ordonné qu'on tuât tous les prisonniers, aperçut un officier polonais du parti du czar, qui se jetait à l'étrier de Stanislas, et que ce prince tenait embrassé pour lui sauver la vie; Stenbock le tua d'un coup de pistolet entre les bras du prince, comme il est rapporté dans la vie de Charles XII[1]; et le roi Stanislas a dit à l'auteur qu'il aurait cassé la tête à Stenbock, s'il n'avait été retenu par son respect et par sa reconnaissance pour le roi de Suède.

Le général Stenbock marcha donc[a], dans le chemin de Vismar, aux Russes, aux Saxons, et aux Danois réunis. Il se trouva vis-à-vis l'armée danoise et saxonne qui précédait les Russes éloignés de trois lieues. Le czar envoie trois courriers coup sur coup au roi de Danemark pour le prier de l'attendre, et pour l'aver-

---

[1] Voltaire n'en a parlé dans aucune édition de son *Histoire de Charles XII*, mais dans le chapitre xv de la première partie de son *Histoire de Pierre-le-Grand*: voyez page 175. B.

[a] 9 décembre 1712.

tir du danger qu'il court s'il combat les Suédois sans être supérieur en forces. Le roi de Danemark ne voulut point partager l'honneur d'une victoire qu'il croyait sûre : il s'avança contre les Suédois, et les attaqua près d'un endroit nommé Gadebusch. On vit encore à cette journée quelle était l'inimitié naturelle entre les Suédois et les Danois. Les officiers de ces deux nations s'acharnaient les uns contre les autres, et tombaient morts percés de coups.

Stenbock remporta la victoire avant que les Russes pussent arriver à portée du champ de bataille; il reçut quelques jours après la réponse du roi son maître, qui condamnait toute idée d'armistice; il disait qu'il ne pardonnerait cette démarche honteuse qu'en cas qu'elle fût réparée; et que, fort ou faible, il fallait vaincre ou périr. Stenbock avait déjà prévenu cet ordre par la victoire.

Mais cette victoire fut semblable à celle qui avait consolé un moment le roi Auguste, quand dans le cours de ses infortunes il gagna la bataille de Calish contre les Suédois, vainqueurs de tous côtés. La victoire de Calish ne fit qu'aggraver les malheurs d'Auguste, et celle de Gadebusch recula seulement la perte de Stenbock et de son armée.

Le roi de Suède, en apprenant la victoire de Stenbock, crut ses affaires rétablies : il se flatta même de faire déclarer l'empire ottoman qui menaçait encore le czar d'une nouvelle guerre; et dans cette espérance il ordonna à son général Stenbock de se porter en Pologne, croyant toujours, au moindre succès, que le temps de Narva et ceux où il fesait des lois [1] allaient renaître. Ces idées furent bientôt après confondues par l'affaire de Bender et par sa captivité chez les Turcs.

Tout le fruit de la victoire de Gadebusch fut d'aller réduire en cendres pendant la nuit la petite ville d'Altena, peuplée de commerçants et de manufacturiers ; ville sans défense, qui, n'ayant point pris les armes, ne devait point être sacrifiée : elle fut entièrement détruite ; plusieurs habitants expirèrent dans les flammes ; d'autres, échappés nus à l'incendie, vieillards, femmes, enfants, expirèrent de froid et de fatigues aux portes de Hambourg [a]. Tel a été souvent le sort de plusieurs milliers d'hommes pour les querelles de deux hommes. Stenbock ne recueillit que cet affreux avantage. Les Russes, les Danois, les Saxons, le poursuivirent si vivement après sa victoire, qu'il fut obligé de demander un asile dans Tonninge, forteresse du Holstein, pour lui et pour son armée.

Le pays de Holstein était alors un des plus dévastés du Nord, et son souverain un des plus malheureux princes. C'était le propre neveu de Charles XII ; c'était pour son père, beau-frère de ce monarque, que Charles avait porté ses armes jusque dans Copenhague avant la bataille de Narva ; c'était pour lui qu'il avait fait le traité de Travendal, par lequel les ducs de Holstein étaient rentrés dans leurs droits.

[1] Peut-être faudrait-il *des rois* ; mais aucune édition ne le porte. B.
[a] Le chapelain confesseur Nordberg dit froidement, dans son histoire que le général Stenbock ne mit le feu à la ville que parcequ'il n'avait pas de voitures pour emporter les meubles.

Ce pays est en partie le berceau des Cimbres et de ces anciens Normands qui conquirent la Neustrie en France, l'Angleterre entière, Naples, et Sicile. On ne peut être aujourd'hui moins en état de faire des conquêtes que l'est cette partie de l'ancienne Chersonèse cimbrique : deux petits duchés la composent; Slesvick, appartenant au roi de Danemark et au duc en commun; Gottorp, au duc de Holstein seul. Slesvick est une principauté souveraine; Holstein est membre de l'empire d'Allemagne, qu'on appelle empire romain.

Le roi de Danemark et le duc de Holstein-Gottorp étaient de la même maison; mais le duc, neveu de Charles XII, et son héritier présomptif, était né l'ennemi du roi de Danemark, qui accablait son enfance. Un frère de son père, évêque de Lubeck, administrateur des états de cet infortuné pupille, se voyait entre l'armée suédoise, qu'il n'osait secourir, et les armées russe, danoise, et saxonne, qui menaçaient. Il fallait pourtant tâcher de sauver les troupes de Charles XII sans choquer le roi de Danemark, devenu maître du pays, dont il épuisait toute la substance.

L'évêque, administrateur du Holstein, était entièrement gouverné par ce fameux baron de Görtz[a], le plus délié et le plus entreprenant des hommes, d'un esprit vaste et fécond en ressources, ne trouvant jamais rien de trop hardi ni de trop difficile, aussi insinuant dans les négociations qu'audacieux dans les projets; sachant plaire, sachant persuader, et entraînant les esprits par la chaleur de son génie, après les avoir gagnés par la douceur de ses paroles. Il eut depuis sur

[a] Nous prononçons *Gueurtz*.

Charles XII le même ascendant qui lui soumettait l'évêque administrateur du Holstein, et l'on sait qu'il paya de sa tête l'honneur qu'il eut de gouverner le plus inflexible et le plus opiniâtre souverain qui jamais ait été sur le trône.

Görtz[a] s'aboucha secrètement[b] à Usum avec Stenbock, et lui promit qu'il lui livrerait la forteresse de Tonninge, sans compromettre l'évêque administrateur son maître; et dans le même temps il fit assurer le roi de Danemark qu'on ne la livrerait pas. C'est ainsi que presque toutes les négociations se conduisent, les affaires d'état étant d'un autre ordre que celles des particuliers, l'honneur des ministres consistant uniquement dans le succès, et l'honneur des particuliers dans l'observation de leurs paroles.

Stenbock se présenta devant Tonninge; le commandant de la ville refuse de lui ouvrir les portes; ainsi on met le roi de Danemark hors d'état de se plaindre de l'évêque administrateur; mais Görtz fait donner un ordre au nom du duc mineur de laisser entrer l'armée suédoise dans Tonninge. Le secrétaire du cabinet, nommé Stamke, signe le nom du duc de Holstein : par là Görtz ne compromet qu'un enfant qui n'avait pas encore le droit de donner ses ordres; il sert à-la-fois le roi de Suède, auprès duquel il voulait se faire valoir, et l'évêque administrateur son maître, qui paraît ne pas consentir à l'admission de l'armée suédoise. Le commandant de Tonninge, aisément gagné, livra la ville aux Suédois, et Görtz se justifia

---

[a] *Mémoires secrets de Bassevitz.* — [b] 21 janvier 1713.

comme il put auprès du roi de Danemark, en protestant que tout avait été fait malgré lui.

L'armée suédoise[a], retirée en partie dans la ville et en partie sous son canon, ne fut pas pour cela sauvée : le général Stenbock fut obligé de se rendre prisonnier de guerre avec onze mille hommes, de même qu'environ seize mille s'étaient rendus après Pultava.

Il fut stipulé que Stenbock, ses officiers et soldats, pourraient être rançonnés ou échangés ; on fixa la rançon de Stenbock à huit mille écus d'empire : c'est une bien petite somme, cependant on ne put la trouver, et Stenbock resta captif à Copenhague jusqu'à sa mort.

Les états de Holstein demeurèrent à la discrétion d'un vainqueur irrité. Le jeune duc fut l'objet de la vengeance du roi de Danemark, pour prix de l'abus que Görtz avait fait de son nom; les malheurs de Charles XII retombaient sur toute sa famille.

Görtz voyant ses projets évanouis, toujours occupé de jouer un grand rôle dans cette confusion, revint à l'idée qu'il avait eue d'établir une neutralité dans les états de Suède en Allemagne.

Le roi de Danemark était près d'entrer dans Tonninge. George, électeur de Hanovre, voulait avoir les duchés de Brême et de Verden avec la ville de Stade. Le nouveau roi de Prusse, Frédéric-Guillaume, jetait la vue sur Stetin. Pierre Ier se disposait à se rendre maître de la Finlande. Tous les états de Charles XII, hors la Suède, étaient des dépouilles qu'on cherchait à partager : comment accorder tant d'intérêts avec

---

[a] *Mémoires de Stenbock.*

une neutralité ? Görtz négocia en même temps avec tous les princes qui avaient intérêt à ce partage : il courait jour et nuit d'une province à une autre ; il engagea le gouverneur de Brême et de Verden à remettre ces deux duchés à l'électeur de Hanovre en séquestre, afin que les Danois ne les prissent pas pour eux : il fit tant qu'il obtint du roi de Prusse qu'il se chargerait conjointement avec le Holstein du séquestre de Stetin et de Vismar ; moyennant quoi le roi de Danemark laisserait le Holstein en paix, et n'entrerait pas dans Tonninge. C'était assurément un étrange service à rendre à Charles XII que de mettre ses places entre les mains de ceux qui pourraient les garder à jamais : mais Görtz, en leur remettant ces villes comme en otage, les forçait à la neutralité, du moins pour quelque temps ; il espérait qu'ensuite il pourrait faire déclarer le Hanovre et le Brandebourg en faveur de la Suède : il fesait entrer dans ses vues le roi de Pologne, dont les états ruinés avaient besoin de la paix ; enfin il voulait se rendre nécessaire à tous les princes. Il disposait du bien de Charles XII comme un tuteur qui sacrifie une partie du bien d'un pupille ruiné pour sauver l'autre, et d'un pupille qui ne peut faire ses affaires par lui-même ; tout cela sans mission, sans autre garantie de sa conduite qu'un plein-pouvoir d'un évêque de Lubeck, qui n'était nullement autorisé lui même par Charles XII.

Tel a été ce Görtz que jusqu'ici on n'a pas assez connu. On a vu des premiers ministres de grands états, comme un Oxenstiern, un Richelieu, un Albéroni, donner le mouvement à une partie de l'Europe ;

mais que le conseiller privé d'un évêque de Lubeck en ait fait autant qu'eux, sans être avoué de personne, c'était une chose inouïe.

Il réussit d'abord : il fit un traité[a] avec le roi de Prusse, par lequel ce monarque s'engageait, en gardant Stetin en séquestre, à conserver à Charles XII le reste de la Poméranie. En vertu de ce traité, Görtz fit proposer au gouverneur de la Poméranie (Meyerfeldt) de rendre la place de Stetin au roi de Prusse, pour le bien de la paix, croyant que le Suédois gouverneur de Stetin pourrait être aussi facile que l'avait été le Holstenois gouverneur de Tonninge; mais les officiers de Charles XII n'étaient pas accoutumés à obéir à de pareils ordres. Meyerfeldt répondit qu'on n'entrerait dans Stetin que sur son corps et sur des ruines. Il informa son maître de cette étrange proposition. Le courrier trouva Charles XII captif à Démirtash, après son aventure de Bender. On ne savait alors si Charles ne resterait pas prisonnier des Turcs toute sa vie, si on ne le reléguerait pas dans quelque île de l'Archipel ou de l'Asie. Charles, de sa prison, manda à Meyerfeldt ce qu'il avait mandé à Stenbock, qu'il fallait mourir plutôt que de plier sous ses ennemis, et lui ordonna d'être aussi inflexible qu'il l'était lui-même.

Görtz voyant que le gouverneur de Stetin dérangeait ses mesures, et ne voulait entendre parler ni de neutralité ni de séquestre, se mit dans la tête, non seulement de faire séquestrer cette ville de Stetin, mais encore Stralsund; et il trouva le secret de faire

[a] Juin 1713.

avec le roi de Pologne, électeur de Saxe[a], le même traité pour Stralsund qu'il avait fait avec l'électeur de Brandebourg pour Stetin. Il voyait clairement l'impuissance des Suédois de garder ces places sans argent et sans armée, pendant que le roi était captif en Turquie ; et il comptait écarter le fléau de la guerre de tout le Nord au moyen de ces séquestres. Le Danemark lui-même se prêtait enfin aux négociations de Görtz : il gagna absolument l'esprit du prince Menzikoff, général et favori du czar : il lui persuada qu'on pourrait céder le Holstein à son maître ; il flatta le czar de l'idée de percer un canal du Holstein dans la mer Baltique, entreprise si conforme au goût de ce fondateur, et surtout d'obtenir une puissance nouvelle, en voulant bien être un des princes de l'empire d'Allemagne, et en acquérant aux diètes de Ratisbonne un droit de suffrage qui serait toujours soutenu par le droit des armes.

On ne peut ni se plier en plus de manières, ni prendre plus de formes différentes, ni jouer plus de rôles que fit ce négociateur volontaire : il alla jusqu'à engager le prince Menzikoff à ruiner cette même ville de Stetin, qu'il voulait sauver, à la bombarder, afin de forcer le commandant Meyerfeldt à la remettre en séquestre ; et il osait ainsi outrager le roi de Suède, auquel il voulait plaire, et à qui en effet il ne plut que trop dans la suite, pour son malheur.

Quand le roi de Prusse vit qu'une armée russe bombardait Stetin, il craignit que cette ville ne fût perdue pour lui, et ne restât à la Russie : c'était où Görtz

[a] Juin 1713.

l'attendait. Le prince Ménzikoff manquait d'argent, il lui fit prêter quatre cent mille écus par le roi de Prusse ; il fit parler ensuite au gouverneur de la place. « Lequel aimez-vous mieux, lui dit-on, ou de voir « Stetin en cendres sous la domination de la Russie, « ou de la confier au roi de Prusse, qui la rendra au « roi votre maître ? » Le commandant se laissa enfin persuader, il se rendit. Menzikoff entra dans la place, et, moyennant les quatre cent mille écus, il la remit, avec tout le territoire, entre les mains du roi de Prusse, qui, pour la forme, y laissa entrer deux bataillons de Holstein, et qui n'a jamais rendu depuis cette partie de la Poméranie.

Dès-lors le second roi de Prusse, successeur d'un roi faible et prodigue, jeta les fondements de la grandeur où son pays parvint dans la suite, par la discipline militaire et par l'économie.

Le baron de Görtz, qui fit mouvoir tant de ressorts, ne put venir à bout d'obtenir que les Danois pardonnassent à la province de Holstein, ni qu'ils renonçassent à s'emparer de Tonninge : il manqua ce qui paraissait être son premier but ; mais il réussit à tout le reste, et surtout à devenir un personnage important dans le Nord, ce qui était en effet sa vue principale.

Déjà l'électeur de Hanovre s'était assuré de Brême et de Verden, dont Charles XII était dépouillé ; les Saxons étaient devant sa ville de Vismar ; Stetin était entre les mains du roi de Prusse[a] ; les Russes allaient assiéger Stralsund avec les Saxons, et ceux-ci étaient

[a] Septembre 1713.

déjà dans l'île de Rugen; le czar, au milieu de tant de négociations, était descendu en Finlande, pendant qu'on disputait ailleurs sur la neutralité et sur les partages. Après avoir lui-même pointé l'artillerie devant Stralsund, abandonnant le reste à ses alliés et au prince Menzikoff, il s'était embarqué, dans le mois de mai, sur la mer Baltique; et, montant un vaisseau de cinquante canons, qu'il avait fait construire lui-même à Pétersbourg, il vogua vers la Finlande, suivi de quatre-vingt-douze galères, et de cent dix demi-galères, qui portaient seize mille combattants.

La descente se fit à Elsingford[a], qui est dans la partie la plus méridionale de cette froide et stérile contrée, par le 61e degré.

Cette descente réussit malgré toutes les difficultés. On feignit d'attaquer par un endroit, on descendit par un autre: on mit les troupes à terre, et l'on prit la ville. Le czar s'empara de Borgo, d'Abo, et fut maître de toute la côte. Il ne paraissait pas que les Suédois eussent désormais aucune ressource; car c'était dans ce temps-là même que l'armée suédoise commandée par Stenbock se rendait prisonnière de guerre. (Ci-dessus, page 263.)

Tous ces désastres de Charles XII furent suivis, comme nous l'avons vu, de la perte de Brême, de Verden, de Stetin, d'une partie de la Poméranie; et enfin le roi Stanislas et Charles lui-même étaient prisonniers en Turquie; cependant il n'était pas encore détrompé de l'idée de retourner en Pologne à la tête d'une

---

[a] 22 mai 1713, n. s.

armée ottomane, de remettre Stanislas sur le trône, et de faire trembler tous ses ennemis.

CHAPITRE V.

Succès de Pierre-le-Grand. Retour de Charles XII dans ses états.

Pierre, suivant le cours de ses conquêtes, perfectionnait l'établissement de sa marine, fesait venir douze mille familles à Pétersbourg, tenait tous ses alliés attachés à sa fortune et à sa personne, quoiqu'ils eussent tous des intérêts divers et des vues opposées. Sa flotte menaçait à-la-fois toutes les côtes de la Suède, sur les golfes de Finlande et de Bothnie.

L'un de ses généraux de terre, le prince Gallitzin, formé par lui-même, comme ils l'étaient tous, avançait d'Elsingford, où le czar avait débarqué, jusqu'au milieu des terres, vers le bourg de Tavastus : c'était un poste qui couvrait la Bothnie. Quelques régiments suédois, avec huit mille hommes de milice, le défendaient. Il fallut livrer une bataille; les Russes la gagnèrent entièrement[a]; ils dissipèrent toute l'armée suédoise, et pénétrèrent jusqu'à Vasa : de sorte qu'ils furent les maîtres de quatre-vingts lieues de pays.

Il restait aux Suédois une armée navale avec laquelle ils tenaient la mer. Pierre ambitionnait depuis long-temps de signaler la marine qu'il avait créée. Il était parti de Pétersbourg, et avait rassemblé une flotte de seize vaisseaux de ligne, cent quatre-vingts

[a] 13 mars 1714.

galères propres à manœuvrer à travers les rochers qui entourent l'île d'Aland, et les autres îles de la mer Baltique non loin du rivage de la Suède, vers laquelle il rencontra la flotte suédoise. Cette flotte était plus forte en grands vaisseaux que la sienne, mais inférieure en galères, plus propre à combattre en pleine mer qu'à travers des rochers. C'était une supériorité que le czar ne devait qu'à son seul génie. Il servait dans sa flotte en qualité de contre-amiral, et recevait les ordres de l'amiral Apraxin. Pierre voulait s'emparer de l'île d'Aland, qui n'est éloignée de la Suède que de douze lieues. Il fallait passer à la vue de la flotte des Suédois : ce dessein hardi fut exécuté ; les galères s'ouvrirent le passage sous le canon ennemi, qui ne plongeait pas assez. On entra dans Aland; et comme cette côte est hérissée d'écueils presque tout entière, le czar fit transporter à bras quatre-vingts petites galères par une langue de terre, et on les remit à flot dans la mer qu'on nomme de Hango, où étaient ses gros vaisseaux. Ehrenskold, contre-amiral des Suédois, crut qu'il allait prendre aisément ou couler à fond ces quatre-vingts galères; il avança de ce côté pour les reconnaître; mais il fut reçu avec un feu si vif, qu'il vit tomber presque tous ses soldats et tous ses matelots. On lui prit les galères et les prames qu'il avait amenées, et le vaisseau qu'il montait; il se sauvait dans une chaloupe[a], mais il y fut blessé : enfin, obligé de se rendre, on l'amena sur la galère où le czar manœuvrait lui-même. Le reste de la flotte suédoise regagna la Suède. On fut con-

[a] 8 août.

sterné dans Stockholm, on ne s'y croyait pas en sûreté.

Pendant ce temps-là même, le colonel Schouvalow Neusholf attaquait la seule forteresse qui restait à prendre sur les côtes occidentales de la Finlande, et la soumettait au czar, malgré la plus opiniâtre résistance.

Cette journée d'Aland fut, après celle de Pultava, la plus glorieuse de la vie de Pierre. Maître de la Finlande, dont il laissa le gouvernement au prince Gallitzin ; vainqueur de toutes les forces navales de la Suède, et plus respecté que jamais de ses alliés, il retourna dans Pétersbourg[a] quand la saison, devenue très orageuse, ne lui permit plus de rester sur les mers de Finlande et de Bothnie. Son bonheur voulut encore qu'en arrivant dans sa nouvelle capitale, la czarine accouchât d'une princesse, mais qui mourut un an après. Il institua l'ordre de Sainte-Catherine en l'honneur de son épouse, et célébra la naissance de sa fille par une entrée triomphale. C'était, de toutes les fêtes auxquelles il avait accoutumé ses peuples, celle qui leur était devenue la plus chère. Le commencement de cette fête fut d'amener dans le port de Cronslot neuf galères suédoises, sept prames remplies de prisonniers, et le vaisseau du contre-amiral Ehrensköld.

Le vaisseau amiral de Russie était chargé de tous les canons, des drapeaux, et des étendards pris dans la conquête de la Finlande. On apporta toutes ces dépouilles à Pétersbourg, où l'on arriva en ordre de ba-

[a] 15 septembre 1714.

taille. Un arc de triomphe que le czar avait dessiné, selon sa coutume, fut décoré des emblèmes de toutes ses victoires : les vainqueurs passèrent sous cet arc triomphal; l'amiral Apraxin marchait à leur tête, ensuite le czar, en qualité de contre-amiral, et tous les autres officiers selon leur rang : on les présenta tous au vice-roi Romanodoski, qui, dans ces cérémonies, représentait le maître de l'empire. Ce vice-czar distribua à tous les officiers des médailles d'or; tous les soldats et les matelots en eurent d'argent. Les Suédois prisonniers passèrent sous l'arc de triomphe, et l'amiral Ehrensköld suivait immédiatement le czar son vainqueur. Quand on fut arrivé au trône, où le vice-czar était, l'amiral Apraxin lui présenta le contre-amiral Pierre, qui demanda à être créé vice-amiral pour prix de ses services : on alla aux voix, et l'on croit bien que toutes les voix lui furent favorables.

Après cette cérémonie qui comblait de joie tous les assistants, et qui inspirait à tout le monde l'émulation, l'amour de la patrie et celui de la gloire, le czar prononça ce discours, qui mérite de passer à la dernière postérité.

« Mes frères, est-il quelqu'un de vous qui eût pensé
« il y a vingt ans qu'il combattrait avec moi sur la mer
« Baltique dans des vaisseaux construits par vous-
« mêmes, et que nous serions établis dans ces con-
« trées conquises par nos fatigues et par notre cou-
« rage?... On place l'ancien siége des sciences dans la
« Grèce; elles s'établirent ensuite dans l'Italie, d'où
« elles se répandirent dans toutes les parties de l'Eu-
« rope; c'est à présent notre tour, si vous voulez se-

« conder mes desseins, en joignant l'étude à l'obéis-
« sance. Les arts circulent dans le monde, comme le
« sang dans le corps humain; et peut-être ils établi-
« ront leur empire parmi nous pour retourner dans la
« Grèce, leur ancienne patrie. J'ose espérer que nous
« ferons un jour rougir les nations les plus civilisées,
« par nos travaux et par notre solide gloire. »

C'est là le précis véritable de ce discours digne d'un fondateur. Il a été énervé dans toutes les traductions; mais le plus grand mérite de cette harangue éloquente est d'avoir été prononcée par un monarque victorieux, fondateur et législateur de son empire.

Les vieux boïards écoutèrent cette harangue avec plus de regret pour leurs anciens usages que d'admiration pour la gloire de leur maître; mais les jeunes en furent touchés jusqu'aux larmes.

Ces temps furent encore signalés par l'arrivée des ambassadeurs russes qui revinrent de Constantinople avec la confirmation de la paix avec les Turcs[a]. Un ambassadeur de Perse était arrivé quelque temps auparavant de la part de Cha-Ussin; il avait amené au czar un éléphant et cinq lions. Il reçut en même temps une ambassade du kan des Usbecks, Mehemet Bahadir, qui lui demandait sa protection contre d'autres Tartares. Du fond de l'Asie et de l'Europe, tout rendait hommage à sa gloire.

La régence de Stockholm, désespérée de l'état déplorable de ses affaires, et de l'absence de son roi qui abandonnait le soin de ses états, avait pris enfin la résolution de ne le plus consulter; et, immédiatement

---

[a] 15 décembre 1714.

après la victoire navale du czar, elle avait demandé un passe-port au vainqueur pour un officier chargé de propositions de paix. Le passe-port fut envoyé; mais, dans ce temps-là même, la princesse Ulrique Éléonore, sœur de Charles XII, reçut la nouvelle que le roi son frère se disposait enfin à quitter la Turquie, et à revenir se défendre. On n'osa pas alors envoyer au czar le négociateur qu'on avait nommé en secret : on supporta la mauvaise fortune, et l'on attendit que Charles XII se présentât pour la réparer.

En effet, Charles, après cinq années et quelques mois de séjour en Turquie, en partit sur la fin d'octobre 1714. On sait qu'il mit dans son voyage la même singularité qui caractérisait toutes ses actions. Il arriva à Stralsund le 22 novembre 1714. Dès qu'il y fut, le baron de Görtz se rendit auprès de lui; il avait été l'instrument d'une partie de ses malheurs; mais il se justifia avec tant d'adresse, et lui fit concevoir de si hautes espérances, qu'il gagna sa confiance comme il avait gagné celle de tous les ministres et de tous les princes avec lesquels il avait négocié : il lui fit espérer qu'il détacherait les alliés du czar, et qu'alors on pourrait faire une paix honorable, ou du moins une guerre égale. Dès ce moment, Görtz eut sur l'esprit de Charles beaucoup plus d'empire que n'en avait jamais eu le comte Piper.

La première chose que fit Charles en arrivant à Stralsund, fut de demander de l'argent aux bourgeois de Stockholm. Le peu qu'ils avaient fut livré; on ne savait rien refuser à un prince qui ne demandait que pour donner, qui vivait aussi durement que les simples soldats, et qui exposait comme eux sa vie. Ses malheurs, sa captivité, son retour, touchaient ses sujets et les étrangers : on ne pouvait s'empêcher de le blâmer, ni de l'admirer, ni de le plaindre, ni de le secourir. Sa gloire était d'un genre tout opposé à celle de Pierre; elle ne consistait ni dans l'établissement des arts, ni dans la législation, ni dans la politique, ni dans le commerce; elle ne s'étendait pas au-delà de sa personne : son mérite était une valeur au-dessus du courage ordinaire; il défendait ses états avec une grandeur d'ame égale à cette valeur intrépide; et c'en était assez pour que les nations fussent frappées de respect pour lui. Il avait plus de partisans que d'alliés.

CHAPITRE VI.

État de l'Europe au retour de Charles XII. Siége de Stralsund, etc.

Lorsque Charles XII revint enfin dans ses états à la fin de 1714, il trouva l'Europe chrétienne dans un état bien différent de celui où il l'avait laissée. La reine Anne d'Angleterre était morte après avoir fait la paix avec la France; Louis XIV assurait l'Espagne à son petit-fils, et forçait l'empereur d'Allemagne, Charles VI, et les Hollandais, à souscrire à une paix nécessaire : ainsi toutes les affaires du midi de l'Europe prenaient une face nouvelle.

Celles du Nord étaient encore plus changées; Pierre en était devenu l'arbitre. L'électeur de Hanovre, appelé au royaume d'Angleterre, voulait agrandir ses terres d'Allemagne aux dépens de la Suède, qui n'avait acquis des domaines allemands que par les conquêtes du grand Gustave. Le roi de Danemark prétendait reprendre la Scanie, la meilleure province de la Suède, qui avait appartenu autrefois aux Danois. Le roi de Prusse, héritier des ducs de Poméranie, prétendait rentrer au moins dans une partie de cette province. D'un autre côté, la maison de Holstein opprimée par le roi de Danemark, et le duc de Mecklenbourg en guerre presque ouverte avec ses sujets, imploraient la protection de Pierre Ier. Le roi de Pologne, électeur de Saxe, desirait qu'on annexât la Courlande à la Pologne; ainsi, de l'Elbe jusqu'à la mer Baltique, Pierre était l'appui de tous les princes, comme Charles en avait été la terreur.

On négocia beaucoup depuis le retour de Charles, et on n'avança rien. Il crut qu'il pourrait avoir assez de vaisseaux de guerre et d'armateurs pour ne point craindre la nouvelle puissance maritime du czar. A l'égard de la guerre de terre, il comptait sur son courage; et Görtz, devenu tout d'un coup son premier ministre, lui persuada qu'il pourrait subvenir aux frais avec une monnaie de cuivre qu'on fit valoir quatre-vingt-seize fois autant que sa valeur naturelle; ce qui est un prodige dans l'histoire des gouvernements. Mais dès le mois d'avril 1715 les vaisseaux de Pierre prirent les premiers armateurs suédois qui se mirent en mer; et une armée russe marcha en Poméranie.

Les Prussiens, les Danois, et les Saxons, se joignirent devant Stralsund. Charles XII vit qu'il n'était revenu de sa prison de Démirtash et de Démotica vers la mer Noire que pour être assiégé sur le rivage de la mer Baltique.

On a déjà vu dans son histoire avec quelle valeur fière et tranquille il brava dans Stralsund tous ses ennemis réunis. On n'y ajoutera ici qu'une petite particularité qui marque bien son caractère. Presque tous ses principaux officiers ayant été tués ou blessés dans le siége, le colonel baron de Reichel, après un long combat, accablé de veilles et de fatigues, s'étant jeté sur un banc pour prendre une heure de repos, fut appelé pour monter la garde sur le rempart : il s'y traîna en maudissant l'opiniâtreté du roi, et tant de fatigues, si intolérables et si inutiles. Le roi, qui l'entendit, courut à lui, et se dépouillant de son manteau qu'il étendit devant lui : « Vous n'en pouvez plus, « lui dit-il, mon cher Reichel; j'ai dormi une heure, « je suis frais, je vais monter la garde pour vous : « dormez, je vous éveillerai quand il en sera temps. » Après ces mots, il l'enveloppa malgré lui, le laissa dormir, et alla monter la garde.

Ce fut pendant ce siége de Stralsund [a] que le nouveau roi d'Angleterre, électeur de Hanovre, acheta du roi de Danemark la province de Brême et de Verden avec la ville de Stade, que les Danois avaient prises sur Charles XII. Il en coûta au roi George huit cent mille écus d'Allemagne. On trafiquait ainsi des états de Charles, tandis qu'il défendait Stralsund pied à pied. Enfin cette ville n'étant plus qu'un monceau de ruines, ses officiers le forcèrent d'en sortir [b]. Quand

---

[a] Octobre 1715. — [b] Décembre 1715.

il fut en sûreté, son général Ducker rendit ces ruines au roi de Prusse.

Quelque temps après, Ducker s'étant présenté devant Charles XII, ce prince lui fit des reproches d'avoir capitulé avec ses ennemis. « J'aimais trop votre « gloire, lui répondit Ducker, pour vous faire l'af- « front de tenir dans une ville dont votre majesté était « sortie. » Au reste, cette place ne demeura que jusqu'en 1721 aux Prussiens, qui la rendirent à la paix du Nord.

Pendant ce siége de Stralsund, Charles reçut encore une mortification, qui eût été plus douloureuse, si son cœur avait été sensible à l'amitié autant qu'il l'était à la gloire. Son premier ministre, le comte Piper, homme célèbre dans l'Europe, toujours fidèle à son prince (quoi qu'en aient dit tant d'auteurs indiscrets, sur la foi d'un seul, mal informé), Piper, dis-je, était sa victime depuis la bataille de Pultava. Comme il n'y avait point de cartel entre les Russes et les Suédois, il était resté prisonnier à Moscou; et quoiqu'il n'eût point été envoyé en Sibérie comme tant d'autres, son état était à plaindre. Les finances du czar n'étaient point alors administrées aussi fidèlement qu'elles devaient l'être, et tous ses nouveaux établissements exigeaient des dépenses auxquelles il avait peine à suffire; il devait une somme d'argent assez considérable aux Hollandais, au sujet de deux de leurs vaisseaux marchands brûlés sur les côtes de la Finlande. Le czar prétendit que c'était aux Suédois à payer cette somme, et voulut engager le comte Piper à se charger de cette dette : on le fit venir de Moscou à Pétersbourg : on lui offrit sa liberté en cas qu'il pût tirer sur la Suède environ soixante mille écus en lettres-de-change. On dit qu'il tira en effet cette somme sur sa femme à Stockholm, qu'elle ne fut en état ni peut-être en volonté de donner, et que le roi de Suède ne fit aucun mouvement pour la payer. Quoi qu'il en soit, le comte Piper fut enfermé dans la forteresse de Schlusselbourg, où il mourut l'année d'après, à l'âge de soixante et dix ans. On rendit son corps au roi de Suède, qui lui fit faire des obsèques magnifiques; tristes et vains dédommagements de tant de malheurs et d'une fin si déplorable !

Pierre était satisfait d'avoir la Livonie, l'Estonie, la Carélie, l'Ingrie, qu'il regardait comme des provinces de ses états, et d'y avoir ajouté encore presque toute la Finlande, qui servait de gage en cas qu'on pût par venir à la paix. Il avait marié une fille de son frère avec le duc de Mecklenbourg, Charles-Léopold, au mois d'avril de la même année, de sorte que tous les princes du Nord étaient ses alliés ou ses créatures. Il contenait en Pologne les ennemis du roi Auguste : une de ses armées, d'environ dix-huit mille hommes, y dissipait sans effort toutes ces confédérations si souvent renaissantes dans cette patrie de la liberté et de l'anarchie. Les Turcs, fidèles enfin aux traités, laissaient à sa puissance et à ses desseins toute leur étendue.

Dans cet état florissant, presque tous les jours étaient marqués par de nouveaux établissements pour la marine, pour les troupes, le commerce, les lois;

il composa lui-même un code militaire pour l'infanterie.

Il fondait [a] une académie de marine à Pétersbourg. Lange, chargé des intérêts du commerce, partait pour la Chine par la Sibérie. Des ingénieurs levaient des cartes dans tout l'empire; on bâtissait la maison de plaisance de Pétershoff; et dans le même temps on élevait des forts sur l'Irtish, on arrêtait les brigandages des peuples de la Boukarie; et d'un autre côté les Tartares de Kouban étaient réprimés.

Il semblait que ce fût le comble de la prospérité que dans la même année il lui naquît un fils de sa femme Catherine, et un héritier de ses états dans un fils du prince Alexis : mais l'enfant que lui donna la czarine fut bientôt enlevé par la mort; et nous verrons que le sort d'Alexis fut trop funeste, pour que la naissance d'un fils de ce prince pût être regardée comme un bonheur.

Les couches de la czarine interrompirent les voyages qu'elle fesait continuellement avec son époux sur terre et sur mer; et dès qu'elle fut relevée, elle l'accompagna dans des courses nouvelles.

CHAPITRE VII.

Prise de Vismar. Nouveaux voyages du czar.

Vismar était alors assiégée par tous les alliés du czar. Cette ville, qui devait naturellement appartenir

[a] 8 novembre 1715.

au duc de Mecklenbourg, est située sur la mer Baltique, à sept lieues de Lubeck, et pourrait lui disputer son grand commerce; elle était autrefois une des plus considérables villes anséatiques, et les ducs de Mecklenbourg y exerçaient le droit de protection beaucoup plus que celui de la souveraineté. C'était encore un de ces domaines d'Allemagne qui étaient demeurés aux Suédois par la paix de Vestphalie. Il fallut enfin se rendre comme Stralsund; les alliés du czar se hâtèrent de s'en rendre maîtres avant que ses troupes fussent arrivées : mais Pierre étant venu lui-même devant la place (février), après la capitulation qui avait été faite sans lui, fit la garnison prisonnière de guerre. Il fut indigné que ses alliés laissassent au roi de Danemark une ville qui devait appartenir au prince auquel il avait donné sa nièce; et ce refroidissement, dont le ministre Görtz profita bientôt, fut la première source de la paix qu'il projeta de faire entre le czar et Charles XII.

Görtz, dès ce moment, fit entendre au czar que la Suède était assez abaissée, qu'il ne fallait pas trop élever le Danemark et la Prusse. Le czar entrait dans ses vues : il n'avait jamais fait la guerre qu'en politique, au lieu que Charles XII ne l'avait faite qu'en guerrier. Dès-lors il n'agit plus que mollement contre la Suède; et Charles XII, malheureux partout en Allemagne, résolut, par un de ces coups désespérés que le succès seul peut justifier, d'aller porter la guerre en Norvége.

Le czar cependant voulut faire en Europe un second voyage. Il avait fait le premier en homme qui s'était voulu instruire des arts ; il fit le second en prince qui cherchait à pénétrer le secret de toutes les cours. Il mena sa femme à Copenhague, à Lubeck, à Schwerin, à Neustadt; il vit le roi de Prusse dans la petite ville d'Aversberg ; de là ils passèrent à Hambourg, à cette ville d'Altena que les Suédois avaient brûlée, et qu'on rebâtissait. Descendant l'Elbe jusqu'à Stade, ils passèrent par Brême, où le magistrat donna un feu d'artifice et une illumination dont le dessin formait en cent endroits ces mots : *Notre libérateur vient nous voir.* Enfin il revit Amsterdam, et cette petite chaumière de Sardam, où il avait appris l'art de la construction des vaisseaux, il y avait environ dix-huit années : il trouva cette chaumière changée en une maison agréable et commode qui subsiste encore, et qu'on nomme la *maison du prince*.

On peut juger avec quelle idolâtrie il fut reçu par un peuple de commerçants et de gens de mer dont il avait été le compagnon ; ils croyaient voir dans le vainqueur de Pultava leur élève, qui avait fondé chez lui le commerce et la marine, et qui avait appris chez eux à gagner des batailles navales : ils le regardaient comme un de leurs concitoyens devenu empereur.

Il paraît, dans la vie, dans les voyages, dans les actions de Pierre-le-Grand, comme dans celles de Charles XII, que tout est éloigné de nos mœurs, peut-être un peu trop efféminées; et c'est par cela même que l'histoire de ces deux hommes célèbres excite tant notre curiosité.

L'épouse du czar était demeurée à Schwerin, ma-

(a) 17 décembre 1716.

lade, fort avancée dans sa nouvelle grossesse ; cependant, dès qu'elle put se mettre en route, elle voulut aller trouver le czar en Hollande : les douleurs la surprirent à Vésel, où elle accoucha[a] d'un prince qui ne vécut qu'un jour. Il n'est pas dans nos usages qu'une femme malade voyage immédiatement après ses couches : la czarine, au bout de dix jours, arriva dans Amsterdam ; elle voulut voir cette chaumière de Sardam, dans laquelle le czar avait travaillé de ses mains. Tous deux allèrent sans appareil, sans suite, avec deux domestiques, dîner chez un riche charpentier de vaisseaux de Sardam, nommé Kalf, qui avait le premier commercé à Pétersbourg. Le fils revenait de France, où Pierre voulait aller. La czarine et lui écoutèrent avec plaisir l'aventure de ce jeune homme, que je ne rapporterais pas, si elle ne fesait connaître des mœurs entièrement opposées aux nôtres.

Ce fils du charpentier Kalf avait été envoyé à Paris par son père pour y apprendre le français, et son père avait voulu qu'il y vécût honorablement. Il ordonna que le jeune homme quittât l'habit plus que simple que tous les citoyens de Sardam portent, et qu'il fît à Paris une dépense plus convenable à sa fortune qu'à son éducation, connaissant assez son fils pour croire que ce changement ne corromprait pas sa frugalité et la bonté de son caractère.

Kalf signifie *veau* dans toutes les langues du Nord ; le voyageur prit à Paris le nom de *Du Veau* : il vécut avec quelque magnificence ; il fit des liaisons. Rien n'est plus commun à Paris que de prodiguer les titres

---

[a] 14 janvier 1717.

de marquis et de comte à ceux qui n'ont pas même une terre seigneuriale, et qui sont à peine gentilshommes. Ce ridicule a toujours été toléré par le gouvernement, afin que les rangs étant plus confondus, et la noblesse plus abaissée, on fût désormais à l'abri des guerres civiles, autrefois si fréquentes. Le titre de haut et puissant seigneur a été pris par des anoblis, par des roturiers qui avaient acheté chèrement des offices. Enfin les noms de marquis, de comte, sans marquisat, et sans comté, comme de chevalier sans ordre, et d'abbé sans abbaye, sont sans aucune conséquence dans la nation.

Les amis et les domestiques de Kalf l'appelèrent toujours le comte Du Veau : il soupa chez les princesses, et joua chez la duchesse de Berri : peu d'étrangers furent plus fêtés. Un jeune marquis, qui avait été de tous ses plaisirs, lui promit de l'aller voir à Sardam, et tint parole. Arrivé dans ce village, il fit demander la maison du comte de Kalf. Il trouva un atelier de constructeurs de vaisseaux, et le jeune Kalf habillé en matelot hollandais, la hache à la main, conduisant les ouvrages de son père. Kalf reçut son hôte avec toute la simplicité antique qu'il avait reprise, et dont il ne s'écarta jamais. Un lecteur sage peut pardonner cette petite digression, qui n'est que la condamnation des vanités et l'éloge des mœurs.

Le czar resta trois mois en Hollande. Il se passa, pendant son séjour, des choses plus sérieuses que l'aventure de Kalf. La Haye, depuis la paix de Nimègue, de Rysvick, et d'Utrecht, avait conservé la réputation d'être le centre des négociations de l'Europe : cette petite ville, ou plutôt ce village, le plus agréable du Nord, était principalement habité par des ministres de toutes les cours, et par des voyageurs qui venaient s'instruire à cette école. On jetait alors les fondements d'une grande révolution dans l'Europe. Le czar, informé des commencements de ces orages, prolongea son séjour dans les Pays-Bas, pour être plus à portée de voir ce qui se tramait à-la-fois au Midi et au Nord, et pour se préparer au parti qu'il devait prendre.

CHAPITRE VIII.

Suite des voyages de Pierre-le-Grand. Conspiration de Görtz. Réception de Pierre en France.

Il voyait combien ses alliés étaient jaloux de sa puissance, et qu'on a souvent plus de peine avec ses amis qu'avec ses ennemis.

Le Mecklenbourg était un des principaux sujets de ces divisions presque toujours inévitables entre des princes voisins qui partagent des conquêtes. Pierre n'avait point voulu que les Danois prissent Vismar pour eux, encore moins qu'ils démolissent les fortifications ; cependant ils avaient fait l'un et l'autre.

Le duc de Mecklenbourg, mari de sa nièce, et qu'il traitait comme son gendre, était ouvertement protégé par lui contre la noblesse du pays ; et le roi d'Angleterre protégeait la noblesse. Enfin il commençait à être très mécontent du roi de Pologne, ou plutôt de son premier ministre, le comte Flemming, qui voulait secouer le joug de la dépendance, imposé par les bienfaits et par la force.

Les cours d'Angleterre, de Pologne, de Danemark, de Holstein, de Mecklenbourg, de Brandebourg, étaient agitées d'intrigues et de cabales.

A la fin de 1716 et au commencement de 1717, Görtz, qui, comme le disent les *Mémoires de Bassevitz*, était las de n'avoir que le titre de conseiller de Holstein, et de n'être qu'un plénipotentiaire secret de Charles XII, avait fait naître la plupart de ces intrigues, et il résolut d'en profiter pour ébranler l'Europe. Son dessein était de rapprocher Charles XII du czar, non seulement de finir leur guerre, mais de les unir, de remettre Stanislas sur le trône de Pologne, et d'ôter au roi d'Angleterre, George Ier, Brême et Verden, et même le trône d'Angleterre, afin de le mettre hors d'état de s'approprier les dépouilles de Charles.

Il se trouvait dans le même temps un ministre de son caractère, dont le projet était de bouleverser l'Angleterre et la France : c'était le cardinal Albéroni, plus maître alors en Espagne que Görtz ne l'était en Suède, homme aussi audacieux et aussi entreprenant que lui, mais beaucoup plus puissant, parcequ'il était à la tête d'un royaume plus riche, et qu'il ne payait pas ses créatures en monnaies de cuivre.

Görtz, des bords de la mer Baltique, se lia bientôt avec la cour de Madrid. Albéroni et lui furent également d'intelligence avec tous les Anglais errants qui tenaient pour la maison Stuart. Görtz courut dans tous les états où il pouvait trouver des ennemis du roi George, en Allemagne, en Hollande, en Flandre, en Lorraine, et enfin à Paris, sur la fin de l'année 1716. Le cardinal Albéroni commença par lui envoyer, dans Paris même, un million de livres de France, pour commencer à mettre le feu aux poudres : c'était l'expression d'Albéroni.

Görtz voulait que Charles cédât beaucoup à Pierre pour reprendre tout le reste sur ses ennemis, et qu'il pût en liberté faire une descente en Écosse, tandis que les partisans des Stuart se déclareraient efficacement en Angleterre, après s'être tant de fois montrés inutilement. Pour remplir ces vues, il était nécessaire d'ôter au roi régnant d'Angleterre son plus grand appui ; et cet appui était le régent de France. Il était extraordinaire qu'on vît la France unie avec un roi d'Angleterre contre le petit-fils de Louis XIV, que cette même France avait mis sur le trône d'Espagne au prix de ses trésors et de son sang, malgré tant d'ennemis conjurés ; mais tout était sorti alors de sa route naturelle ; et les intérêts du régent n'étaient pas les intérêts du royaume. Albéroni ménagea dès-lors une conspiration en France contre ce même régent. Les fondements de toute cette vaste entreprise furent jetés presque aussitôt que le plan en eut été formé. Görtz fut le premier dans ce secret, et devait alors aller déguisé en Italie, pour s'aboucher avec le prétendant auprès de Rome, et de là revoler à La

Haye, y voir le czar, et terminer tout auprès du roi de Suède.

Celui qui écrit cette histoire est très instruit de ce qu'il avance, puisque Görtz lui proposa de l'accompagner dans ses voyages, et que, tout jeune qu'il était alors, il fut un des premiers témoins d'une grande partie de ces intrigues.

Görtz était revenu en Hollande à la fin de 1716, muni des lettres-de-change d'Albéroni et du plein-pouvoir de Charles. Il est très certain que le parti du prétendant devait éclater, tandis que Charles descendrait de la Norvége dans le nord d'Écosse. Ce prince, qui n'avait pu conserver ses états dans le continent, allait envahir et bouleverser ceux d'un autre; et de la prison de Démirtash, en Turquie, et des cendres de Stralsund, on eût pu le voir couronner le fils de Jacques II à Londres, comme il avait couronné Stanislas à Varsovie.

Le czar, qui savait une partie des entreprises de Görtz, en attendait le développement, sans entrer dans aucun de ses plans, et sans les connaître tous ; il aimait le grand et l'extraordinaire autant que Charles XII, Görtz, et Albéroni; mais il l'aimait en fondateur d'un état, en législateur, en vrai politique; et peut-être Albéroni, Görtz, et Charles même, étaient-ils plutôt des hommes inquiets qui tentaient de grandes aventures, que des hommes profonds qui prissent des mesures justes ; peut-être, après tout, leurs mauvais succès les ont-ils fait accuser de témérité.

Quand Görtz fut à La Haye, le czar ne le vit point;

il aurait donné trop d'ombrage aux états-généraux, ses amis, attachés au roi d'Angleterre. Ses ministres ne virent Görtz qu'en secret, avec les plus grandes précautions, avec ordre d'écouter tout et de donner des espérances, sans prendre aucun engagement, et sans le compromettre. Cependant les clairvoyants s'apercevaient bien à son inaction, pendant qu'il eût pu descendre en Scanie avec sa flotte et celle de Danemark, à son refroidissement envers ses alliés, aux plaintes qui échappaient à leurs cours, et enfin à son voyage même, qu'il y avait dans les affaires un grand changement qui ne tarderait pas à éclater.

Au mois de janvier 1717, un paquebot suédois, qui portait des lettres en Hollande, ayant été forcé par la tempête de relâcher en Norvége, les lettres furent prises. On trouva dans celles de Görtz et de quelques ministres de quoi ouvrir les yeux sur la révolution qui se tramait. La cour de Danemark communiqua les lettres à celle d'Angleterre. Aussitôt on fait arrêter à Londres le ministre suédois Gyllembourg; on saisit ses papiers, et on y trouve une partie de sa correspondance avec les jacobites.

Le roi George écrit incontinent[a] en Hollande; il requiert que, suivant les traités qui lient l'Angleterre et les états-généraux à leur sûreté commune, le baron de Görtz soit arrêté. Ce ministre, qui se fesait partout des créatures, fut averti de l'ordre; il part incontinent : il était déjà dans Arnheim, sur les frontières, lorsque les officiers et les gardes qui couraient après lui ayant fait une diligence peu commune en ce pays-

[a] Février 1717.

là, il fut pris, ses papiers saisis, sa personne traitée durement; le secrétaire Stamke, celui-là même qui avait contrefait le seing du duc de Holstein dans l'affaire de Tonninge, plus maltraité encore. Enfin le comte de Gyllembourg, envoyé de Suède en Angleterre, et le baron de Görtz, avec des lettres de ministre plénipotentiaire de Charles XII, furent interrogés, l'un à Londres, l'autre à Arnheim, comme des criminels. Tous les ministres des souverains crièrent à la violation du droit des gens.

Ce droit, qui est plus souvent réclamé que bien connu, et dont jamais l'étendue et les limites n'ont été fixées, a reçu dans tous les temps bien des atteintes. On a chassé plusieurs ministres des cours où ils résidaient; on a plus d'une fois arrêté leurs personnes; mais jamais encore on n'avait interrogé des ministres étrangers comme des sujets du pays. La cour de Londres et les états passèrent par-dessus toutes les règles à la vue du péril qui menaçait la maison d'Hanovre; mais enfin, ce danger, étant découvert, cessait d'être danger, du moins dans la conjoncture présente.

Il faut que l'historien Nordberg ait été bien mal informé, qu'il ait bien mal connu les hommes et les affaires, ou qu'il ait été bien aveuglé par la partialité, ou du moins bien gêné par sa cour, pour essayer de faire entendre que le roi de Suède n'était pas entré très avant dans le complot.

L'affront fait à ses ministres affermit en lui la résolution de tout tenter pour détrôner le roi d'Angleterre. Cependant il fallut qu'une fois en sa vie il usât de dissimulation, qu'il désavouât ses ministres auprès du régent de France, qui lui donnait un subside, et auprès des états-généraux, qu'il voulait ménager : il fit moins de satisfaction au roi George. Görtz et Gyllembourg, ses ministres, furent retenus près de six mois, et ce long outrage confirma en lui tous ses desseins de vengeance.

Pierre, au milieu de tant d'alarmes et de tant de jalousies, ne se commettant en rien, attendant tout du temps, et ayant mis un assez bon ordre dans ses vastes états pour n'avoir rien à craindre du dedans ni du dehors, résolut enfin d'aller en France : il n'entendait pas la langue du pays, et par là perdait le plus grand fruit de son voyage; mais il pensait qu'il y avait beaucoup à voir, et il voulut apprendre de près en quels termes était le régent de France avec l'Angleterre, et si ce prince était affermi.

Pierre-le-Grand fut reçu en France comme il devait l'être. On envoya d'abord le maréchal de Tessé avec un grand nombre de seigneurs, un escadron des gardes, et les carrosses du roi à sa rencontre. Il avait fait, selon sa coutume, une si grande diligence, qu'il était déjà à Gournai lorsque les équipages arrivèrent à Elbeuf. On lui donna sur la route toutes les fêtes qu'il voulut bien recevoir. On le reçut d'abord au Louvre, où le grand appartement était préparé pour lui, et d'autres pour toute sa suite, pour les princes Kourakin et Dolkorouki, pour le vice-chancelier baron Schaffirof, pour l'ambassadeur Tolstoy, le même qui avait essuyé tant de violations du droit des gens en Turquie. Toute cette cour devait être magnifiquement logée et servie; mais Pierre étant venu pour voir ce qui pouvait lui être utile, et non pour essuyer de vaines cérémonies qui gênaient sa simplicité, et qui consumaient un temps précieux, alla se loger le soir même à l'autre bout de la ville, au palais ou hôtel de Lesdiguières, appartenant au maréchal de Villeroi, où il fut traité et défrayé comme au Louvre. Le lendemain [a], le régent de France vint le saluer à cet hôtel : le surlendemain on lui amena le roi encore enfant, conduit par le maréchal de Villeroi, son gouverneur, de qui le père avait été gouverneur de Louis XIV. On épargna adroitement au czar la gêne de rendre la visite immédiatement après l'avoir reçue; il y eut deux jours d'intervalle; il reçut les respects du corps de ville, et alla le soir voir le roi : la maison du roi était sous les armes : on mena ce jeune prince jusqu'au carrosse du czar. Pierre, étonné et inquiété de la foule qui se pressait autour de ce monarque enfant, le prit et le porta quelque temps dans ses bras.

Des ministres plus raffinés que judicieux ont écrit que le maréchal de Villeroi voulant faire prendre au roi de France la main et le pas, l'empereur de Russie se servit de ce stratagème pour déranger ce cérémonial par un air d'affection et de sensibilité : c'est une idée absolument fausse : la politesse française, et ce qu'on devait à Pierre-le-Grand, ne permettaient pas qu'on changeât en dégoût les honneurs qu'on lui rendait. Le cérémonial consistait à faire pour un grand monarque et pour un grand homme tout ce qu'il eût desiré lui-même, s'il avait fait attention à ces détails. Il s'en faut beaucoup que les voyages des empereurs

[a] 8 mai 1717.

Charles IV, Sigismond, et Charles V, en France, aient eu une célébrité comparable à celle du séjour qu'y fit Pierre-le-Grand : ces empereurs n'y vinrent que par des intérêts de politique, et n'y parurent pas dans un temps où les arts perfectionnés pussent faire de leur voyage une époque mémorable ; mais quand Pierre-le-Grand alla dîner chez le duc d'Antin, dans le palais de Pétitbourg, à trois lieues de Paris, et qu'à la fin du repas il vit son portrait qu'on venait de peindre, placé tout d'un coup dans la salle, il sentit que les Français savaient mieux qu'aucun peuple du monde recevoir un hôte si digne.

Il fut encore plus surpris lorsque, allant voir frapper des médailles dans cette longue galerie du Louvre où tous les artistes du roi sont honorablement logés, une médaille qu'on frappait étant tombée, et le czar s'empressant de la ramasser, il se vit gravé sur cette médaille, avec une renommée sur le revers, posant un pied sur le globe, et ces mots de Virgile, si convenables à Pierre-le-Grand, *vires acquirit eundo* : allusion également fine et noble, et également convenable à ses voyages et à sa gloire ; on lui présenta de ces médailles d'or, à lui et à tous ceux qui l'accompagnaient. Allait-il chez des artistes, on mettait à ses pieds tous les chefs-d'œuvre, et on le suppliait de daigner les recevoir : allait-il voir les hautes-lices des Gobelins, les tapis de la Savonnerie, les ateliers des sculpteurs, des peintres, des orfèvres du roi, des fabricateurs d'instruments de mathématiques ; tout ce qui semblait mériter son approbation lui était offert de la part du roi.

Pierre était mécanicien, artiste, géomètre. Il alla à l'académie des sciences, qui se para pour lui de tout ce qu'elle avait de plus rare; mais il n'y eut rien d'aussi rare que lui-même; il corrigea de sa main plusieurs fautes de géographie dans les cartes qu'on avait de ses états, et surtout dans celle de la mer Caspienne. Enfin, il daigna être un des membres de cette académie, et entretint depuis une correspondance suivie d'expériences et de découvertes avec ceux dont il voulait bien être le simple confrère. Il faut remonter aux Pythagore et aux Anacharsis pour trouver de tels voyageurs, et ils n'avaient pas quitté un empire pour s'instruire.

On ne peut s'empêcher de remettre ici sous les yeux du lecteur ce transport dont il fut saisi en voyant le tombeau du cardinal de Richelieu : peu frappé de la beauté de ce chef-d'œuvre de sculpture, il ne le fut que de l'image d'un ministre qui s'était rendu célèbre dans l'Europe en l'agitant, et qui avait rendu à la France sa gloire perdue après la mort de Henri IV. On sait qu'il embrassa cette statue, et qu'il s'écria : « Grand homme, je t'aurais donné la moitié de mes « états pour apprendre de toi à gouverner l'autre ! » Enfin, avant de partir, il voulut voir cette célèbre madame de Maintenon, qu'il savait être veuve en effet de Louis XIV, et qui touchait à sa fin. Cette espèce de conformité entre le mariage de Louis XIV et le sien excitait vivement sa curiosité; mais il y avait entre le roi de France et lui cette différence, qu'il avait épousé publiquement une héroïne, et que Louis XIV n'avait eu en secret qu'une femme aimable. La czarine n'était pas de ce voyage : Pierre avait trop craint les embarras du cérémonial, et la curiosité d'une cour peu faite pour sentir le mérite d'une femme qui, des bords du Pruth à-ceux de Finlande, avait affronté la mort à côté de son époux, sur mer et sur terre.

CHAPITRE IX.

Retour du czar dans ses états. Sa politique, ses occupations.

La démarche que la Sorbonne fit auprès de lui, quand il alla voir le mausolée du cardinal de Richelieu, mérite d'être traitée à part.

Quelques docteurs de Sorbonne voulurent avoir la gloire de réunir l'Église grecque avec l'Église latine. Ceux qui connaissent l'antiquité savent assez que le christianisme est venu en Occident par les Grecs d'Asie; que c'est en Orient qu'il est né, que les premiers pères, les premiers conciles, les premières liturgies, les premiers rites, tout est de l'Orient; qu'il n'y a pas même un seul terme de dignité et d'office qui ne soit grec, et qui n'atteste encore aujourd'hui la source dont tout nous est venu. L'empire romain ayant été divisé, il était impossible qu'il n'y eût tôt ou tard deux religions, comme deux empires, et qu'on ne vît entre les chrétiens d'Orient et d'Occident le même schisme qu'entre les Osmanlis et les Persans.

C'est ce schisme que quelques docteurs de l'université de Paris crurent éteindre tout d'un coup en donnant un mémoire à Pierre-le-Grand. Le pape Léon IX et ses successeurs n'avaient pu en venir à bout avec des légats, des conciles, et même de l'argent. Ces docteurs auraient dû savoir que Pierre-le-Grand, qui gouvernait son Église, n'était pas homme à reconnaître le pape; en vain ils parlèrent dans leur mémoire des libertés de l'Église gallicane, dont le czar ne se souciait guère; en vain ils dirent que les papes doivent être soumis aux conciles, et que le jugement d'un pape n'est point une règle de foi : ils ne réussirent qu'à déplaire beaucoup à la cour de Rome par leur écrit, sans plaire à l'empereur de Russie ni à l'Église russe.

Il y avait dans ce plan de réunion des objets de politique qu'ils n'entendaient pas, et des points de controverse qu'ils disaient entendre, et que chaque parti explique comme il lui plaît. Il s'agissait du Saint-Esprit qui procède du Père et du Fils selon les Latins, et qui procède aujourd'hui du Père par le Fils selon les Grecs, après n'avoir long-temps procédé que du Père : ils citaient saint Épiphane, qui dit « que le « Saint-Esprit n'est pas frère du fils, ni petit-fils du « Père. »

Mais le czar, en partant de Paris, avait d'autres affaires qu'à vérifier des passages de saint Épiphane. Il reçut avec bonté le mémoire des docteurs. Ils écrivirent à quelques évêques russes, qui firent une réponse polie; mais le plus grand nombre fut indigné de la proposition.

Ce fut pour dissiper les craintes de cette réunion, qu'il institua quelque temps après la fête comique du conclave, lorsqu'il eut chassé les jésuites de ses états, en 1718.

Il y avait à sa cour un vieux fou, nommé Sotof, qui lui avait appris à écrire, et qui s'imaginait avoir mérité par ce service les plus importantes dignités. Pierre, qui adoucissait quelquefois les chagrins du gouvernement par des plaisanteries convenables à un peuple non encore entièrement réformé par lui, promit à son maître à écrire de lui donner une des premières dignités du monde ; il le créa knès papa avec deux mille roubles d'appointement, et lui assigna une maison à Pétersbourg dans le quartier des Tartares ; des bouffons l'installèrent en cérémonie ; il fut harangué par quatre bègues ; il créa des cardinaux, et marcha en procession à leur tête. Tout ce sacré collége était ivre d'eau-de-vie. Après la mort de ce Sotof, un officier, nommé Buturlin, fut créé pape. Moscou et Pétersbourg ont vu trois fois renouveler cette cérémonie, dont le ridicule semblait être sans conséquence, mais qui en effet confirmait les peuples dans leur aversion pour une église qui prétendait un pouvoir suprême, et dont le chef avait anathématisé tant de rois. Le czar vengeait en riant vingt empereurs d'Allemagne, dix rois de France, et une foule de souverains. C'est là tout le fruit que la Sorbonne recueillit de l'idée peu politique de réunir les Églises grecque et latine.

Le voyage du czar en France fut plus utile par son union avec ce royaume commerçant, et peuplé d'hommes industrieux, que par la prétendue réunion de deux Églises rivales, dont l'une maintiendra toujours son antique indépendance, et l'autre sa nouvelle supériorité.

Pierre ramena à sa suite plusieurs artisans français, ainsi qu'il en avait amené d'Angleterre; car toutes les nations chez lesquelles il voyagea se firent un honneur de le seconder dans son dessein de porter tous les arts dans une patrie nouvelle, et de concourir à cette espèce de création.

Il minuta dès-lors un traité de commerce avec la France, et le remit entre les mains de ses ministres en Hollande, dès qu'il y fut de retour. Il ne put être signé par l'ambassadeur de France Châteauneuf, que le 15 août 1717, à La Haye. Ce traité ne concernait pas seulement le commerce, il regardait la paix du Nord. Le roi de France, l'électeur de Brandebourg, acceptèrent le titre de médiateurs qu'il leur donna. C'était assez faire sentir au roi d'Angleterre qu'il n'était pas content de lui, et c'était combler les espérances de Görtz, qui mit dès-lors tout en œuvre pour réunir Pierre et Charles, pour susciter à George de nouveaux ennemis, et pour prêter la main au cardinal Albéroni d'un bout de l'Europe à l'autre. Le baron de Görtz vit alors publiquement à La Haye les ministres du czar; il leur déclara qu'il avait un plein-pouvoir de conclure la paix de la Suède.

Le czar laissait Görtz préparer toutes leurs batteries sans y toucher, prêt à faire la paix avec le roi de Suède, mais aussi à continuer la guerre; toujours lié avec le Danemark, la Pologne, la Prusse, et même en apparence avec l'électeur d'Hanovre.

Il paraît évidemment qu'il n'avait d'autre dessein

arrêté que celui de profiter des conjonctures. Son principal objet était de perfectionner tous ses nouveaux établissements. Il savait que les négociations, les intérêts des princes, leurs ligues, leurs amitiés, leurs défiances, leurs inimitiés, éprouvent presque tous les ans des vicissitudes, et que souvent il ne reste aucune trace de tant d'efforts de politique. Une seule manufacture bien établie fait quelquefois plus de bien à un état que vingt traités.

Pierre ayant rejoint sa femme, qui l'attendait en Hollande, continua ses voyages avec elle. Ils traversèrent ensemble la Vestphalie, et arrivèrent à Berlin sans aucun appareil. Le nouveau roi de Prusse n'était pas moins ennemi des vanités du cérémonial et de la magnificence que le monarque de Russie. C'était un spectacle instructif pour l'étiquette de Vienne et d'Espagne, pour le *puntiglio* d'Italie et pour le goût du luxe qui règne en France, qu'un roi qui ne se servait jamais que d'un fauteuil de bois, qui n'était vêtu qu'en simple soldat, et qui s'était interdit toutes les délicatesses de la table, et toutes les commodités de la vie.

Le czar et la czarine menaient une vie aussi simple et aussi dure, et si Charles XII s'était trouvé avec eux, on eût vu ensemble quatre têtes couronnées accompagnées de moins de faste qu'un évêque allemand ou qu'un cardinal de Rome. Jamais le luxe et la mollesse n'ont été combattus par de si nobles exemples.

Il faut avouer qu'un de nos citoyens s'attirerait parmi nous de la considération, et serait regardé comme un homme extraordinaire, s'il avait fait une fois en sa vie, par curiosité, la cinquième partie des voyages que fit Pierre pour le bien de ses états. De Berlin il va à Dantzick avec sa femme; il protége à Mittau la duchesse de Courlande, sa nièce, devenue veuve : il visite toutes ses conquêtes, donne de nouveaux réglements dans Pétersbourg, va dans Moscou, y fait rebâtir des maisons de particuliers tombées en ruine : de là il se transporte à Czaritzin, sur le Volga, pour arrêter les incursions des Tartares de Cuban : il construit des lignes du Volga au Tanaïs, et fait élever des forts de distance en distance d'un fleuve à l'autre. Pendant ce temps-là même, il fait imprimer le code militaire qu'il a composé; une chambre de justice est établie pour examiner la conduite de ses ministres, et pour remettre de l'ordre dans les finances; il pardonne à quelques coupables, il en punit d'autres; le prince Menzikoff même fut un de ceux qui eurent besoin de sa clémence : mais un jugement plus sévère, qu'il se crut obligé de rendre contre son propre fils, remplit d'amertume une vie si glorieuse.

CHAPITRE X.

Condamnation du prince Alexis Pétrovitz.

Pierre-le-Grand avait, en 1689, à l'âge de dix-sept ans, épousé Eudoxie Théodore, ou Theodorowna Lapoukin, élevée dans tous les préjugés de son pays, et incapable de se mettre au-dessus d'eux comme son époux. Les plus grandes contradictions qu'il éprouva, quand il voulut créer un empire et former des hommes, vinrent de sa femme; elle était dominée par la superstition, si souvent attachée à son sexe. Toutes les nouveautés utiles lui semblaient des sacriléges, et tous les étrangers dont le czar se servait pour exécuter ses grands desseins lui paraissaient des corrupteurs.

Ses plaintes publiques encourageaient les factieux et les partisans des anciens usages. Sa conduite d'ailleurs ne réparait pas des fautes si graves. Enfin le czar fut obligé de la répudier en 1696, et de l'enfermer dans un couvent, à Susdal, où on lui fit prendre le voile sous le nom d'Hélène.

Le fils qu'elle lui avait donné en 1690 naquit malheureusement avec le caractère de la mère, et ce caractère se fortifia par la première éducation qu'il reçut. Mes Mémoires disent qu'elle fut confiée à des superstitieux qui lui gâtèrent l'esprit pour jamais. Ce fut en vain qu'on crut corriger ces premières impressions, en lui donnant des précepteurs étrangers; cette qualité même d'étrangers le révolta. Il n'était pas né sans ouverture d'esprit; il parlait et écrivait bien l'allemand; il dessinait; il apprit un peu de mathématiques; mais ces mêmes Mémoires qu'on m'a confiés assurent que la lecture des livres ecclésiastiques fut ce qui le perdit. Le jeune Alexis crut voir dans ces livres la réprobation de tout ce que fesait son père. Il y avait des prêtres à la tête des mécontents, et il se laissa gouverner par les prêtres.

Ils lui persuadaient que toute la nation avait les entreprises de Pierre en horreur; que les fréquentes maladies du czar ne lui promettaient pas une longue vie, que son fils ne pouvait espérer de plaire à la nation qu'en marquant son aversion pour les nouveautés. Ces murmures et ces conseils ne formaient pas une faction ouverte, une conspiration; mais tout semblait y tendre, et les esprits étaient échauffés.

Le mariage de Pierre avec Catherine, en 1707, et les enfants qu'il eut d'elle, achevèrent d'aigrir l'esprit du jeune prince. Pierre tenta tous les moyens de le ramener; il le mit même à la tête de la régence pendant une année; il le fit voyager; il le maria en 1711, à la fin de la campagne du Pruth, avec la princesse de Volfenbuttel, ainsi que nous l'avons rapporté[1]. Ce mariage fut très malheureux. Alexis, âgé de vingt-deux ans, se livra à toutes les débauches de la jeunesse, et à toute la grossièreté des anciennes mœurs qui lui étaient si chères. Ces déréglements l'abrutirent. Sa femme, méprisée, maltraitée, manquant du nécessaire, privée de toute consolation, languit dans le chagrin, et mourut enfin de douleur en 1715, le 1er de novembre.

Elle laissait au prince Alexis un fils dont elle venait d'accoucher, et ce fils devait être un jour l'héritier de l'empire, suivant l'ordre naturel. Pierre sentait avec douleur qu'après lui tous ses travaux seraient détruits par son propre sang. Il écrivit à son fils, après la mort de la princesse, une lettre également pathétique et menaçante; elle finissait par ces mots: « J'attendrai encore un peu de temps pour voir si « vous voulez vous corriger; sinon, sachez que je vous

[1] Page 244. B.

« priverai de la succession, comme on retranche un
« membre inutile. N'imaginez pas que je ne veuille
« que vous intimider ; ne vous reposez pas sur le titre
« de mon fils unique : car si je n'épargne pas ma pro-
« pre vie pour ma patrie et pour le salut de mes peu-
« ples, comment pourrai-je vous épargner ? Je préfé-
« rerai de les transmettre plutôt à un étranger qui le
« mérite qu'à mon propre fils qui s'en rend indigne. »

Cette lettre est d'un père, mais encore plus d'un législateur ; elle fait voir d'ailleurs que l'ordre de la succession n'était point invariablement établi en Russie
comme dans d'autres royaumes, par ces lois fonda-
mentales qui ôtent aux pères le droit de déshériter
leurs fils ; et le czar croyait surtout avoir la prérogative de disposer d'un empire qu'il avait fondé.

Dans ce temps-là même, l'impératrice Catherine
accoucha d'un prince, qui mourut depuis en 1719[1].
Soit que cette nouvelle abattît le courage d'Alexis, soit
imprudence, soit mauvais conseil, il écrivit à son père
qu'il renonçait à la couronne et à toute espérance
de régner. « Je prends Dieu à témoin, dit-il, et je
« jure sur mon ame, que je ne prétendrai jamais à la
« succession. Je mets mes enfants entre vos mains,
« et je ne demande que mon entretien pendant ma
« vie. »

Son père lui écrivit une seconde fois : « Je remarque,
« dit-il, que vous ne parlez dans votre lettre que de la
« succession, comme si j'avais besoin de votre con-
« sentement. Je vous ai remontré quelle douleur votre
« conduite m'a causée pendant tant d'années, et vous

[1] Voyez page 310. B.

« ne m'en parlez pas. Les exhortations paternelles ne
« vous touchent point. Je me suis déterminé à vous
« écrire encore pour la dernière fois. Si vous méprisez
« mes avis de mon vivant, quel cas en ferez-vous après
« ma mort? Quand vous auriez présentement la vo-
« lonté d'être fidèle à vos promesses, ces grandes bar-
« bes pourront vous tourner à leur fantaisie, et vous
« forceront à les violer.... Ces gens-là ne s'appuient
« que sur vous. Vous n'avez aucune reconnaissance
« pour celui qui vous a donné la vie. L'assistez-vous
« dans ses travaux depuis que vous êtes parvenu à un
« âge mûr? ne blâmez-vous pas, ne détestez-vous pas
« tout ce que je peux faire pour le bien de mes peu-
« ples? J'ai sujet de croire que, si vous me survivez,
« vous détruirez mon ouvrage. Corrigez-vous, rendez-
« vous digne de la succession, ou faites-vous moine.
« Répondez, soit par écrit, soit de vive voix; sinon,
« j'agirai avec vous comme avec un malfaiteur. »

Cette lettre était dure; il était aisé au prince de répondre qu'il changerait de conduite; mais il se contenta de répondre en quatre lignes à son père qu'il
voulait se faire moine.

Cette résolution ne paraissait pas naturelle; et il
paraît étrange que le czar voulût voyager en laissant dans ses états un fils si mécontent et si obstiné :
mais aussi ce voyage même prouve que le czar ne
voyait pas de conspiration à craindre de la part de
son fils.

Il alla le voir avant de partir pour l'Allemagne et
pour la France; le prince, malade, ou feignant de
l'être, le reçut au lit, et lui confirma, par les plus

grands serments, qu'il voulait se retirer dans un cloître. Le czar lui donna six mois pour se consulter, et partit avec son épouse.

A peine fut-il à Copenhague, qu'il apprit (ce qu'il pouvait présumer) qu'Alexis ne voyait que des mécontents qui flattaient ses chagrins. Il lui écrivit qu'il eût à choisir du couvent ou du trône, et que s'il voulait un jour lui succéder, il fallait qu'il vînt le trouver à Copenhague.

Les confidents du prince lui persuadèrent qu'il serait dangereux pour lui de se trouver loin de tout conseil entre un père irrité et une marâtre. Il feignit donc d'aller trouver son père à Copenhague; mais il prit le chemin de Vienne, et alla se mettre entre les mains de l'empereur Charles VI, son beau-frère, comptant y demeurer jusqu'à la mort du czar.

C'était à peu près la même aventure que celle de Louis XI, lorsque, étant encore dauphin, il quitta la cour du roi Charles VII, son père, et se retira chez le duc de Bourgogne. Le dauphin était bien plus coupable que le czarovitz, puisqu'il s'était marié malgré son père, qu'il avait levé des troupes, qu'il se retirait chez un prince naturellement ennemi de Charles VII, et qu'il ne revint jamais à sa cour, quelque instance que son père pût lui faire.

Alexis, au contraire, ne s'était marié que par ordre du czar, ne s'était point révolté, n'avait point levé de troupes, ne se retirait point chez un prince ennemi, et retourna aux pieds de son père sur la première lettre qu'il reçut de lui. Car dès que Pierre sut que son fils avait été à Vienne, qu'il s'était retiré dans le Tyrol, et ensuite à Naples, qui appartenait alors à l'empereur Charles VI, il dépêcha le capitaine aux gardes Romanzoff et le conseiller privé Tolstoy, chargés d'une lettre écrite de sa main, datée de Spa, du 21 juillet 1717, n. st. Ils trouvèrent le prince à Naples, dans le château Saint-Elme, et lui remirent la lettre; elle était conçue en ces termes :

...... « Je vous écris pour la dernière fois, pour vous
« dire que vous ayez à exécuter ma volonté, que Tol-
« stoy et Romanzoff vous annonceront de ma part. Si
« vous m'obéissez, je vous assure et je promets à Dieu
« que je ne vous punirai pas, et que si vous revenez, je
« vous aimerai plus que jamais; mais que si vous ne le
« faites pas, je vous donne, comme père, en vertu du
« pouvoir que j'ai reçu de Dieu, ma malédiction éter-
« nelle; et, comme votre souverain, je vous assure
« que je trouverai bien les moyens de vous punir; en
« quoi j'espère que Dieu m'assistera, et qu'il prendra
« ma juste cause en main.

« Au reste, souvenez-vous que je ne vous ai vio-
« lenté en rien. Avais-je besoin de vous laisser le libre
« choix du parti que vous voudriez prendre ? Si j'avais
« voulu vous forcer, n'avais-je pas en main la puis-
« sance ? Je n'avais qu'à commander, et j'aurais été
« obéi. »

Le vice-roi de Naples persuada aisément Alexis de retourner auprès de son père. C'était une preuve incontestable que l'empereur d'Allemagne ne voulait prendre avec ce jeune prince aucun engagement dont le czar eût à se plaindre. Alexis avait voyagé avec sa maîtresse Afrosine; il revint avec elle.

On pouvait le considérer comme un jeune homme mal conseillé qui était allé à Vienne et à Naples au lieu d'aller à Copenhague. S'il n'avait fait que cette seule faute, commune à tant de jeunes gens, elle était bien pardonnable. Son père prenait Dieu à témoin que non seulement il lui pardonnerait, mais qu'il l'aimerait plus que jamais. Alexis partit sur cette assurance ; mais par l'instruction des deux envoyés qui le ramenèrent, et par la lettre même du czar, il paraît que le père exigea que le fils déclarât ceux qui l'avaient conseillé, et qu'il exécutât son serment de renoncer à la succession.

Il semblait difficile de concilier cette exhérédation avec l'autre serment que le czar avait fait dans sa lettre d'aimer son fils plus que jamais. Peut-être que le père, combattu entre l'amour paternel et la raison du souverain, se bornait à aimer son fils retiré dans un cloître ; peut-être espérait-il encore le ramener à son devoir, et le rendre digne de cette succession même, en lui fesant sentir la perte d'une couronne. Dans des conjonctures si rares, si difficiles, si douloureuses, il est aisé de croire que ni le cœur du père ni celui du fils, également agités, n'étaient d'abord bien d'accord avec eux-mêmes.

Le prince arrive le 13 février 1718, n. st., à Moscou, où le czar était alors. Il se jette le jour même aux genoux de son père ; il a un très long entretien avec lui : le bruit se répand aussitôt dans la ville que le père et le fils sont réconciliés, que tout est oublié ; mais le lendemain on fait prendre les armes aux régiments des gardes, à la pointe du jour ; on fait sonner la grosse cloche de Moscou. Les boïards, les conseillers privés, sont mandés dans le château; les évêques, les archimandrites, et deux religieux de Saint-Basile, professeurs en théologie, s'assemblent dans l'église cathédrale. Alexis est conduit sans épée et comme prisonnier dans le château, devant son père. Il se prosterne en sa présence, et lui remet en pleurant un écrit par lequel il avoue ses fautes, se déclare indigne de lui succéder, et pour toute grace lui demande la vie.

Le czar, après l'avoir relevé, le conduisit dans un cabinet, où il lui fit plusieurs questions. Il lui déclara que s'il célait quelque chose touchant son évasion, il y allait de sa tête. Ensuite on ramena le prince dans la salle où le conseil était assemblé; là on lut publiquement la déclaration du czar déjà dressée.

Le père, dans cette pièce, reproche à son fils tout ce que nous avons détaillé, son peu d'application à s'instruire, ses liaisons avec les partisans des anciennes mœurs, sa mauvaise conduite avec sa femme. « Il a « violé, dit-il, la foi conjugale en s'attachant à une « fille de la plus basse extraction, du vivant de son « épouse. » Il est vrai que Pierre avait répudié sa femme en faveur d'une captive; mais cette captive était d'un mérite supérieur, et il était justement mécontent de sa femme, qui était sa sujette. Alexis, au contraire, avait négligé sa femme pour une jeune inconnue qui n'avait de mérite que sa beauté. Jusquelà on ne voit que des fautes de jeune homme qu'un père doit reprendre, et qu'il peut pardonner.

On lui reproche ensuite d'être allé à Vienne se mettre sous la protection de l'empereur. Il dit qu'*Alexis a calomnié son père*, en fesant entendre à l'empereur Charles VI qu'il était persécuté, qu'on le forçait à renoncer à son héritage; qu'enfin il a prié l'empereur de le protéger à main armée.

On ne voit pas d'abord comment l'empereur aurait pu faire la guerre au czar pour un tel sujet, et comment il eût pu interposer autre chose que des bons offices entre le père irrité et le fils désobéissant. Aussi Charles VI s'était contenté de donner une retraite au prince, et on l'avait renvoyé quand le czar, instruit de sa retraite, l'avait redemandé.

Pierre ajoute, dans cette pièce terrible, qu'Alexis avait persuadé à l'empereur *qu'il n'était pas en sûreté de sa vie* s'il revenait en Russie. C'était en quelque façon justifier les plaintes d'Alexis, que de le faire condamner à mort après son retour, et surtout après avoir promis de lui pardonner : mais nous verrons pour quelle cause le czar fit ensuite porter ce jugement mémorable. Enfin on voyait dans cette grande assemblée un souverain absolu plaider contre son fils.

« Voilà, dit-il, de quelle manière notre fils est re-
« venu ; et quoiqu'il ait mérité la mort par son éva-
« sion et par ses calomnies, cependant notre tendresse
« paternelle lui pardonne ses crimes : mais, considé-
« rant son indignité et sa conduite déréglée, nous ne
« pouvons en conscience lui laisser la succession au
« trône, prévoyant trop qu'après nous sa conduite
« dépravée détruirait la gloire de la nation, et ferait
« perdre tant d'états reconquis par nos armes. Nous
« plaindrions surtout nos sujets, si nous les rejetions

« par un tel successeur dans un état beaucoup plus
« mauvais qu'ils n'ont été.

« Ainsi, par le pouvoir paternel, en vertu duquel,
« selon les droits de notre empire, chacun même de
« nos sujets peut déshériter un fils, comme il lui plaît,
« et en vertu de la qualité de prince souverain, et en
« considération du salut de nos états, nous privons
« notredit fils Alexis de la succession après nous à
« notre trône de Russie, à cause de ses crimes et de
« son indignité, quand même il ne subsisterait pas une
« seule personne de notre famille après nous.

« Et nous constituons et déclarons successeur au-
« dit trône après nous notre second fils Pierre [a],
« quoique encore jeune, n'ayant pas de successeur
« plus âgé.

« Donnons à notre susdit fils Alexis notre malédic-
« tion paternelle, si jamais, en quelque temps que
« ce soit, il prétend à ladite succession, ou la re-
« cherche.

« Desirons aussi de nos fidèles sujets de l'état ecclé-
« siastique et séculier et de tout autre état, et de la
« nation entière, que, selon cette constitution et sui-
« vant notre volonté, ils reconnaissent et considèrent
« notredit fils Pierre, désigné par nous à la succession,
« pour légitime successeur, et qu'en conformité de
« cette présente constitution, ils confirment le tout
« par serment devant le saint autel, sur les saints
« Évangiles, en baisant la croix.

---

[a] C'est ce même fils de l'impératrice Catherine, qui mourut en 1719 le 15 avril.

« Et tous ceux qui s'opposeront jamais, en quelque
« temps que ce soit, à notre volonté, et qui dès au-
« jourd'hui oseront considérer notre fils Alexis comme
« successeur, ou l'assister à cet effet, nous les décla-
« rons traîtres envers nous et la patrie; et avons or-
« donné que la présente soit partout publiée, afin que
« personne n'en prétende cause d'ignorance. Fait à
« Moscou, le 14 février 1718, n. st. Signé de notre
« main, et scellé de notre sceau. »

Il paraît que ces actes étaient préparés, ou qu'ils furent dressés avec une extrême célérité, puisque le prince Alexis était revenu le 13, et que son exhérédation en faveur du fils de Catherine est du 14.

Le prince, de son côté, signa qu'il renonçait à la succession. «Je reconnais, dit-il, cette exclusion pour
« juste; je l'ai méritée par mon indignité; et je jure
« au Dieu tout puissant en Trinité de me soumettre
« en tout à la volonté paternelle, etc. »

Ces actes étant signés, le czar marcha à la cathédrale; on les y lut une seconde fois, et tous les ecclésiastiques mirent leurs approbations et leurs signatures au bas d'une autre copie. Jamais prince ne fut déshérité d'une manière si authentique. Il y a beaucoup d'états où un tel acte ne serait d'aucune valeur; mais en Russie, comme chez les anciens Romains, tout père avait le droit de priver son fils de sa succession; et ce droit était plus fort dans un souverain que dans un sujet, et surtout dans un souverain tel que Pierre.

Cependant il était à craindre qu'un jour ceux mêmes qui avaient animé le prince contre son père, et conseillé son évasion, ne tâchassent d'anéantir une renonciation imposée par la force, et de rendre au fils aîné la couronne transférée au cadet d'un second lit. On prévoyait, en ce cas, une guerre civile, et la destruction inévitable de tout ce que Pierre avait fait de grand et d'utile. Il fallait décider entre les intérêts de près de dix-huit millions d'hommes que contenait alors la Russie, et un seul homme qui n'était pas capable de les gouverner. Il était donc important de connaître les malintentionnés; et le czar menaça encore une fois son fils de mort, s'il lui cachait quelque chose. En conséquence le prince fut donc interrogé juridiquement par son père, et ensuite par des commissaires.

Une des charges qui servirent à sa condamnation, fut une lettre d'un résident de l'empereur, nommé Beyer, écrite de Pétersbourg après l'évasion du prince; cette lettre portait qu'il y avait de la mutinerie dans l'armée russe assemblée dans le Mecklenbourg; que plusieurs officiers parlaient d'envoyer la nouvelle czarine Catherine et son fils dans la prison où était la czarine répudiée, et de mettre Alexis sur le trône, quand on l'aurait retrouvé. Il y avait en effet alors une sédition dans cette armée du czar, mais elle fut bientôt réprimée. Ces propos vagues n'eurent aucune suite. Alexis ne pouvait les avoir encouragés; un étranger en parlait comme d'une nouvelle: la lettre n'était point adressée au prince Alexis, et il n'en avait qu'une copie qu'on lui avait envoyée de Vienne.

Une accusation plus grave fut une minute de sa propre main d'une lettre écrite de Vienne aux sénateurs et aux archevêques de Russie; les termes en étaient forts : « Les mauvais traitements continuels « que j'ai essuyés sans les avoir mérités m'ont obligé « de fuir : peu s'en est fallu qu'on ne m'ait mis dans « un couvent. Ceux qui ont enfermé ma mère ont « voulu me traiter de même. Je suis sous la protec- « tion d'un grand prince; je vous prie de ne me point « abandonner à présent. » Ce mot d'*à présent*, qui pouvait être regardé comme séditieux, était rayé, et ensuite remis de sa main, et puis rayé encore; ce qui marquait un jeune homme troublé, se livrant à son ressentiment, et s'en repentant au moment même. On ne trouva que la minute de ces lettres; elles n'étaient jamais parvenues à leur destination, et la cour de Vienne les retint, preuve assez forte que cette cour ne voulait pas se brouiller avec celle de Russie, et soutenir à main armée le fils contre le père.

On confronta plusieurs témoins au prince; l'un d'eux, nommé Afanassief, soutint qu'il lui avait entendu dire autrefois : « Je dirai quelque chose aux « évêques, qui le rediront aux curés, les curés aux « paroissiens, et on me fera régner, fût-ce malgré moi. »

Sa propre maîtresse, Afrosine, déposa contre lui. Toutes les accusations n'étaient pas bien précises ; nul projet digéré, nulle intrigue suivie, nulle conspiration, aucune association, encore moins de préparatifs. C'était un fils de famille mécontent et dépravé, qui se plaignait de son père, qui le fuyait, et qui espérait sa mort ; mais ce fils de famille était l'héritier de la plus vaste monarchie de notre hémisphère, et dans sa situation et dans sa place, il n'y avait point de petite faute.

Accusé par sa maîtresse, il le fut encore au sujet de l'ancienne czarine sa mère et de Marie sa sœur. On le chargea d'avoir consulté sa mère sur son évasion, et d'en avoir parlé à la princesse Marie. Un évêque de Rostou, confident de tous trois, fut arrêté, et déposa que ces deux princesses, prisonnières dans un couvent, avaient espéré un changement qui les mettrait en liberté, et avaient, par leurs conseils, engagé le prince à la fuite. Plus leurs ressentiments étaient naturels, plus ils étaient dangereux. On verra, à la fin de ce chapitre, quel était cet évêque, et quelle avait été sa conduite.

Alexis nia d'abord plusieurs faits de cette nature, et par cela même il s'exposait à la mort, dont son père l'avait menacé, en cas qu'il ne fît pas un aveu général et sincère.

Enfin il avoua quelques discours peu respectueux qu'on lui imputait contre son père, et il s'excusa sur la colère et sur l'ivresse.

Le czar dressa lui-même de nouveaux articles d'interrogatoire. Le quatrième était ainsi conçu :

« Quand vous avez vu, par la lettre de Beyer, qu'il
« y avait une révolte à l'armée du Mecklenbourg,
« vous en avez eu de la joie ; je crois que vous aviez
« quelque vue, et que vous vous seriez déclaré pour
« les rebelles, même de mon vivant. »

C'était interroger le prince sur le fond de ses sentiments secrets. On peut les avouer à un père dont les conseils les corrigent, et les cacher à un juge qui ne prononce que sur les faits avérés. Les sentiments cachés du cœur ne sont pas l'objet d'un procès criminel. Alexis pouvait les nier, les déguiser aisément; il n'était pas obligé d'ouvrir son ame; cependant il répondit par écrit : « Si les rebelles m'a« vaient appelé de votre vivant, j'y serais apparem« ment allé, supposé qu'ils eussent été assez forts. »

Il est inconcevable qu'il ait fait cette réponse de lui-même ; et il serait aussi extraordinaire, du moins suivant les mœurs de l'Europe, qu'on l'eût condamné sur l'aveu d'une idée qu'il aurait pu avoir un jour dans un cas qui n'est point arrivé.

A cet étrange aveu de ses plus secrètes pensées, qui ne s'étaient point échappées au-delà du fond de son ame, on joignit des preuves qui, en plus d'un pays, ne sont pas admises au tribunal de la justice humaine.

Le prince, accablé, hors de ses sens, recherchant dans lui-même, avec l'ingénuité de la crainte, tout ce qui pouvait servir à le perdre, avoua enfin que, dans la confession, il s'était accusé devant Dieu, à l'archiprêtre Jacques, d'avoir souhaité la mort de son père, et que le confesseur Jacques lui avait répondu : « Dieu vous le pardonnera ; nous lui en souhaitons « autant. »

Toutes les preuves qui peuvent se tirer de la confession sont inadmissibles par les canons de notre Église ; ce sont des secrets entre Dieu et le pénitent. L'Église grecque ne croit pas, non plus que la latine, que cette correspondance intime et sacrée entre un pécheur et la divinité soit du ressort de la justice humaine ; mais il s'agissait de l'état et d'un souverain. Le prêtre Jacques fut appliqué à la question, et avoua ce que le prince avait révélé. C'était une chose rare dans ce procès, de voir le confesseur accusé par son pénitent, et le pénitent par sa maîtresse. On peut encore ajouter à la singularité de cette aventure, que l'archevêque de Rézan ayant été impliqué dans les accusations, ayant autrefois, dans les premiers éclats des ressentiments du czar contre son fils, prononcé un sermon trop favorable au jeune czarovitz, ce prince avoua dans ses interrogatoires qu'il comptait sur ce prélat ; et ce même archevêque de Rézan fut à la tête des juges ecclésiastiques consultés par le czar sur ce procès criminel, comme nous l'allons voir bientôt.

Il y a une remarque essentielle à faire dans cet étrange procès, très mal digéré dans la grossière *Histoire de Pierre premier*, par le prétendu boïard Nestesuranoy ; et cette remarque, la voici :

Dans les réponses que fit Alexis au premier interrogatoire de son père, il avoue que quand il fut à Vienne, où il ne vit point l'empereur, il s'adressa au comte de Schonborn, chambellan ; que ce chambellan lui dit : « L'empereur ne vous abandonnera pas ; et « quand il en sera temps, après la mort de votre père, « il vous aidera à monter sur le trône à main armée. « Je lui répondis, ajoute l'accusé, je ne demande pas « cela ; que l'empereur m'accorde sa protection, je « n'en veux pas davantage. » Cette déposition est simple, naturelle, porte un grand caractère de vérité.

car c'eût été le comble de la folie de demander des troupes à l'empereur pour aller tenter de détrôner son père; et personne n'eût osé faire, ni au prince Eugène, ni au conseil, ni à l'empereur, une proposition si absurde. Cette déposition est du mois de février; et quatre mois après, au 1ᵉʳ juillet, dans le cours et sur la fin de ces procédures, on fait dire au czarovitz, dans ses dernières réponses par écrit :

« Ne voulant imiter mon père en rien, je cherchais
« à parvenir à la succession de quelque autre manière
« que ce fût, *excepté de la bonne façon.* Je la voulais
« avoir par une assistance étrangère; et si j'y étais
« parvenu, et que l'empereur eût mis en exécution *ce*
« *qu'il m'avait promis,* de me procurer la couronne de
« Russie, même à main armée, je n'aurais rien épar-
« gné pour me mettre en possession de la succession.
« Par exemple, si l'empereur avait demandé, en
« échange, des troupes de mon pays pour son service,
« contre qui que ce fût de ses ennemis, ou de grosses
« sommes d'argent, j'aurais fait tout ce qu'il aurait
« voulu, et j'aurais donné de grands présents à ses
« ministres et à ses généraux. J'aurais entretenu à mes
« dépens les troupes auxiliaires qu'il m'aurait données
« pour me mettre en possession de la couronne de
« Russie; et, en un mot, rien ne m'aurait coûté pour
« accomplir en cela ma volonté. »

Cette dernière déposition du prince paraît bien forcée; il semble qu'il fasse des efforts pour se faire croire coupable : ce qu'il dit est même contraire à la vérité dans un point capital. Il dit que l'empereur lui avait promis de lui *procurer la couronne à main armée :*

cela était faux. Le comte de Schonborn lui avait fait espérer qu'un jour, après la mort du czar, l'empereur l'aiderait à soutenir le droit de sa naissance; mais l'empereur ne lui avait rien promis. Enfin il ne s'agissait pas de se révolter contre son père, mais de lui succéder après sa mort.

Il dit, dans ce dernier interrogatoire, ce qu'il crut qu'il eût fait, s'il avait eu à disputer son héritage; héritage auquel il n'avait point juridiquement renoncé avant son voyage à Vienne et à Naples. Le voilà donc qui dépose une seconde fois, non pas ce qu'il a fait, et ce qui peut être soumis à la rigueur des lois, mais ce qu'il imagine qu'il eût pu faire un jour, et qui, par conséquent, ne semble soumis à aucun tribunal; le voilà qui s'accuse deux fois des pensées secrètes qu'il a pu concevoir pour l'avenir. On n'avait jamais vu auparavant, dans le monde entier, un seul homme jugé et condamné sur les idées inutiles qui lui sont venues dans l'esprit, et qu'il n'a communiquées à personne. Il n'est aucun tribunal en Europe où l'on écoute un homme qui s'accuse d'une pensée criminelle; et l'on prétend même que Dieu ne les punit que quand elles sont accompagnées d'une volonté déterminée.

On peut répondre à ces considérations si naturelles, qu'Alexis avait mis son père en droit de le punir, par sa réticence sur plusieurs complices de son évasion; sa grace était attachée à un aveu général, et il ne le fit que quand il n'était plus temps. Enfin, après un tel éclat, il ne paraissait pas, dans la nature humaine, qu'il fût possible qu'Alexis pardonnât un jour au frère en faveur duquel il était déshérité; et il valait mieux, disait-on, punir un coupable que d'exposer tout l'empire. La rigueur de la justice s'accordait avec la raison d'état.

Il ne faut pas juger des mœurs et des lois d'une nation par celles des autres; le czar avait le droit fatal, mais réel, de punir de mort son fils pour sa seule évasion : il s'en explique ainsi dans sa déclaration aux juges et aux évêques.

« Quoique, selon toutes les lois divines et humaines,
« et surtout suivant celles de Russie, qui excluent
« toute juridiction entre un père et un enfant parmi
« les particuliers, nous ayons un pouvoir assez abon-
« dant et absolu de juger notre fils, suivant ses crimes,
« selon notre volonté, sans en demander avis à per-
« sonne; cependant, comme on n'est point aussi clair-
« voyant dans ses propres affaires que dans celles des
« autres, et comme les médecins, même les plus ex-
« perts, ne risquent point de se traiter eux-mêmes, et
« qu'ils en appellent d'autres dans leurs maladies;
« craignant de charger ma conscience de quelque pé-
« ché, je vous expose mon état et je vous demande du
« remède : car j'appréhende la mort éternelle, si, ne
« connaissant peut-être point la qualité de mon mal,
« je voulais m'en guérir seul, vu principalement que
« j'ai juré sur les jugements de Dieu, et que j'ai pro-
« mis par écrit le pardon de mon fils, et je l'ai en-
« suite confirmé de bouche, au cas qu'il me dît la
« vérité.

« Quoique mon fils ait violé sa promesse, toutefois,
« pour ne m'écarter en rien de mes obligations, je
« vous prie de penser à cette affaire, et de l'examiner

« avec la plus grande attention, pour voir ce qu'il a
« mérité. Ne me flattez point ; n'appréhendez pas que,
« s'il ne mérite qu'une légère punition, et que vous le
« jugiez ainsi, cela me soit désagréable ; car je vous
« jure, par le grand Dieu et par ses jugements, que
« vous n'avez absolument rien à en craindre.

« N'ayez point d'inquiétude sur ce que vous devez
« juger le fils de votre souverain : mais, sans avoir
« égard à la personne, rendez justice, et ne perdez
« pas votre ame et la mienne ; enfin, que notre con-
« science ne nous reproche rien au jour terrible du
« jugement, et que notre patrie ne soit point lésée. »

Le czar fit au clergé une déclaration à peu près
semblable ; ainsi tout se passa avec la plus grande au-
thenticité, et Pierre mit dans toutes ses démarches
une publicité qui montrait la persuasion intime de sa
justice.

Ce procès criminel de l'héritier d'un si grand empire dura depuis la fin de février jusqu'au 5 juillet,
n. st. Le prince fut interrogé plusieurs fois ; il fit les
aveux qu'on exigeait : nous avons rapporté ceux qui
sont essentiels.

Le 1er juillet le clergé donna son sentiment par
écrit. Le czar en effet ne lui demandait que son sentiment, et non pas une sentence. Le début mérite
l'attention de l'Europe.

« Cette affaire, disent les évêques et les archiman-
« drites, n'est point du tout du ressort de la juridiction
« ecclésiastique, et le pouvoir absolu établi dans l'em-
« pire de Russie n'est point soumis au jugement des
« sujets ; mais le souverain y a l'autorité d'agir sui-

« vant son bon plaisir, sans qu'aucun inférieur y in-
« tervienne. »

Après ce préambule on cite *le Lévitique*, où il est dit que celui qui aura maudit son père ou sa mère sera puni de mort; et l'Évangile de saint Matthieu qui rapporte cette loi sévère du *Lévitique*. On finit, après plusieurs autres citations, par ces paroles très remarquables :

« Si sa majesté veut punir celui qui est tombé, se-
« lon ses actions et suivant la mesure de ses crimes,
« il a devant lui des exemples de l'ancien Testament;
« s'il veut faire miséricorde, il a l'exemple de Jésus-
« Christ même, qui reçoit le fils égaré revenant à la
« repentance; qui laisse libre la femme surprise en
« adultère, laquelle a mérité la lapidation selon la loi;
« qui préfère la miséricorde au sacrifice : il a l'exemple
« de David, qui veut épargner Absalon son fils et son
« persécuteur; car il dit à ses capitaines qui voulaient
« l'aller combattre, *Épargnez mon fils Absalon* : le
« père le voulut épargner lui-même, mais la justice
« divine ne l'épargna point.

« Le cœur du czar est entre les mains de Dieu;
« qu'il choisisse le parti auquel la main de Dieu le
« tournera. »

Ce sentiment fut signé par huit évêques, quatre archimandrites, et deux professeurs; et, comme nous l'avons déjà dit[1], le métropolite de Rézan, avec qui le prince avait été en intelligence, signa le premier.

Cet avis du clergé fut incontinent présenté au czar. On voit aisément que le clergé voulait le porter à la

[1] Page 316. B.

clémence; et rien n'est plus beau peut-être que cette opposition de la douceur de Jésus-Christ à la rigueur de la loi judaïque, mise sous les yeux d'un père qui fesait le procès à son fils.

Le jour même on interrogea encore Alexis pour la dernière fois; et il mit par écrit son dernier aveu : c'est dans cette confession qu'il s'accuse « d'avoir été « bigot dans sa jeunesse, d'avoir fréquenté les prêtres « et les moines, d'avoir bu avec eux, d'avoir reçu « d'eux les impressions qui lui donnèrent de l'hor- « reur pour les devoirs de son état, et même pour la « personne de son père. »

S'il fit cet aveu de son propre mouvement, cela prouve qu'il ignorait le conseil de clémence que venait de donner ce même clergé qu'il accusait; et cela prouve encore davantage combien le czar avait changé les mœurs des prêtres de son pays, qui de la grossièreté et de l'ignorance étaient parvenus en si peu de temps à pouvoir rédiger un écrit dont les plus illustres pères de l'Église n'auraient désavoué ni la sagesse ni l'éloquence.

C'est dans ces derniers aveux qu'Alexis déclare ce qu'on a déjà rapporté, qu'il voulait arriver à la succession, « de quelque manière que ce fût, excepté de « la bonne. »

Il semblait, par cette dernière confession, qu'il craignît de ne s'être pas assez chargé, assez rendu criminel dans les premières, et qu'en se donnant à lui-même les noms de *mauvais caractère*, de *méchant esprit*, en imaginant ce qu'il aurait fait s'il avait été le maître, il cherchait avec un soin pénible à justifier l'arrêt de mort qu'on allait prononcer contre lui. En effet, cet arrêt fut porté le 5 juillet. Il se trouvera dans toute son étendue à la fin de cette histoire. On se contentera d'observer ici qu'il commence, comme l'avis du clergé, par déclarer qu'un tel jugement n'a jamais appartenu à des sujets, mais au seul souverain dont le pouvoir ne dépend que de Dieu seul. Ensuite, après avoir exposé toutes les charges contre le prince, les juges s'expriment ainsi : « Que penser de son dessein « de rébellion, tel qu'il n'y en eut jamais de semblable « dans le monde, joint à celui d'un horrible double « parricide contre son souverain, comme père de la « patrie, et père selon la nature? »

Peut-être ces mots furent mal traduits d'après le procès criminel imprimé par ordre du czar; car assurément il y a de plus grandes rébellions dans le monde, et on ne voit point par les actes que jamais le czarovitz eût conçu le dessein de tuer son père. Peut-être entendait-on par ce mot de *parricide* l'aveu que ce prince venait de faire, de s'être confessé un jour d'avoir souhaité la mort à son père et à son souverain : mais l'aveu secret, dans la confession, d'une pensée secrète, n'est pas un double parricide.

Quoi qu'il en soit, il fut jugé à mort unanimement, sans que l'arrêt prononçât le genre du supplice. De cent quarante-quatre juges[1], il n'y en eut pas un seul qui imaginât seulement une peine moindre que la mort. Un écrit anglais, qui fit beaucoup de bruit dans

---

[1] Dans ses *Anecdotes sur le czar Pierre-le-Grand*, publiées en 1748 (voyez tome XXXIX), Voltaire n'avait porté le nombre des juges qu'à cent vingt-quatre. B.

ce temps-là, porte que si un tel procès avait été jugé au parlement d'Angleterre, il ne se serait pas trouvé parmi cent quarante-quatre juges un seul qui eût prononcé la plus légère peine.

Rien ne fait mieux connaître la différence des temps et des lieux. Manlius aurait pu être condamné lui-même à mort par les lois d'Angleterre pour avoir fait périr son fils, et il fut respecté par les Romains sévères. Les lois ne punissent point en Angleterre l'évasion d'un prince de Galles, qui, comme pair du royaume, est maître d'aller où il veut. Les lois de la Russie ne permettent pas au fils du souverain de sortir du royaume malgré son père. Une pensée criminelle sans aucun effet ne peut être punie ni en Angleterre, ni en France; elle peut l'être en Russie. Une désobéissance longue, formelle et réitérée, n'est parmi nous qu'une mauvaise conduite qu'il faut réprimer; mais c'était un crime capital dans l'héritier d'un vaste empire, dont cette désobéissance même eût produit la ruine. Enfin, le czarovitz était coupable envers toute la nation de vouloir la replonger dans les ténèbres dont son père l'avait tirée.

Tel était le pouvoir reconnu du czar, qu'il pouvait faire mourir son fils coupable de désobéissance, sans consulter personne; cependant il s'en remit au jugement de tous ceux qui représentaient la nation; ainsi ce fut la nation elle-même qui condamna ce prince; et Pierre eut tant de confiance dans l'équité de sa conduite, qu'en fesant imprimer et traduire le procès, il se soumit lui-même au jugement de tous les peuples de la terre.

La loi de l'histoire ne nous a permis de rien déguiser, ni de rien affaiblir dans le récit de cette tragique aventure. On ne savait dans l'Europe qui on devait plaindre davantage, ou un jeune prince accusé par son père, et condamné à la mort par ceux qui devaient être un jour ses sujets, ou un père qui se croyait obligé de sacrifier son propre fils au salut de son empire.

On publia dans plusieurs livres que le czar avait fait venir d'Espagne le procès de don Carlos [1], condamné à mort par Philippe II; mais il est faux qu'on eût jamais fait le procès à don Carlos. La conduite de Pierre Ier fut entièrement différente de celle de Philippe. L'Espagnol ne fit jamais connaître ni pour quelle raison il avait fait arrêter son fils, ni comment ce prince était mort. Il écrivit à ce sujet au pape et à l'impératrice des lettres absolument contradictoires. Le prince d'Orange, Guillaume, accusa publiquement Philippe d'avoir sacrifié son fils et sa femme à sa jalousie, et d'avoir moins été un juge sévère qu'un mari jaloux et cruel, un père dénaturé et parricide. Philippe se laissa accuser, et garda le silence. Pierre, au contraire, ne fit rien qu'au grand jour, publia hautement qu'il préférait sa nation à son propre fils, s'en remit au jugement du clergé et des grands, et rendit le monde entier juge des uns et des autres, et de lui-même.

Ce qu'il y eut encore d'extraordinaire dans cette fatalité, c'est que la czarine Catherine, haïe du czarovitz, et menacée ouvertement du sort le plus triste si jamais ce prince régnait, ne contribua pourtant en

[1] Voyez tome XVIII, page 32. B.

rien à son malheur, et ne fut ni accusée, ni même soupçonnée par aucun ministre étranger résident à cette cour, d'avoir fait la plus légère démarche contre un beau-fils dont elle avait tout à craindre. Il est vrai qu'on ne dit point qu'elle ait demandé grace pour lui : mais tous les Mémoires de ce temps-là, surtout ceux du comte de Bassevitz, assurent unanimement qu'elle plaignit son infortune.

J'ai en main les Mémoires d'un ministre public, où je trouve ces propres mots : « J'étais présent quand le « czar dit au duc de Holstein que Catherine l'avait « prié d'empêcher qu'on ne prononçât au czarovitz « sa condamnation. Contentez-vous, me dit-elle, de « lui faire prendre le froc, parceque cet opprobre d'un « arrêt de mort signifié rejaillira sur votre petit-fils. »

Le czar ne se rendit point aux prières de sa femme ; il crut qu'il était important que la sentence fût prononcée publiquement au prince, afin qu'après cet acte solennel il ne pût jamais revenir contre un arrêt auquel il avait acquiescé lui-même, et qui, le rendant mort civilement, le mettrait pour jamais hors d'état de réclamer la couronne.

Cependant, après la mort de Pierre, si un parti puissant se fût élevé en faveur d'Alexis, cette mort civile l'aurait-elle empêché de régner?

L'arrêt fut prononcé au prince. Les mêmes Mémoires m'apprennent qu'il tomba en convulsion à ces mots : « Les lois divines et ecclésiastiques, civiles et « militaires, condamnent à mort, sans miséricorde, « ceux dont les attentats contre leur père et leur sou- « verain sont manifestes. » Ses convulsions se tournèrent, dit-on, en apoplexie ; on eut peine à le faire revenir. Il reprit un peu ses sens, et, dans cet intervalle de vie et de mort, il fit prier son père de venir le voir. Le czar vint ; les larmes coulèrent des yeux du père et du fils infortuné ; le condamné demanda pardon, le père pardonna publiquement. L'extrême-onction fut administrée solennellement au malade agonisant. Il mourut en présence de toute la cour, le lendemain de cet arrêt funeste. Son corps fut porté d'abord à la cathédrale, et déposé dans un cercueil ouvert. Il y resta quatre jours exposé à tous les regards, et enfin il fut inhumé dans l'église de la citadelle, à côté de son épouse. Le czar et la czarine assistèrent à la cérémonie.

On est indispensablement obligé ici d'imiter, si on ose le dire, la conduite du czar, c'est-à-dire de soumettre au jugement du public tous les faits qu'on vient de raconter avec la fidélité la plus scrupuleuse, et non seulement ces faits, mais les bruits qui coururent, et ce qui fut imprimé sur ce triste sujet par les auteurs les plus accrédités. Lamberti, le plus impartial de tous, et le plus exact, qui s'est borné à rapporter les pièces originales et authentiques concernant les affaires de l'Europe[1], semble s'éloigner ici de cette impartialité et de ce discernement qui fait son caractère ; il s'exprime en ces termes : « La czarine, « craignant toujours pour son fils, n'eût point de re- « lâche qu'elle n'eût porté le czar à faire au fils aîné « le procès, et à le faire condamner à mort ; ce qui est

---

[1] *Mémoires pour servir à l'histoire du dix-huitième siècle,* par Lamberti. La Haye, 1724-1740, 14 volumes in-4°. B.

« étrange, c'est que le czar, après lui avoir donné lui-
« même le knout, qui est une question, lui coupa
« aussi lui-même la tête. Le corps du czarovitz fut
« exposé en public, et la tête tellement adaptée au
« corps, que l'on ne pouvait pas discerner qu'elle en
« avait été séparée. Il arriva, quelque temps après,
« que le fils de la czarine vint à décéder, à son grand
« regret et à celui du czar. Ce dernier, qui avait dé-
« collé de sa propre main son fils aîné, réfléchissant
« qu'il n'avait point de successeur, devint de mau-
« vaise humeur. Il fut informé, dans ce temps-là, que
« la czarine avait des intrigues secrètes et illégitimes
« avec le prince Menzikoff. Cela joint aux réflexions
« que la czarine était la cause qu'il avait sacrifié lui-
« même son fils aîné, il médita de faire raser la cza-
« rine, et de l'enfermer dans un couvent, ainsi qu'il
« avait fait de sa première femme, qui y était encore.
« Le czar avait accoutumé de mettre ses pensées jour-
« nalières sur des tablettes : il y avait mis son dit des-
« sein sur la czarine. Elle avait gagné des pages qui
« entraient dans la chambre du czar. Un de ceux-ci qui
« étaient accoutumés à prendre les tablettes sous la
« toilette, pour les faire voir à la czarine, prit celles
« où il y avait le dessein du czar. Dès que cette prin-
« cesse l'eut parcouru, elle en fit part à Menzikoff; et
« un jour ou deux après, le czar fut pris d'une mala-
« die inconnue et violente qui le fit mourir. Cette ma-
« ladie fut attribuée au poison, puisqu'on vit mani-
« festement qu'elle était si violente et subite, qu'elle
« ne pouvait venir que d'une telle source, qu'on dit
« être assez usitée en Moscovie. »

Ces accusations consignées dans les Mémoires de Lamberti se répandirent dans toute l'Europe. Il reste encore un grand nombre d'imprimés et de manuscrits qui pourraient faire passer ces opinions à la dernière postérité.

Je crois qu'il est de mon devoir de dire ici ce qui est parvenu à ma connaissance. Je certifie d'abord que celui qui dit à Lamberti l'étrange anecdote qu'il rapporte, était, à la vérité, né en Russie, mais non d'une famille du pays; qu'il ne résidait point dans cet empire au temps de la catastrophe du czarovitz ; il en était absent depuis plusieurs années. Je l'ai connu autrefois; il avait vu Lamberti dans la petite ville de Nyon, où cet écrivain était retiré, et où j'ai été souvent. Ce même homme m'a avoué qu'il n'avait parlé à Lamberti que *des bruits qui couraient alors.*

Qu'on voie, par cet exemple, combien il était plus aisé autrefois à un seul homme d'en flétrir un autre dans la mémoire des nations, lorsque, avant l'imprimerie, les histoires manuscrites, conservées dans peu de mains, n'étaient ni exposées au grand jour, ni contredites par les contemporains, ni à la portée de la critique universelle, comme elles sont aujourd'hui. Il suffisait d'une ligne dans Tacite ou dans Suétone, et même dans les auteurs des légendes, pour rendre un prince odieux au monde, et pour perpétuer son opprobre de siècle en siècle.

Comment se serait-il pu faire que le czar eût tranché de sa main la tête de son fils, à qui on donna l'extrême-onction en présence de toute la cour? était-il sans tête quand on répandit l'huile sur sa tête même?

en quel temps put-on recoudre cette tête à son corps? le prince ne fut pas laissé seul un moment depuis la lecture de son arrêt jusqu'à sa mort.

Cette anecdote, que son père se servit du fer, détruit celle qu'il se servit du poison. Il est vrai qu'il est très rare qu'un jeune homme expire d'une révolution subite causée par la lecture d'un arrêt de mort, et surtout d'un arrêt auquel il s'attendait; mais enfin les médecins avouent que la chose est possible.

Si le czar avait empoisonné son fils, comme tant d'écrivains l'ont débité, il perdait par là le fruit de tout ce qu'il avait fait pendant le cours de ce procès fatal pour convaincre l'Europe du droit qu'il avait de le punir : tous les motifs de la condamnation devenaient suspects, et le czar se condamnait lui-même : s'il eût voulu la mort d'Alexis, il eût fait exécuter l'arrêt; n'en était-il pas le maître absolu? un homme prudent, un monarque sur qui la terre a les yeux, se résout-il à faire empoisonner lâchement celui qu'il peut faire périr par le glaive de la justice? Veut-on se noircir dans la postérité par le titre d'empoisonneur et de parricide, quand on peut si aisément ne se donner que celui d'un juge sévère?

Il paraît qu'il résulte de tout ce que j'ai rapporté que Pierre fut plus roi que père, qu'il sacrifia son propre fils aux intérêts d'un fondateur et d'un législateur, et à ceux de sa nation, qui retombait dans l'état dont il l'avait tirée, sans cette sévérité malheureuse. Il est évident qu'il n'immola point son fils à une marâtre et à l'enfant mâle qu'il avait d'elle, puisqu'il le menaça souvent de le déshériter avant que Catherine lui eût donné ce fils, dont l'enfance infirme était menacée d'une mort prochaine, et qui mourut en effet bientôt après. Si Pierre avait fait un si grand éclat uniquement pour complaire à sa femme, il eût été faible, insensé, et lâche ; et certes il ne l'était pas. Il prévoyait ce qui arriverait à ses fondations et à sa nation, si l'on suivait après lui ses vues. Toutes ses entreprises ont été perfectionnées selon ses prédictions ; sa nation est devenue célèbre et respectée dans l'Europe, dont elle était auparavant séparée ; et si Alexis eût régné, tout aurait été détruit. Enfin, quand on considère cette catastrophe, les cœurs sensibles frémissent, et les sévères approuvent.

Ce grand et terrible événement est encore si frais dans la mémoire des hommes, on en parle si souvent avec étonnement, qu'il est absolument nécessaire d'examiner ce qu'en ont dit les auteurs contemporains. Un de ces écrivains faméliques qui prennent hardiment le titre d'historien [1], parle ainsi dans son livre dédié au comte de Bruhl, premier ministre du roi de Pologne, dont le nom peut donner du poids à ce qu'il avance : « Toute la Russie est persuadée que « le czarovitz ne mourut que du poison préparé par la « main d'une marâtre. » Cette accusation est détruite par l'aveu que fit le czar au duc de Holstein, que la czarine Catherine lui avait conseillé d'enfermer dans un cloître son fils condamné.

A l'égard du poison donné depuis par cette impératrice même à Pierre, son époux, ce conte se détruit

---

[1] Voltaire désigne ici Mauvillon, auteur de l'*Histoire de Pierre Ier*, 1742, in-4°, dédiée au comte de Bruhl. B.

lui-même par le seul récit de l'aventure du page et des tablettes. Un homme s'avise-t-il d'écrire sur ses tablettes : « Il faut que je me ressouvienne de faire en« fermer ma femme ? » Sont-ce là de ces détails qu'on puisse oublier, et dont on soit obligé de tenir registre? Si Catherine avait empoisonné son beau-fils et son mari, elle eût fait d'autres crimes : non seulement on ne lui a jamais reproché aucune cruauté, mais elle ne fut connue que par sa douceur et par son indulgence.

Il est nécessaire à présent de faire voir ce qui fut la première cause de la conduite d'Alexis, de son évasion, de sa mort, et de celle des complices qui périrent par la main du bourreau. Ce fut l'abus de la religion, ce furent des prêtres et des moines; et cette source de tant de malheurs est assez indiquée dans quelques aveux d'Alexis que nous avons rapportés, et surtout dans cette expression du czar Pierre, dans une lettre à son fils : « Ces longues barbes pourront « vous tourner à leur fantaisie [1]. »

Voici presque mot à mot comment les Mémoires d'un ambassadeur à Pétersbourg expliquent ces paroles : « Plusieurs ecclésiastiques, dit-il, attachés à « leur ancienne barbarie, et plus encore à leur auto« rité, qu'ils perdaient à mesure que la nation s'éclai« rait, languissaient après le règne d'Alexis, qui leur « promettait de les replonger dans cette barbarie si « chère. De ce nombre était Dozithée, évêque de Ros-

---

[1] Ces longues barbes pouvaient signifier également ceux des Russes qui, malgré la loi tyrannique et ridicule du czar, n'avaient pas voulu se faire raser ; mais il est certain que les prêtres entrèrent pour beaucoup dans les dissensions de la famille du czar. K.

« tou. Il supposa une révélation de saint Démétrius.
« Ce saint lui était apparu, et l'avait assuré, de la
« part de Dieu, que Pierre n'avait pas trois mois à
« vivre; qu'Eudoxie, renfermée dans le couvent de
« Susdal, et religieuse sous le nom d'Hélène, ainsi
« que la princesse Marie, sœur du czar, devaient monter
« sur le trône, et régner conjointement avec son fils
« Alexis. Eudoxie et Marie eurent la faiblesse de croire
« cette imposture; elles en furent si persuadées,
« qu'Hélène quitta, dans son couvent, l'habit de re-
« ligieuse, reprit le nom d'Eudoxie, se fit traiter de
« majesté, et fit effacer des prières publiques le nom
« de sa rivale Catherine; elle ne parut plus que revê-
« tue des anciens habits de cérémonie que portaient
« les czarines. La trésorière du couvent se déclara
« contre cette entreprise. Eudoxie répondit haute-
« ment : *Pierre a puni les strélitz, qui avaient ou-
« tragé sa mère; mon fils Alexis punira quiconque
« aura insulté la sienne.* Elle fit renfermer la tréso-
« rière dans sa cellule. Un officier, nommé Étienne
« Glebo, fut introduit dans le couvent. Eudoxie en
« fit l'instrument de ses desseins, et l'attacha à elle
« par ses faveurs. Glebo répand dans la petite ville de
« Susdal et dans les environs la prédiction de Dozi-
« thée. Cependant les trois mois s'écoulèrent. Eudoxie
« reproche à l'évêque que le czar est encore en vie.
« *Les péchés de mon père en sont cause,* dit Dozithée;
« *il est en purgatoire, et il m'en a averti.* Aussitôt
« Eudoxie fait dire *mille messes des morts;* Dozithée
« l'assure qu'elles opèrent. Il vient au bout d'un mois
« lui dire que son père a déjà la tête hors du pur-

« gatoire ; un mois après, le défunt n'en a plus que
« jusqu'à la ceinture : enfin il ne tient plus au purga-
« toire que par les pieds; et quand les pieds seront
« dégagés, ce qui est le plus difficile, le czar Pierre
« mourra infailliblement.

« La princesse Marie, persuadée par Dozithée, se
« livra à lui, à condition que le père du prophète sor-
« tirait incessamment du purgatoire, et que la pré-
« diction s'accomplirait ; et Glebo continua son com-
« merce avec l'ancienne czarine.

« Ce fut principalement sur la foi de ces prédictions
« que le czarovitz s'évada, et alla attendre la mort de
« son père dans les pays étrangers. Tout cela fut bien-
« tôt découvert. Dozithée et Glebo furent arrêtés ; les
« lettres de la princesse Marie à Dozithée, et d'Hélène
« à Glebo, furent lues en plein sénat. La princesse
« Marie fut enfermée à Schlusselbourg ; l'ancienne
« czarine transférée dans un autre couvent, où elle fut
« prisonnière. Dozithée et Glebo, tous les complices
« de cette vaine et superstitieuse intrigue, furent ap-
« pliqués à la question, ainsi que les confidents de
« l'évasion d'Alexis. Son confesseur, son gouverneur,
« son maréchal de cour, moururent tous dans les
« supplices. »

On voit donc à quel prix cher et funeste Pierre-le-
Grand acheta le bonheur qu'il procura à ses peuples;
combien d'obstacles publics et secrets il eut à sur-
monter au milieu d'une guerre longue et difficile, des
ennemis au-dehors, des rebelles au-dedans, la moitié
de sa famille animée contre lui, la plupart des prêtres
obstinément déclarés contre ses entreprises, presque

toute la nation irritée long-temps contre sa propre félicité, qui ne lui était pas encore sensible; des préjugés à détruire dans les têtes, le mécontentement à calmer dans les cœurs. Il fallait qu'une génération nouvelle, formée par ses soins, embrassât enfin les idées de bonheur et de gloire que n'avaient pu supporter leurs pères [1].

CHAPITRE XI.

Travaux et établissements vers l'an 1718 et suivants.

Pendant cette horrible catastrophe, il parut bien que Pierre n'était que le père de sa patrie, et qu'il considérait sa nation comme sa famille. Les supplices dont il avait été obligé de punir la partie de sa nation qui voulait empêcher l'autre d'être heureuse étaient

[1] Cette histoire a été écrite d'après des mémoires et des pièces originales envoyés de Russie. On voit que le czar a fait condamner son fils par des esclaves dont la bassesse et la barbare hypocrisie est prouvée par le style même de la sentence. Le czarovitz mourut presque subitement le lendemain de sa condamnation. Quelle fut précisément la cause de sa mort? c'est ce qu'il est difficile de savoir. Mais si le czar voulait conserver la vie à son fils, et se contenter de le priver de la succession au trône, quelle plate et abominable comédie que cette condamnation à mort! quelle cruauté dans la lecture de cette sentence au malheureux czarovitz! Cette conduite du czar qui aurait causé la mort de son fils, serait moins criminelle sans doute que l'assassinat juridique ou l'empoisonnement d'Alexis; mais elle serait plus odieuse et plus méprisable.

On pourrait proposer cette question : Est-il permis à un despote de faire périr son successeur naturel lorsqu'il le croit imbécile? Mais cette question n'en peut être une que pour ceux qui regarderaient le despotisme comme un gouvernement légitime. K.

des sacrifices faits au public par une nécessité douloureuse.

Ce fut dans cette année 1718, époque de l'exhérédation et de la mort de son fils aîné, qu'il procura le plus d'avantages à ses sujets, par la police générale, auparavant inconnue; par les manufactures et les fabriques en tout genre, ou établies ou perfectionnées; par les branches nouvelles d'un commerce qui commençait à fleurir; et par ces canaux qui joignent les fleuves, les mers, et les peuples, que la nature a séparés. Ce ne sont pas là de ces événements frappants qui charment le commun des lecteurs, de ces intrigues de cour qui amusent la malignité, de ces grandes révolutions qui intéressent la curiosité ordinaire des hommes; mais ce sont les ressorts véritables de la félicité publique, que les yeux philosophiques aiment à considérer.

Il y eut donc un lieutenant-général de la police de tout l'empire établi à Pétersbourg, à la tête d'un tribunal qui veillait au maintien de l'ordre, d'un bout de la Russie à l'autre. Le luxe dans les habits, et les jeux de hasard, plus dangereux que le luxe, furent sévèrement défendus. On établit des écoles d'arithmétique, déjà ordonnées en 1716, dans toutes les villes de l'empire. Les maisons pour les orphelins et pour les enfants trouvés, déjà commencées, furent achevées, dotées et remplies.

Nous joindrons ici tous les établissements utiles, auparavant projetés, et finis quelques années après. Toutes les grandes villes furent délivrées de la foule odieuse de ces mendiants qui ne veulent avoir d'autre métier que celui d'importuner ceux qui en ont, et de traîner aux dépens des autres hommes une vie misérable et honteuse ; abus trop souffert dans d'autres états.

Les riches furent obligés de bâtir à Pétersbourg des maisons régulières suivant leur fortune. Ce fut une excellente police de faire venir sans frais tous les matériaux à Pétersbourg par toutes les barques et chariots qui revenaient à vide des provinces voisines.

Les poids et les mesures furent fixés et rendus uniformes ainsi que les lois. Cette uniformité tant desirée, mais si inutilement, dans des états dès long-temps policés, fut établie en Russie sans difficulté et sans murmure ; et nous pensons que parmi nous cet établissement salutaire serait impraticable. Le prix des denrées nécessaires fut réglé ; ces fanaux que Louis XIV établit le premier dans Paris, qui ne sont pas même encore connus à Rome, éclairèrent pendant la nuit la ville de Pétersbourg : les pompes pour les incendies, les barrières dans les rues solidement pavées ; tout ce qui regarde la sûreté, la propreté, et le bon ordre, les facilités pour le commerce intérieur, les priviléges donnés à des étrangers, et les réglements qui empêchaient l'abus de ces priviléges ; tout fit prendre à Pétersbourg et à Moscou une face nouvelle [1].

---

[1] Taxer les denrées nécessaires à la vie, obliger les gens riches de faire bâtir des maisons dans une capitale nouvelle, contraindre les chariots et les bateaux qui revenaient à vide à se charger de matériaux pour Pétersbourg ; ce sont autant d'actes de tyrannie qu'on peut excuser par l'ignorance qui régnait encore en Europe sur des objets si simples. La suppression de la mendicité est un projet chimérique qu'on cherche à réaliser par des moyens barbares : il est contre la justice d'empêcher un homme de faire l'aumône, et

On perfectionna plus que jamais les fabriques des armes, surtout celle que le czar avait formée à dix milles environ de Pétersbourg; il en était le premier intendant; mille ouvriers y travaillaient souvent sous ses yeux. Il allait donner ses ordres lui-même à tous les entrepreneurs des moulins à grains, à poudre, à scie; aux directeurs des fabriques de corderies et de voiles, des briqueteries, des ardoises, des manufactures de toiles; beaucoup d'ouvriers de toute espèce lui arrivèrent de France : c'était le fruit de son voyage.

Il établit un tribunal de commerce dont les membres étaient mi-partis nationaux et étrangers, afin que la faveur fût égale pour tous les fabricants et pour tous les artistes. Un Français forma une manufacture de très belles glaces à Pétersbourg, avec les secours du prince Menzikoff. Un autre fit travailler à des tapisseries de haute-lice sur le modèle de celle des Gobelins; et cette manufacture est encore aujourd'hui très encouragée. Un troisième fit réussir les fileries d'or et d'argent, et le czar ordonna qu'il ne serait employé par année dans cette manufacture que quatre mille marcs, soit d'argent, soit d'or, afin de n'en point diminuer la masse dans ses états.

Il donna trente mille roubles, c'est-à-dire cent cinquante mille livres de France, avec tous les matériaux

---

un autre de la demander. Ce sont les mauvaises lois et la mauvaise administration qui multiplient les mendiants ; et lorsque le nombre en devient trop grand, ce ne sont pas ceux qui mendient, mais ceux qui gouvernent, qu'il faudrait punir.

Nous ne dirons rien de la manière d'encourager le commerce par des priviléges. Le czar avait sur l'administration les mêmes principes que les gens éclairés de son siècle; et c'est tout ce qu'on peut exiger d'un prince. K.

et tous les instruments nécessaires, à ceux qui entreprirent les manufactures de draperies et des autres étoffes de laine. Cette libéralité utile le mit en état d'habiller ses troupes de draps faits dans son pays : auparavant on tirait ces draps de Berlin et d'autres pays étrangers.

On fit à Moscou d'aussi belles toiles qu'en Hollande; et à sa mort il y avait déjà à Moscou et à Jaroslau quatorze fabriques de toiles de lin et de chanvre.

On n'aurait certainement pas imaginé autrefois, lorsque la soie était vendue en Europe au poids de l'or, qu'un jour, au-delà du lac Ladoga, sous un climat glacé et dans des marais inconnus, il s'élèverait une ville opulente et magnifique dans laquelle la soie de Perse se manufacturerait aussi bien que dans Ispahan : Pierre l'entreprit, et y réussit. Les mines de fer furent exploitées mieux que jamais : on découvrit quelques mines d'or et d'argent, et un conseil des mines fut établi pour constater si les exploitations donneraient plus de profit qu'elles ne coûteraient de dépense.

Pour faire fleurir tant de manufactures, tant d'arts différents, tant d'entreprises, ce n'était pas assez de signer des patentes, et de nommer des inspecteurs; il fallait dans ces commencements qu'il vît tout par ses yeux, et qu'il travaillât même de ses mains, comme on l'avait vu auparavant construire des vaisseaux, les appareiller, et les conduire. Quand il s'agissait de creuser des canaux dans des terres fangeuses et presque impraticables, on le voyait quelquefois se mettre à la tête des travailleurs, fouiller la terre, et la transporter lui-même.

Il fit cette année 1718 le plan du canal et des écluses de Ladoga. Il s'agissait de faire communiquer la Néva à une autre rivière navigable, pour amener facilement les marchandises à Pétersbourg, sans faire un grand détour par le lac Ladoga, trop sujet aux tempêtes, et souvent impraticable pour les barques; il nivela lui-même le terrain; on conserve encore les instruments dont il se servit pour ouvrir la terre et la voiturer; cet exemple fut suivi de toute sa cour, et hâta un ouvrage qu'on regardait comme impossible : il a été achevé après sa mort; car aucune de ses entreprises reconnues possibles n'a été abandonnée.

Le grand canal de Cronstadt, qu'on met aisément à sec, et dans lequel on carène et on radoube les vaisseaux de guerre, fut aussi commencé dans le temps même des procédures contre son fils.

Il bâtit, cette même année, la ville neuve de Ladoga. Bientôt après il tira ce canal qui joint la mer Caspienne au golfe de Finlande et à l'Océan; d'abord les eaux de deux rivières qu'il fit communiquer reçoivent les barques qui ont remonté le Volga : de ces rivières on passe par un autre canal dans le lac d'Ilmen; on entre ensuite dans le canal de Ladoga, où les marchandises peuvent être transportées par la grande mer dans toutes les parties du monde.

Occupé de ces travaux qui s'exécutaient sous ses yeux, il portait ses soins jusqu'au Kamtschatka à l'extrémité de l'Orient, et il fit bâtir deux forts dans ce pays si long-temps inconnu au reste du monde. Cependant des ingénieurs de son académie de marine, établie en 1715, marchaient déjà dans tout l'empire pour lever des cartes exactes, et pour mettre sous les yeux de tous les hommes cette vaste étendue des contrées qu'il avait policées et enrichies.

CHAPITRE XII.

Du commerce.

Le commerce extérieur était presque tombé entièrement avant lui, il le fit renaître. On sait assez que le commerce a changé plusieurs fois son cours dans le monde. La Russie méridionale était, avant Tamerlan, l'entrepôt de la Grèce, et même des Indes; les Génois étaient les principaux facteurs. Le Tanaïs et le Borysthène étaient chargés des productions de l'Asie. Mais lorsque Tamerlan eut conquis, sur la fin du quatorzième siècle, la Chersonèse taurique, appelée depuis la Crimée, lorsque les Turcs furent maîtres d'Azof, cette grande branche du commerce du monde fut anéantie. Pierre avait voulu la faire revivre en se rendant maître d'Azof. La malheureuse campagne du Pruth lui fit perdre cette ville, et avec elle toutes les vues du commerce par la mer Noire: il restait à s'ouvrir la voie d'un négoce non moins étendu par la mer Caspienne. Déjà dans le seizième siècle, et au commencement du dix-septième, les Anglais, qui avaient fait naître le commerce à Archangel, l'avaient tenté sur la mer Caspienne ; mais toutes ces épreuves furent inutiles.

Nous avons déjà dit [1] que le père de Pierre-le-Grand avait fait bâtir un vaisseau par un Hollandais, pour aller trafiquer d'Astracan sur les côtes de la Perse : le vaisseau fut brûlé par le rebelle Stenko-Rasin. Alors toutes les espérances de négocier en droiture avec les Persans s'évanouirent. Les Arméniens, qui sont les facteurs de cette partie de l'Asie, furent reçus par Pierre-le-Grand dans Astracan ; on fut obligé de passer par leurs mains, et de leur laisser tout l'avantage du commerce ; c'est ainsi que dans l'Inde on en use avec les Banians, et que les Turcs, ainsi que beaucoup d'états chrétiens, en usent encore avec les Juifs ; car ceux qui n'ont qu'une ressource se rendent toujours très savants dans l'art qui leur est nécessaire : les autres peuples deviennent volontairement tributaires d'un savoir-faire qui leur manque.

Pierre avait déjà remédié à cet inconvénient en fesant un traité avec l'empereur de Perse, par lequel toute la soie qui ne serait pas destinée aux manufactures persanes serait livrée aux Arméniens d'Astracan, pour être par eux transportée en Russie.

Les troubles de la Perse détruisirent bientôt cet arrangement. Nous verrons comment le sha ou empereur persan Hussein, persécuté par des rebelles, implora l'assistance de Pierre, et comment Pierre, après avoir soutenu des guerres si difficiles contre les Turcs et contre les Suédois, alla conquérir trois provinces de Perse ; mais il n'est ici question que du commerce.

---

[1] Page 102. B.

Du commerce avec la Chine.

L'entreprise de négocier avec la Chine semblait devoir être la plus avantageuse. Deux états immenses qui se touchent, et dont l'un possède réciproquement ce qui manque à l'autre, paraissaient être tous deux dans l'heureuse nécessité de lier une correspondance utile, surtout depuis la paix jurée solennellement entre l'empire russe et l'empire chinois, en l'an 1689, selon notre manière de compter.

Les premiers fondements de ce commerce avaient été jetés dès l'année 1653. Il se forma dans Tobolsk des compagnies de Sibériens et de familles de Bukarie établies en Sibérie. Ces caravanes passèrent par les plaines des Calmoucks, traversèrent ensuite les déserts jusqu'à la Tartarie chinoise, et firent des profits considérables; mais les troubles survenus dans le pays des Calmoucks, et les querelles des Russes et des Chinois pour les frontières, dérangèrent ces entreprises.

Après la paix de 1689, il était naturel que les deux nations convinssent d'un lieu neutre, où les marchandises seraient portées. Les Sibériens, ainsi que tous les autres peuples, avaient plus besoin des Chinois que les Chinois n'en avaient d'eux : ainsi on demanda la permission à l'empereur de la Chine d'envoyer des caravanes à Pékin, et on l'obtint aisément au commencement du siècle où nous sommes.

Il est très remarquable que l'empereur Kang-hi avait permis qu'il y eût déjà dans un faubourg de Pékin une église russe desservie par quelques prêtres de Sibérie, aux dépens mêmes du trésor impérial. Kang-hi avait eu l'indulgence de bâtir cette église en faveur de plusieurs familles de la Sibérie orientale, dont les unes avaient été faites prisonnières avant la paix de 1689, et les autres étaient des transfuges. Aucune d'elles, après la paix de Nipchou, n'avait voulu retourner dans sa patrie : le climat de Pékin, la douceur des mœurs chinoises, la facilité de se procurer une vie commode par un peu de travail, les avaient toutes fixées à la Chine. Leur petite église grecque n'était point dangereuse au repos de l'empire, comme l'ont été les établissements des jésuites. L'empereur Kang-hi favorisait d'ailleurs la liberté de conscience : cette tolérance fut établie de tout temps dans toute l'Asie, ainsi qu'elle le fut autrefois dans la terre entière jusqu'au temps de l'empereur romain Théodose Ier. Ces familles russes, s'étant mêlées depuis aux familles chinoises, ont abandonné leur christianisme ; mais leur église subsiste encore.

Il fut établi que les caravanes de Sibérie jouiraient toujours de cette église, quand elles viendraient apporter des fourrures, et d'autres objets de commerce à Pékin : le voyage, le séjour, et le retour, se fesaient en trois années. Le prince Gagarin, gouverneur de la Sibérie, fut vingt ans à la tête de ce commerce. Les caravanes étaient quelquefois très nombreuses, et il était difficile de contenir la populace qui composait le plus grand nombre.

On passait sur les terres d'un prêtre lama, espèce de souverain qui réside sur la rivière d'Orkon, et qu'on appelle le Koutoukas : c'est un vicaire du grand-lama, qui s'est rendu indépendant en changeant quelque chose à la religion du pays, dans laquelle l'ancienne opinion indienne de la métempsycose est l'opinion dominante : on ne peut mieux comparer ce prêtre qu'aux évêques luthériens de Lubeck et d'Osnabruck, qui ont secoué le joug de l'évêque de Rome. Ce prélat tartare fut insulté par les caravanes; les Chinois le furent aussi. Le commerce fut encore dérangé par cette mauvaise conduite; et les Chinois menacèrent de fermer l'entrée de leur empire à ces caravanes, si on n'arrêtait pas ces désordres. Le commerce avec la Chine était alors très avantageux aux Russes : ils rapportaient de l'or, de l'argent, et des pierreries. Le plus gros rubis qu'on connaisse dans le monde fut apporté de la Chine au prince Gagarin, passa depuis dans les mains de Menzikoff, et est actuellement un des ornements de la couronne impériale.

Les vexations du prince Gagarin nuisirent beaucoup au commerce qui l'avait enrichi; mais enfin elles le perdirent lui-même : il fut accusé devant la chambre de justice établie par le czar, et on lui trancha la tête une année après que le czarovitz fût condamné, et que la plupart de ceux qui avaient eu des liaisons avec ce prince furent exécutés à mort.

En ce temps-là même l'empereur Kang-hi se sentant affaiblir, et ayant l'expérience que les mathématiciens d'Europe étaient plus savants que les mathématiciens de la Chine, crut que les médecins d'Europe valaient aussi mieux que les siens; il fit prier le czar, par les ambassadeurs qui revenaient de Pékin à Pétersbourg, de lui envoyer un médecin. Il se trouva un chirurgien anglais à Pétersbourg, qui s'offrit à faire ce personnage; il partit avec un nouvel ambassadeur, et avec Laurent Lange, qui a laissé une description de ce voyage. Cette ambassade fut reçue et défrayée avec magnificence. Le chirurgien anglais trouva l'empereur en bonne santé, et passa pour un médecin très habile. La caravane qui suivit cette ambassade gagna beaucoup; mais de nouveaux excès commis par cette caravane même indisposèrent tellement les Chinois, qu'on renvoya Lange, alors résident du czar auprès de l'empereur de la Chine, et qu'on renvoya avec lui tous les marchands de Russie.

L'empereur Kang-hi mourut : son fils Young-tching, aussi sage et plus ferme que son père, celui-là même qui chassa les jésuites de son empire, comme le czar les en avait chassés en 1718, conclut avec Pierre un traité par lequel les caravanes russes ne commerceraient plus que sur les frontières des deux empires. Il n'y a que les facteurs dépêchés au nom du souverain, ou de la souveraine de la Russie, qui aient la permission d'entrer dans Pékin; ils y sont logés dans une vaste maison que l'empereur Kang-hi avait assignée autrefois aux envoyés de la Corée. Il y a longtemps qu'on n'a fait partir ni de caravanes ni de facteurs de la couronne pour la ville de Pékin. Ce commerce est languissant, mais prêt à se ranimer.

Du commerce de Pétersbourg et des autres ports de l'Europe.

On voyait dès-lors plus de deux cents vaisseaux étrangers aborder chaque année à la nouvelle ville impériale. Ce commerce s'est accru de jour en jour, et a valu plus d'une fois cinq millions (argent de France) à la couronne. C'était beaucoup plus que l'intérêt des fonds que cet établissement avait coûtés. Ce commerce diminua beaucoup celui d'Archangel: et c'est ce que voulait le fondateur, parcequ'Archangel est trop impraticable, trop éloigné de toutes les nations, et que le commerce qui se fait sous les yeux d'un souverain appliqué est toujours plus avantageux. Celui de la Livonie resta toujours sur le même pied. La Russie, en général, a trafiqué avec succès ; mille à douze cents vaisseaux sont entrés tous les ans dans ses ports, et Pierre a su joindre l'utilité à la gloire.

CHAPITRE XIII.

Des lois.

On sait que les bonnes lois sont rares, mais que leur exécution l'est encore davantage. Plus un état est vaste et composé de nations diverses, plus il est difficile de les réunir par une même jurisprudence. Le père du czar Pierre avait fait rédiger un code sous le titre d'*Oulogénie* ; il était même imprimé, mais il s'en fallait beaucoup qu'il pût suffire.

Pierre avait, dans ses voyages, amassé des matériaux pour rebâtir ce grand édifice qui croulait de toutes parts ; il tira des instructions du Danemark, de la Suède, de l'Angleterre, de l'Allemagne, de la

France, et prit de ces différentes nations ce qu'il crut qui convenait à la sienne.

Il y avait une cour de boïards qui décidait en dernier ressort des affaires contentieuses : le rang et la naissance y donnaient séance, il fallait que la science la donnât : cette cour fut cassée.

Il créa un procureur général, auquel il joignit quatre assesseurs dans chacun des gouvernements de l'empire : ils furent chargés de veiller à la conduite des juges, dont les sentences ressortirent au sénat qu'il établit : chacun de ces juges fut pourvu d'un exemplaire de l'*Oùlogénie*, avec les additions et les changements nécessaires, en attendant qu'on pût rédiger un corps complet de lois.

Il défendit à tous ces juges, sous peine de mort, de recevoir ce que nous appelons *des épices* : elles sont médiocres chez nous ; mais il serait bon qu'il n'y en eût point. Les grands frais de notre justice sont les salaires des subalternes, la multiplicité des écritures, et surtout cet usage onéreux, dans les procédures, de composer les lignes de trois mots, et d'accabler ainsi sous un tas immense de papiers les fortunes des citoyens. Le czar eut soin que les frais fussent médiocres, et la justice prompte. Les juges, les greffiers, eurent des appointements du trésor public, et n'achetèrent point leurs charges.

Ce fut principalement dans l'année 1718, pendant qu'il instruisait solennellement le procès de son fils, qu'il fit ces réglements. La plupart des lois qu'il porta furent tirées de celles de la Suède, et il ne fit point de difficulté d'admettre dans les tribunaux les prisonniers suédois instruits de la jurisprudence de leur pays, et qui, ayant appris la langue de l'empire, voulurent rester en Russie.

Les causes des particuliers ressortirent au gouverneur de la province et à ses assesseurs; ensuite on pouvait en appeler au sénat; et si quelqu'un, après avoir été condamné par le sénat, en appelait au czar même, il était déclaré digne de mort, en cas que son appel fût injuste; mais, pour tempérer la rigueur de cette loi, il créa un maître général des requêtes, qui recevait les placets de tous ceux qui avaient au sénat, ou dans les cours inférieures, des affaires sur lesquelles la loi ne s'était pas encore expliquée.

Enfin il acheva, en 1722, son nouveau code, et il défendit, sous peine de mort, à tous les juges de s'en écarter, et de substituer leur opinion particulière à la loi générale. Cette ordonnance terrible fut affichée, et l'est encore dans tous les tribunaux de l'empire.

Il créait tout. Il n'y avait pas jusqu'à la société qui ne fût son ouvrage. Il régla les rangs entre les hommes, suivant leurs emplois, depuis l'amiral et le maréchal jusqu'à l'enseigne, sans aucun égard pour la naissance, ayant toujours dans l'esprit, et voulant apprendre à sa nation, que des services étaient préférables à des aïeux. Les rangs furent aussi fixés pour les femmes; et quiconque, dans une assemblée, prenait une place qui ne lui était pas assignée, payait une amende.

Par un réglement plus utile, tout soldat qui devenait officier devenait gentilhomme, et tout boïard flétri par la justice devenait roturier.

Après la rédaction de ces lois et de ces réglements, il arriva que l'augmentation du commerce, l'accroissement des villes et des richesses, la population de l'empire, les nouvelles entreprises, la création de nouveaux emplois, amenèrent nécessairement une multitude d'affaires nouvelles et de cas imprévus, qui tous étaient la suite des succès mêmes de Pierre dans la réforme générale de ses états.

L'impératrice Élisabeth acheva le corps de lois que son père avait commencé, et ces lois se sont ressenties de la douceur de son règne.

CHAPITRE XIV.

De la religion.

Dans ce temps-là même, Pierre travaillait plus que jamais à la réforme du clergé. Il avait aboli le patriarcat, et cet acte d'autorité ne lui avait pas gagné le cœur des ecclésiastiques. Il voulait que l'administration impériale fût toute puissante, et que l'administration ecclésiastique fût respectée et obéissante. Son dessein était d'établir un conseil de religion toujours subsistant, qui dépendît du souverain, et qui ne donnât de lois à l'Église que celles qui seraient approuvées par le maître de tout l'état, dont l'Église fait partie. Il fut aidé, dans cette entreprise, par un archevêque de Novogorod, nommé Théophane Procop ou Procopvitz, c'est-à-dire fils de Procop.

Ce prélat était savant et sage; ses voyages en diverses parties de l'Europe l'avaient instruit des abus qui y règnent; le czar, qui en avait été témoin lui-même, avait dans tous ses établissements ce grand avantage, de pouvoir, sans contradiction, choisir l'utile et éviter le dangereux. Il travailla lui-même, en 1718 et 1719, avec cet archevêque. Un synode perpétuel fut établi, composé de douze membres, soit évêques, soit archimandrites, tous choisis par le souverain. Ce collége fut augmenté depuis jusqu'à quatorze.

Les motifs de cet établissement furent expliqués par le czar dans un discours préliminaire : le plus remarquable, et le plus grand de ces motifs, est: « Qu'on « n'a point à craindre, sous l'administration d'un col- « lége de prêtres, les troubles et les soulèvements qui « pourraient arriver sous le gouvernement d'un seul « chef ecclésiastique; que le peuple, toujours enclin à « la superstition, pourrait, en voyant d'un côté un « chef de l'État, et de l'autre un chef de l'Église, ima- « giner qu'il y a en effet deux puissances. » Il cite sur ce point important l'exemple des longues divisions entre l'empire et le sacerdoce qui ont ensanglanté tant de royaumes.

Il pensait et il disait publiquement que l'idée des deux puissances, fondée sur l'allégorie de deux épées qui se trouvèrent chez les apôtres, était une idée absurde.

Le czar attribua à ce tribunal le droit de régler toute la discipline ecclésiastique, l'examen des mœurs et de la capacité de ceux qui sont nommés aux évêchés par le souverain, le jugement définitif des causes religieuses dans lesquelles on appelait autrefois au patriarche, la connaissance des revenus des monastères et des distributions des aumônes.

Cette assemblée eut le titre de *très saint synode*, titre qu'avaient pris les patriarches. Ainsi le czar rétablit en effet la dignité patriarcale, partagée en quatorze membres, mais tous dépendants du souverain, et tous fesant serment de lui obéir, serment que les patriarches ne fesaient pas. Les membres de ce sacré synode assemblés avaient le même rang que les sénateurs; mais aussi ils dépendaient du prince, ainsi que le sénat.

Cette nouvelle administration, et le nouveau code ecclésiastique, ne furent en vigueur et ne reçurent une forme constante que quatre ans après, en l'année 1722. Pierre voulut d'abord que le synode lui présentât ceux qu'il jugerait les plus dignes des prélatures. L'empereur choisissait un évêque, et le synode le sacrait. Pierre présidait souvent à cette assemblée. Un jour qu'il s'agissait de présenter un évêque, le synode remarqua qu'il n'avait encore que des ignorants à présenter au czar : « Hé bien ! dit-il, il n'y a « qu'à choisir le plus honnête homme, cela vaudra « bien un savant. »

Il est à remarquer que, dans l'Église grecque, il n'y a point de ce que nous appelons *abbés séculiers*: le petit collet n'y est connu que par son ridicule; mais, par un autre abus, puisqu'il faut que tout soit abus dans le monde, les prélats sont tirés de l'ordre monastique. Les premiers moines n'étaient que des séculiers, les uns dévots, les autres fanatiques, qui se retiraient dans des déserts : ils furent rassemblés enfin par saint Basile, reçurent de lui une règle, firent des vœux, et furent comptés pour le dernier ordre de la hiérarchie, par lequel il faut commencer pour monter aux dignités. C'est ce qui remplit de moines la Grèce et l'Asie. La Russie en était inondée : ils étaient riches, puissants; et, quoique très ignorants, ils étaient, à l'avénement de Pierre, presque les seuls qui sussent écrire : ils en avaient abusé dans les premiers temps, où ils furent si étonnés et si scandalisés des innovations que fesait Pierre en tout genre. Il avait été obligé, en 1703, de défendre l'encre et les plumes aux moines : il fallait une permission expresse de l'archimandrite, qui répondait de ceux à qui il la donnait.

Pierre voulut que cette ordonnance subsistât. Il avait voulu d'abord qu'on n'entrât dans l'ordre monastique qu'à l'âge de cinquante ans; mais c'était trop tard; la vie de l'homme est trop courte, on n'avait pas le temps de former des évêques : il régla avec son synode qu'il serait permis de se faire moine à trente ans passés, mais jamais au-dessous; défense aux militaires et aux cultivateurs d'entrer jamais dans un couvent, à moins d'un ordre exprès de l'empereur ou du synode : jamais un homme marié ne peut être reçu dans un monastère, même après le divorce, à moins que sa femme ne se fasse aussi religieuse de son plein consentement, et qu'ils n'aient point d'enfants. Quiconque est au service de l'état ne peut se faire moine, à moins d'une permission expresse. Tout moine doit travailler de ses mains à quelque métier. Les religieuses ne doivent jamais sortir de leur monastère ; on leur donne la tonsure à l'âge de cinquante ans, comme aux diaconesses de la primitive Église ; et si, avant d'avoir reçu la tonsure, elles veulent se marier, non seulement elles le peuvent, mais on les y exhorte : réglement admirable dans un pays où la population est beaucoup plus nécessaire que les monastères.

Pierre voulut que ces malheureuses filles, que Dieu a fait naître pour peupler l'état, et qui, par une dévotion mal entendue, ensevelissent dans les cloîtres la race dont elles devaient être mères, fussent du moins de quelque utilité à la société qu'elles trahissent : il ordonna qu'elles fussent toutes employées à des ouvrages de la main, convenables à leur sexe. L'impératrice Catherine se chargea de faire venir des ouvrières du Brabant et de la Hollande ; elle les distribua dans les monastères, et on y fit bientôt des ouvrages dont Catherine et les dames de la cour se parèrent.

Il n'y a peut-être rien au monde de plus sage que toutes ces institutions ; mais ce qui mérite l'attention de tous les siècles, c'est le réglement que Pierre porta lui-même, et qu'il adressa au synode en 1724. Il fut aidé en cela par Théophane Procopvitz. L'ancienne institution ecclésiastique est très savamment expliquée dans cet écrit ; l'oisiveté monacale y est combattue avec force ; le travail non seulement recommandé, mais ordonné ; et la principale occupation doit être de servir les pauvres : il ordonne que les soldats invalides soient répartis dans les couvents ; qu'il y ait des religieux préposés pour avoir soin d'eux ; que les plus robustes cultivent les terres appartenantes aux couvents : il ordonne la même chose dans les monastères des filles ; les plus fortes doivent avoir soin des jardins : les autres doivent servir les femmes et les filles malades qu'on amène du voisinage dans le couvent Il entre dans les plus petits détails de ces différents services ; il destine quelques monastères de l'un et de l'autre sexe à recevoir les orphelins, et à les élever.

Il semble, en lisant cette ordonnance de Pierre-le-Grand, du 31 janvier 1724, qu'elle soit composée à-la-fois par un ministre d'état et par un père de l'Église.

Presque tous les usages de l'Église russe sont différents des nôtres. Dès qu'un homme est sous-diacre parmi nous, le mariage lui est interdit ; et c'est un sacrilége pour lui de servir à peupler sa patrie. Au contraire, sitôt qu'un homme est ordonné sous-diacre en Russie, on l'oblige de prendre une femme : il devient prêtre, archiprêtre ; mais, pour devenir évêque, il faut qu'il soit veuf et moine.

Pierre défendit à tous les curés d'employer plus d'un de leurs enfants au service de leur église, de peur qu'une famille trop nombreuse ne tyrannisât la paroisse ; et il ne leur fut permis d'employer plus d'un de leurs enfants que quand la paroisse le demandait elle-même. On voit que dans les plus petits détails de ces ordonnances ecclésiastiques, tout est dirigé au bien de l'état, et qu'on prend toutes les mesures possibles pour que les prêtres soient considérés sans être dangereux, et qu'ils ne soient ni avilis ni puissants.

Je trouve dans des Mémoires curieux, composés par un officier fort aimé de Pierre-le-Grand, qu'un jour on lisait à ce prince le chapitre du *Spectateur an-*

glais [1] qui contient un parallèle entre lui et Louis XIV; il dit, après l'avoir écouté : « Je ne crois pas mériter « la préférence qu'on me donne sur ce monarque; « mais j'ai été assez heureux pour lui être supérieur « dans un point essentiel : j'ai forcé mon clergé à l'o-« béissance et à la paix ; et Louis XIV s'est laissé sub-« juguer par le sien. »

Un prince qui passait les jours au milieu des fatigues de la guerre, et les nuits à rédiger tant de lois, à policer un si vaste empire, à conduire tant d'immenses travaux, dans l'espace de deux mille lieues, avait besoin de délassements. Les plaisirs ne pouvaient être alors ni aussi nobles ni aussi délicats qu'ils le sont devenus depuis. Il ne faut pas s'étonner si Pierre s'amusait à sa fête des cardinaux, dont nous avons déjà parlé [2], et à quelques autres divertissements de cette espèce; ils furent quelquefois aux dépens de l'Église romaine, pour laquelle il avait une aversion très pardonnable à un prince du rite grec, qui veut être le maître chez lui. Il donna aussi de pareils spectacles aux dépens des moines de sa patrie, mais des anciens moines, qu'il voulait rendre ridicules, tandis qu'il réformait les nouveaux.

Nous avons déjà vu[3] qu'avant qu'il promulguât ses lois ecclésiastiques, il avait créé pape un de ses fous, et qu'il avait célébré la fête du conclave. Ce fou, nommé Sotof, était âgé de quatre-vingt-quatre ans. Le czar imagina de lui faire épouser une veuve de son âge, et de célébrer solennellement cette noce; il

---

[1] Tome III, page 1re de la traduction française en sept volumes in-12. B. — [2] Page 296. B. — [3] Pages 296-297. B.

fit faire l'invitation par quatre bègues; des vieillards décrépits conduisaient la mariée; quatre des plus gros hommes de Russie servaient de coureurs : la musique était sur un char conduit par des ours qu'on piquait avec des pointes de fer, et qui, par leurs mugissements, formaient une basse digne des airs qu'on jouait sur le chariot. Les mariés furent bénis dans la cathédrale par un prêtre aveugle et sourd, à qui on avait mis des lunettes. La procession, le mariage, le repas des noces, le déshabillé des mariés, la cérémonie de les mettre au lit, tout fut également convenable à la bouffonnerie de ce divertissement.

Une telle fête nous paraît bien bizarre; mais l'est-elle plus que nos divertissements du carnaval? est-il plus beau de voir cinq cents personnes, portant sur le visage des masques hideux, et sur le corps des habits ridicules, sauter toute une nuit dans une salle, sans se parler?

Nos anciennes fêtes des fous, et de l'âne, et de l'abbé des cornards, dans nos églises, étaient-elles plus majestueuses? et nos comédies de la *Mère sotte* montraient-elles plus de génie?

CHAPITRE XV.

Des négociations d'Aland. De la mort de Charles XII. De la paix de Neustadt.

Ces travaux immenses du czar, ce détail de tout l'empire russe, et le malheureux procès du prince Alexis, n'étaient pas les seules affaires qui l'occupassent : il fallait se couvrir au-dehors, en réglant l'intérieur de ses états. La guerre continuait toujours avec la Suède, mais mollement, et ralentie par les espérances d'une paix prochaine.

Il est constant que, dans l'année 1717, le cardinal Albéroni, premier ministre de Philippe V, roi d'Espagne, et le baron de Görtz, devenu maître de l'esprit de Charles XII, avaient voulu changer la face de l'Europe en réunissant Pierre avec Charles, en détrônant le roi d'Angleterre George Ier, en rétablissant Stanislas en Pologne, tandis qu'Albéroni donnerait à Philippe son maître la régence de la France. Görtz s'était, comme on a vu[1], ouvert au czar même. Albéroni avait entamé une négociation avec le prince Kourakin, ambassadeur du czar à La Haye, par l'ambassadeur d'Espagne, Baretti Landi, mantouan, transplanté en Espagne ainsi que le cardinal.

C'étaient des étrangers qui voulaient tout bouleverser pour des maîtres dont ils n'étaient pas nés sujets, ou plutôt pour eux-mêmes. Charles XII donna dans tous ces projets, et le czar se contenta de les examiner. Il n'avait fait, dès l'année 1716, que de faibles efforts contre la Suède, plutôt pour la forcer à acheter la paix par la cession des provinces qu'il avait conquises, que pour achever de l'accabler.

Déjà l'activité du baron de Görtz avait obtenu du czar qu'il envoyât des plénipotentiaires dans l'île d'Aland pour traiter de cette paix. L'Écossais Bruce, grand-maître d'artillerie en Russie, et le célèbre Osterman, qui depuis fut à la tête des affaires, arrivèrent au con-

---

[1] Pages 287-88. B.

grès précisément dans le temps qu'on arrêtait le czarovitz dans Moscou. Görtz et Gyllenborg étaient déjà au congrès de la part de Charles XII, tous deux impatients d'unir ce prince avec Pierre, et de se venger du roi d'Angleterre. Ce qui était étrange, c'est qu'il y avait un congrès et point d'armistice. La flotte du czar croisait toujours sur les côtes de Suède, et fesait des prises : il prétendait, par ces hostilités, accélérer la conclusion d'une paix si nécessaire à la Suède, et qui devait être si glorieuse à son vainqueur.

Déjà, malgré les petites hostilités qui duraient encore, toutes les apparences d'une paix prochaine étaient manifestes. Les préliminaires étaient des actions de générosité qui font plus d'effet que des signatures. Le czar renvoya sans rançon le maréchal Rehnsköld, que lui-même avait fait prisonnier; et le roi de Suède rendit de même les généraux Trubletskoy et Gollovin, prisonniers en Suède depuis la journée de Narva.

Les négociations avançaient; tout allait changer dans le Nord. Görtz proposait au czar l'acquisition du Mecklenbourg. Le duc Charles, qui possédait ce duché, avait épousé une fille du czar Ivan, frère aîné de Pierre. La noblesse de son pays était soulevée contre lui. Pierre avait une armée dans le Mecklenbourg, et prenait le parti du prince, qu'il regardait comme son gendre. Le roi d'Angleterre, électeur d'Hanovre, se déclarait pour la noblesse : c'était encore une manière de mortifier le roi d'Angleterre, en assurant le Mecklenbourg à Pierre, déjà maître de la Livonie, et qui allait devenir plus puissant en Allemagne qu'aucun électeur. On donnait en équivalent au duc de Mecklenbourg le duché de Courlande et une partie de la Prusse, aux dépens de la Pologne, à laquelle on rendait le roi Stanislas. Brême et Verden devaient revenir à la Suède; mais on ne pouvait en dépouiller le roi George Ier que par la force des armes. Le projet de Görtz était donc, comme on l'a déjà dit[1], que Pierre et Charles XII, unis non seulement par la paix, mais par une alliance offensive, envoyassent en Écosse une armée. Charles XII, après avoir conquis la Norvége, devait descendre en personne dans la Grande-Bretagne, et se flattait d'y faire un nouveau roi, après en avoir fait un en Pologne. Le cardinal Albéroni promettait des subsides à Pierre et à Charles. Le roi George, en tombant, entraînait probablement dans sa chute le régent de France son allié, qui, demeurant sans support, était livré à l'Espagne triomphante et à la France soulevée.

Albéroni et Görtz se croyaient sur le point de bouleverser l'Europe d'un bout à l'autre. Une balle de coulevrine, lancée au hasard des bastions de Frédérickshall, en Norvége, confondit tous ces projets: Charles XII fut tué; la flotte d'Espagne fut battue par les Anglais; la conjuration fomentée en France, découverte et dissipée; Albéroni, chassé d'Espagne; Görtz, décapité à Stockholm; et de toute cette ligue terrible, à peine commencée, il ne resta de puissant que le czar, qui, ne s'étant compromis avec personne, donna la loi à tous ses voisins.

Toutes les mesures furent changées en Suède après

[1] Page 286. B.

la mort de Charles XII : il avait été despotique; et on n'élut sa sœur Ulrique reine qu'à condition qu'elle renoncerait au despotisme. Il avait voulu s'unir avec le czar contre l'Angleterre et ses alliés, et le nouveau gouvernement suédois s'unit à ces alliés contre le czar.

Le congrès d'Aland ne fut pas à la vérité rompu; mais la Suède, liguée avec l'Angleterre, espéra que des flottes anglaises, envoyées dans la Baltique, lui procureraient une paix plus avantageuse. Les troupes hanovriennes entrèrent dans les états du duc de Mecklenbourg [a]; mais les troupes du czar les en chassèrent.

Il entretenait aussi un corps de troupes en Pologne, qui en imposait à-la-fois aux partisans d'Auguste et à ceux de Stanislas; et à l'égard de la Suède, il tenait une flotte prête qui devait, ou faire une descente sur les côtes, ou forcer le gouvernement suédois à ne pas faire languir le congrès d'Aland. Cette flotte fut composée de douze grands vaisseaux de ligne, de plusieurs du second rang, de frégates, et de galères : le czar en était le vice-amiral, commandant toujours sous l'amiral Apraxin.

Une escadre de cette flotte se signala d'abord contre une escadre suédoise, et, après un combat opiniâtre, prit un vaisseau et deux frégates. Pierre, qui encourageait par tous les moyens possibles la marine qu'il avait créée, donna soixante mille livres de notre monnaie aux officiers de l'escadre, des médailles d'or, et surtout des marques d'honneur.

Dans ce temps-là même la flotte anglaise, sous le

[a] Février 1719.

commandement de l'amiral Norris, entra dans la mer Baltique pour favoriser les Suédois. Pierre eut assez de confiance dans sa nouvelle marine pour ne se pas laisser imposer par les Anglais; il tint hardiment la mer, et envoya demander à l'amiral anglais s'il venait simplement comme ami des Suédois, ou comme ennemi de la Russie. L'amiral répondit qu'il n'avait point encore d'ordre positif. Pierre, malgré cette réponse équivoque, ne laissa pas de tenir la mer.

Les Anglais, en effet, n'étaient venus que dans l'intention de se montrer, et d'engager le czar, par ces démonstrations, à faire aux Suédois des conditions de paix acceptables. L'amiral Norris alla à Copenhague, et les Russes firent quelques descentes en Suède dans le voisinage même de Stockholm; ils ruinèrent des forges de cuivre; ils brûlèrent près de quinze mille maisons[a], et causèrent assez de mal pour faire souhaiter aux Suédois que la paix fût incessamment conclue.

En effet, la nouvelle reine de Suède pressa le renouvellement des négociations; Osterman même fut envoyé à Stockholm : les choses restèrent dans cet état pendant toute l'année 1719.

L'année suivante, le prince de Hesse, mari de la reine de Suède, devenu roi de son chef, par la cession de sa femme, commença son règne par l'envoi d'un ministre à Pétersbourg, pour hâter cette paix tant desirée : mais, au milieu de ces négociations, la guerre durait toujours.

La flotte anglaise se joignit à la suédoise, mais sans commettre encore d'hostilités; il n'y avait point de

[a] Juillet 1719.

rupture déclarée entre la Russie et l'Angleterre; l'amiral Norris offrait la médiation de son maître, mais il l'offrait à main armée; et cela même arrêtait les négociations. Telle est la situation des côtes de la Suède et de celles des nouvelles provinces de Russie sur la mer Baltique, que l'on peut aisément insulter celles de Suède, et que les autres sont d'un abord très difficile. Il y parut bien, lorsque l'amiral Norris, ayant levé le masque, fit enfin une descente, conjointement avec les Suédois, dans une petite île de l'Estonie, nommée Narguen, appartenante au czar : ils brûlèrent une cabane[a]; mais les Russes, dans le même temps, descendirent vers Vasa, brûlèrent quarante et un villages et plus de mille maisons, et causèrent dans tout le pays un dommage inexprimable. Le prince Gallitzin prit quatre frégates suédoises à l'abordage; il semblait que l'amiral anglais ne fût venu que pour voir de ses yeux à quel point le czar avait rendu sa marine redoutable. Norris ne fit presque que se montrer à ces mêmes mers sur lesquelles on menait les quatre frégates suédoises en triomphe au port de Cronslot devant Pétersbourg. Il paraît que les Anglais en firent trop s'ils n'étaient que médiateurs, et trop peu s'ils étaient ennemis.

Enfin[b] le nouveau roi de Suède[1] demanda une suspension d'armes; et n'ayant pu réussir jusqu'alors par les menaces de l'Angleterre, il employa la médiation du duc d'Orléans, régent de France : ce prince, allié de la Russie et de la Suède, eut l'honneur de la

---

[a] Juin 1720. — [b] Novembre 1720. — [1] Frédéric : voyez ma note, tome XXIV, page 358. B.

conciliation; il envoya[a] Campredon plénipotentiaire à Pétersbourg, et de là à Stockholm. Le congrès s'assembla dans Neustadt, petite ville de Finlande; mais le czar ne voulut accorder l'armistice que quand on fut sur le point de conclure et de signer. Il avait une armée en Finlande, prête à subjuguer le reste de cette province; ses escadres menaçaient continuellement la Suède : il fallait que la paix ne se fît que suivant ses volontés. On souscrivit enfin à tout ce qu'il voulut : on lui céda à perpétuité tout ce qu'il avait conquis, depuis les frontières de la Courlande jusqu'au fond du golfe de Finlande, et par-delà encore, le long du pays de Kexholm, et cette lisière de la Finlande même qui se prolonge des environs de Kexholm au nord; ainsi il resta souverain reconnu de la Livonie, de l'Estonie, de l'Ingrie, de la Carélie, du pays de Vibourg, et des îles voisines qui lui assuraient encore la domination de la mer, comme les îles d'Oesel, de Dago, de Môné, et beaucoup d'autres. Le tout formait une étendue de trois cents lieues communes, sur des largeurs inégales, et composait un grand royaume, qui était le prix de vingt années de peines.

Cette paix de Neustadt[1] fut signée, le 10 septembre 1721, n. st., par son ministre Osterman et le général Bruce.

Pierre eut d'autant plus de joie, que, se voyant délivré de la nécessité d'entretenir de grandes armées vers la Suède, libre d'inquiétude avec l'Angleterre et avec ses voisins, il se voyait en état de se livrer tout

---

[a] Février 1721. — [1] Voyez le texte du traité, page 396. B.

entier à la réforme de son empire, déjà si bien commencée, et à faire fleurir en paix les arts et le commerce, introduits par ses soins avec tant de travaux.

Dans les premiers transports de sa joie, il écrivit à ses plénipotentiaires : «Vous avez dressé le traité « comme si nous l'avions rédigé nous-mêmes, et si « nous vous l'avions envoyé pour le faire signer aux « Suédois ; *ce glorieux événement sera toujours pré-* « *sent à notre mémoire.* »

Des fêtes de toute espèce signalèrent la satisfaction des peuples dans tout l'empire, et surtout à Pétersbourg. Les pompes triomphales que le czar avait étalées pendant la guerre n'approchaient pas des réjouissances paisibles au-devant desquelles tous les citoyens allaient avec transport : cette paix était le plus beau de ses triomphes ; et ce qui plut bien plus encore que toutes ces fêtes éclatantes, ce fut une rémission entière pour tous les coupables détenus dans les prisons, et l'abolition de tout ce qu'on devait d'impôts au trésor du czar dans toute l'étendue de l'empire jusqu'au jour de la publication de la paix. On brisa les chaînes d'une foule de malheureux ; les voleurs publics, les assassins, les criminels de lèse-majesté, furent seuls exceptés.

Ce fut alors que le sénat et le synode décernèrent à Pierre les titres de *grand,* d'*empereur,* et de *père de la patrie.* Le chancelier Golofkin porta la parole au nom de tous les ordres de l'état, dans l'église cathédrale ; les sénateurs crièrent ensuite trois fois, *Vive notre empereur et notre père!* et ces acclamations furent suivies de celles du peuple. Les ministres de

France, d'Allemagne, de Pologne, de Danemark, de Hollande, le félicitèrent le même jour, le nommèrent de ces titres qu'on venait de lui donner, et reconnurent empereur celui qu'on avait déjà désigné publiquement par ce titre, en Hollande, après la bataille de Pultava. Les noms de *père* et de *grand* étaient des noms glorieux que personne ne pouvait lui disputer en Europe; celui d'*empereur* n'était qu'un titre honorifique décerné par l'usage à l'empereur d'Allemagne, comme roi titulaire des Romains; et ces appellations demandent du temps pour être formellement usitées dans les chancelleries des cours, où l'étiquette est différente de la gloire. Bientôt après, Pierre fut reconnu empereur par toute l'Europe, excepté par la Pologne, que la discorde divisait toujours, et par le pape, dont le suffrage est devenu fort inutile, depuis que la cour romaine a perdu son crédit à mesure que les nations se sont éclairées.

CHAPITRE XVI.

Des conquêtes en Perse.

La situation de la Russie est telle, qu'elle a nécessairement des intérêts à ménager avec tous les peuples qui habitent vers le 50° degré de latitude. Quand elle fut mal gouvernée, elle fut en proie tour-à-tour aux Tartares, aux Suédois, aux Polonais; et sous un gouvernement ferme et vigoureux, elle fut redoutable à toutes les nations. Pierre avait commencé son règne par un traité avantageux avec la Chine. Il avait à-la-fois combattu les Suédois et les Turcs : il finit par conduire des armées en Perse.

La Perse commençait à tomber dans cet état déplorable où elle est encore de nos jours. Qu'on se figure la guerre de trente ans dans l'Allemagne, les temps de la fronde, les temps de la Saint-Barthélemi, de Charles VI, et du roi Jean en France, les guerres civiles d'Angleterre, la longue dévastation de la Russie entière par les Tartares, ou ces mêmes Tartares envahissant la Chine, on aura quelque idée des fléaux qui ont désolé la Perse.

Il suffit d'un prince faible et inappliqué, et d'un sujet puissant et entreprenant, pour plonger un royaume entier dans cet abîme de désastres. Le sha ou shac, ou sophi de Perse, Hussein, descendant du grand Sha-Abas, était alors sur le trône : il se livrait à la mollesse; son premier ministre commit des injustices et des cruautés que la faiblesse d'Hussein toléra : voilà la source de quarante ans de carnage.

La Perse, de même que la Turquie, a des provinces différemment gouvernées; elle a des sujets immédiats, des vassaux, des princes tributaires, des peuples même à qui la cour payait un tribut sous le nom de pension ou de subside; tels étaient, par exemple, les peuples du Daguestan, qui habitent les branches du mont Caucase, à l'occident de la mer Caspienne : ils fesaient autrefois partie de l'ancienne Albanie; car tous les peuples ont changé leurs noms et leurs limites; ces peuples s'appellent aujourd'hui les Lesguis : ce sont des montagnards plutôt sous la protection que sous la domination de la Perse; on leur payait des subsides pour défendre ces frontières.

A l'autre extrémité de l'empire, vers les Indes, était le prince de Candahar, qui commandait à la milice des Aguans. Ce prince était un vassal de la Perse, comme les hospodars de Valachie et de Moldavie sont vassaux de l'empire turc : ce vasselage n'est point héréditaire; il ressemble parfaitement aux anciens fiefs établis dans l'Europe par les espèces de Tartares qui bouleversèrent l'empire romain. La milice des Aguans, gouvernée par le prince de Candahar, était celle de ces mêmes Albanais des côtes de la mer Caspienne, voisins du Daguestan, mêlés de Circasses et de Géorgiens, pareils aux anciens Mamelucks qui subjuguèrent l'Égypte : on les appela les Aguans, par corruption. Timur, que nous nommons Tamerlan, avait mené cette milice dans l'Inde; et elle resta établie dans cette province de Candahar, qui tantôt appartint à l'Inde, tantôt à la Perse. C'est par ces Aguans et par ces Lesguis que la révolution commença.

Myr Veitz ou Mirivitz[1], intendant de la province, préposé uniquement à la levée des tributs, assassina le prince de Candahar, souleva la milice, et fut maître du Candahar jusqu'à sa mort, arrivée en 1717. Son frère lui succéda paisiblement, en payant un léger tribut à la Porte persane : mais le fils de Mirivitz, né avec la même ambition que son père, assassina son oncle, et voulut devenir un conquérant. Ce jeune homme s'appelait Myr Mahmoud; mais il ne fut connu

---

[1] Voyez *Essai sur les mœurs, etc.*, chapitre cxcIII, tome XVIII, pages 442-45. B.

en Europe que sous le nom de son père, qui avait commencé la rébellion. Mahmoud joignit à ses Aguans ce qu'il put ramasser de Guèbres, anciens Perses dispersés autrefois par le calife Omar, toujours attachés à la religion des mages, si florissante autrefois sous Cyrus, et toujours ennemis secrets des nouveaux Persans. Enfin il marcha dans le cœur de la Perse, à la tête de cent mille combattants.

Dans le même temps, les Lesguis ou Albanais, à qui le malheur des temps n'avait pas permis qu'on payât leurs subsides, descendirent en armes de leurs montagnes, de sorte que l'incendie s'alluma des deux bouts de l'empire jusqu'à la capitale.

Ces Lesguis ravagèrent tout le pays qui s'étend le long du bord occidental de la mer Caspienne jusqu'à Derbent ou la porte de fer. Dans cette contrée, qu'ils dévastèrent, est la ville de Shamachie, à quinze lieues communes de la mer : on prétend que c'est l'ancienne demeure de Cyrus, à laquelle les Grecs donnèrent le nom de Cyropolis ; car nous ne connaissons que par les Grecs la position et les noms de ce pays : et de même que les Persans n'eurent jamais de prince qu'ils appelassent Cyrus, ils eurent encore moins de ville qui s'appelât Cyropolis. C'est ainsi que les Juifs, qui se mêlèrent d'écrire quand ils furent établis dans Alexandrie, imaginèrent une ville de Scythopolis, bâtie, disaient-ils, par les Scythes auprès de la Judée ; comme si les Scythes et les anciens Juifs avaient pu donner des noms grecs à des villes.

Cette ville de Shamachie était opulente. Les Arméniens voisins de cette partie de la Perse y fesaient un commerce immense, et Pierre venait d'y établir, à ses frais, une compagnie de marchands russes qui commençait à être florissante. Les Lèsguis surprirent la ville, la saccagèrent, égorgèrent tous les Russes qui trafiquaient sous la protection de Sha-Hussein, et pillèrent leurs magasins, dont on fit monter la perte à près de quatre millions de roubles.

Pierre envoya demander satisfaction à l'empereur Hussein, qui disputait encore sa couronne, et au tyran Mahmoud, qui l'usurpait. Hussein ne put lui rendre justice, et Mahmoud ne le voulut pas. Pierre résolut de se faire justice lui-même, et de profiter des désordres de la Perse.

Myr Mahmoud poursuivait toujours en Perse le cours de ses conquêtes. Le sophi apprenant que l'empereur de Russie se préparait à entrer dans la mer Caspienne, pour venger le meurtre de ses sujets égorgés dans Shamachie, le pria secrètement, par la voie d'un Arménien, de venir en même temps au secours de la Perse.

Pierre méditait depuis long-temps le projet de dominer sur la mer Caspienne par une puissante marine, et de faire passer par ses états le commerce de la Perse et d'une partie de l'Inde. Il avait fait sonder les profondeurs de cette mer, examiner les côtes et dresser des cartes exactes. Il partit donc pour la Perse le 15 mai 1722. Son épouse l'accompagna dans ce voyage comme dans les autres. On descendit le Volga jusqu'à la ville d'Astracan. De là il courut faire rétablir les canaux qui devaient joindre la mer Caspienne, la mer Baltique, et la mer Blanche; ouvrage qui a été achevé en partie sous le règne de son petit-fils.

Pendant qu'il dirigeait ces ouvrages, son infanterie, ses munitions, étaient déjà sur la mer Caspienne. Il avait vingt-deux mille hommes d'infanterie, neuf mille dragons, quinze mille Cosaques : trois mille matelots manœuvraient, et pouvaient servir de soldats dans les descentes. La cavalerie prit le chemin de terre par des déserts où l'eau manque souvent; et quand on a passé ces déserts, il faut franchir les montagnes du Caucase, où trois cents hommes pourraient arrêter une armée : mais dans l'anarchie où était la Perse, on pouvait tout tenter.

Le czar vogua environ cent lieues au midi d'Astracan jusqu'à la petite ville d'Andréhof. On est étonné de voir le nom d'André sur le rivage de la mer d'Hyrcanie; mais quelques Géorgiens, autrefois espèces de chrétiens, avaient bâti cette ville, et les Persans l'avaient fortifiée; elle fut aisément prise. De là on s'avança toujours par terre dans le Daguestan; on répandit des manifestes en persan et en turc : il était nécessaire de ménager la Porte ottomane, qui comptait parmi ses sujets non seulement les Circasses et les Géorgiens, voisins de ce pays, mais encore quelques grands vassaux, rangés depuis peu sous la protection de la Turquie.

Entre autres il y en avait un fort puissant, nommé Mahmoud d'Utmich, qui prenait le titre de sultan, et qui osa attaquer les troupes de l'empereur russe; il fut défait entièrement, et la relation porte qu'on fit de son pays *un feu de joie*.

Bientôt Pierre arriva à Derbent[a], que les Persans et les Turcs appellent DEMIRCAPI, *la porte de fer:* elle est ainsi nommée, parcequ'en effet il y avait une porte de fer du côté du midi. C'est une ville longue et étroite, qui se joint par en haut à une branche escarpée du Caucase, et dont les murs sont baignés, à l'autre bout, par les vagues de la mer, qui s'élèvent souvent au-dessus d'eux dans les tempêtes. Ces murs pourraient passer pour une merveille de l'antiquité, hauts de quarante pieds, et larges de six, flanqués de tours carrées, à cinquante pieds l'une de l'autre; tout cet ouvrage paraît d'une seule pièce; il est bâti de grès et de coquillages broyés qui ont servi de mortier, et le tout forme une masse plus dure que le marbre : on peut y entrer par mer; mais la ville, du côté de terre, paraît inexpugnable. Il reste encore les débris d'une ancienne muraille semblable à celle de la Chine, qu'on avait bâtie dans les temps de la plus haute antiquité; elle était prolongée des bords de la mer Caspienne à ceux de la mer Noire, et c'était probablement un rempart élevé par les anciens rois de Perse contre cette foule de hordes barbares qui habitaient entre ces deux mers.

La tradition persane porte que la ville de Derbent fut en partie réparée et fortifiée par Alexandre. Arrien, Quinte-Curce, disent qu'en effet Alexandre fit relever cette ville : ils prétendent, à la vérité, que ce

---

[a] 14 septembre 1722.

fut sur les bords du Tanaïs ; mais c'est que, de leur temps, les Grecs donnaient le nom de Tanaïs au fleuve Cyrus, qui passe auprès de la ville. Il serait contradictoire qu'Alexandre eût bâti la porte Caspienne sur un fleuve dont l'embouchure est dans le Pont-Euxin.

Il y avait autrefois trois ou quatre autres portes caspiennes en différents passages, toutes vraisemblablement construites dans la même vue : car tous les peuples qui habitent l'occident, l'orient, et le septentrion de cette mer, ont toujours été des barbares redoutables au reste du monde ; et c'est de là principalement que sont partis tous ces essaims de conquérants qui ont subjugué l'Asie et l'Europe.

Qu'il me soit permis de remarquer ici combien les auteurs se sont plu, dans tous les temps, à tromper les hommes, et combien ils ont préféré une vaine éloquence à la vérité. Quinte-Curce met dans la bouche de je ne sais quels Scythes un discours admirable, plein de modération et de philosophie, comme si les Tartares de ces climats eussent été autant de sages, et comme si Alexandre n'avait pas été le général nommé par les Grecs contre le roi de Perse, seigneur d'une grande partie de la Scythie méridionale et des Indes. Les rhéteurs qui ont cru imiter Quinte-Curce se sont efforcés de nous faire regarder ces sauvages du Caucase et des déserts, affamés de rapine et de carnage, comme les hommes du monde les plus justes ; et ils ont peint Alexandre, vengeur de la Grèce et vainqueur de celui qui voulait l'asservir, comme un brigand qui courait le monde sans raison et sans justice.

On ne songe pas que ces Tartares ne furent jamais que des destructeurs, et qu'Alexandre bâtit des villes dans leur propre pays; c'est en quoi j'oserais comparer Pierre-le-Grand à Alexandre : aussi actif, aussi ami des arts utiles, plus appliqué à la législation, il voulut changer comme lui le commerce du monde, et bâtit ou répara autant de villes qu'Alexandre.

Le gouverneur de Derbent, à l'approche de l'armée russe, ne voulut point soutenir de siége, soit qu'il crût ne pouvoir se défendre, soit qu'il préférât la protection de l'empereur Pierre à celle du tyran Mahmoud; il apporta les clefs d'argent de la ville et du château : l'armée entra paisiblement dans Derbent, et alla camper sur le bord de la mer.

L'usurpateur Mahmoud, déjà maître d'une grande partie de la Perse, voulut en vain prévenir le czar, et l'empêcher d'entrer dans Derbent. Il excita les Tartares voisins; il accourut lui-même : mais Derbent était déjà rendu.

Pierre ne put alors pousser plus loin ses conquêtes. Les bâtiments qui apportaient de nouvelles provisions, des recrues, des chevaux, avaient péri vers Astracan, et la saison s'avançait; il retourna à Moscou[a], et y entra en triomphe : là, selon sa coutume, il rendit solennellement compte de son expédition au vice-czar Romanodoski, continuant jusqu'au bout cette singulière comédie qui, selon ce qui est dit dans son éloge prononcé à Paris, à l'académie des sciences, aurait dû être jouée devant tous les monarques de la terre.

[a] 5 janvier 1723.

La Perse était encore partagée entre Hussein et l'usurpateur Mahmoud. Le premier cherchait à se faire un appui de l'empereur de Russie; le second craignait en lui un vengeur, qui lui arracherait le fruit de sa rébellion. Mahmoud fit ce qu'il put pour soulever la Porte ottomane contre Pierre : il envoya une ambassade à Constantinople; les princes du Daguestan, sous la protection du grand-seigneur, dépouillés par les armes de la Russie, demandèrent vengeance. Le divan craignit pour la Géorgie, que les Turcs comptaient au nombre de leurs états.

Le grand-seigneur fut près de déclarer la guerre. La cour de Vienne et celle de Paris l'en empêchèrent. L'empereur d'Allemagne notifia que si les Turcs attaquaient la Russie, il serait obligé de la défendre. Le marquis de Bonac, ambassadeur de France à Constantinople, appuya habilement par ses représentations les menaces des Allemands; il fit sentir que c'était même l'intérêt de la Porte de ne pas souffrir qu'un rebelle usurpateur de la Perse enseignât à détrôner les souverains; que l'empereur russe n'avait fait que ce que le grand-seigneur aurait dû faire.

Pendant ces négociations délicates, le rebelle Myr Mahmoud s'était avancé aux portes de Derbent : il ravagea les pays voisins, afin que les Russes n'eussent pas de quoi subsister. La partie de l'ancienne Hyrcanie aujourd'hui Guilan, fut saccagée, et ces peuples désespérés se mirent d'eux-mêmes sous la protection des Russes, qu'ils regardèrent comme leurs libérateurs.

Ils suivaient en cela l'exemple du sophi même. Ce malheureux monarque avait envoyé un ambassadeur à Pierre-le-Grand pour implorer solennellement son secours. A peine cet ambassadeur fut-il en route, que le rebelle Myr Mahmoud se saisit d'Ispahan et de la personne de son maître.

Le fils du sophi détrôné et prisonnier, nommé Thamaseb, échappa au tyran, rassembla quelques troupes, et combattit l'usurpateur. Il ne fut pas moins ardent que son père à presser Pierre-le-Grand de le protéger, et envoya à l'ambassadeur les mêmes instructions que Sha-Hussein avait données.

Cet ambassadeur persan, nommé Ismaël-Beg, n'était pas encore arrivé, et sa négociation avait déjà réussi. Il sut, en abordant à Astracan, que le général Matufkin allait partir avec de nouvelles troupes pour renforcer l'armée du Daguestan. On n'avait point encore pris la ville de Baku ou Bachu, qui donne à la mer Caspienne le nom de mer de Bachu chez les Persans. Il donna au général russe une lettre pour les habitants, par laquelle il les exhortait, au nom de son maître, à se soumettre à l'empereur de Russie. L'ambassadeur continua sa route pour Pétersbourg, et le général Matufkin alla mettre le siége devant la ville de Bachu. L'ambassadeur persan arriva à la cour[a] en même temps que la nouvelle de la prise de la ville.

Cette ville est près de Shamachie, où les facteurs russes avaient été égorgés ; elle n'est pas si peuplée ni si opulente que Shamachie, mais elle est renommée pour le naphte qu'elle fournit à toute la Perse. Jamais traité ne fut plus tôt conclu que celui d'Ismaël-Beg[b].

---

[a] Août 1723. — [b] Septembre 1723.

L'empereur Pierre, pour venger la mort de ses sujets, et pour secourir le sophi Thamaseb contre l'usurpateur, promettait de marcher en Perse avec des armées; et le nouveau sophi lui cédait non seulement les villes de Bachu et de Derbent, mais les provinces de Guilan, de Mazanderan, et d'Asterabath.

Le Guilan est, comme nous l'avons déjà dit, l'Hyrcanie méridionale; le Mazanderan, qui la touche, est le pays des Mardes; Asterabath joint le Mazanderan; et c'étaient les trois provinces principales des anciens rois mèdes : de sorte que Pierre se voyait maître, par ses armes et par les traités, du premier royaume de Cyrus.

Il n'est pas inutile de dire que dans les articles de cette convention on régla le prix des denrées qu'on devait fournir à l'armée. Un chameau ne devait coûter que soixante francs de notre monnaie (douze roubles) : la livre de pain ne revenait pas à cinq liards, la livre de bœuf à peu près à six : ce prix était une preuve évidente de l'abondance qu'on voyait en ces pays des vrais biens, qui sont ceux de la terre, et de la disette de l'argent, qui n'est qu'un bien de convention.

Tel était le sort misérable de la Perse, que le malheureux sophi Thamaseb, errant dans son royaume, poursuivi par le rebelle Mahmoud, assassin de son père et de ses frères, était obligé de conjurer à-la-fois la Russie et la Turquie de vouloir bien prendre une partie de ses états pour lui conserver l'autre.

L'empereur Pierre, le sultan Achmet III, et le sophi

Thamaseb, convinrent donc que la Russie garderait les trois provinces dont nous venons de parler, et que la Porte ottomane aurait Casbin, Tauris, Érivan, outre ce qu'elle prenait alors sur l'usurpateur de la Perse. Ainsi ce beau royaume était à-la-fois démembré par les Russes, par les Turcs, et par les Persans mêmes.

L'empereur Pierre régna ainsi jusqu'à sa mort du fond de la mer Baltique par-delà les bornes méridionales de la mer Caspienne. La Perse continua d'être la proie des révolutions et des ravages. Les Persans, auparavant riches et polis, furent plongés dans la misère et dans la barbarie, tandis que la Russie parvint de la pauvreté et de la grossièreté à l'opulence et à la politesse. Un seul homme, parcequ'il avait un génie actif et ferme, éleva sa patrie; et un seul homme, parcequ'il était faible et indolent, fit tomber la sienne.

Nous sommes encore très mal informés du détail de toutes les calamités qui ont désolé la Perse si long-temps; on a prétendu que le malheureux Sha-Hussein fut assez lâche pour mettre lui-même sa mitre persane, ce que nous appelons la couronne, sur la tête de l'usurpateur Mahmoud. On dit que ce Mahmoud tomba ensuite en démence; ainsi un imbécile et un fou décidèrent du sort de tant de milliers d'hommes. On ajoute que Mahmoud tua de sa main, dans un accès de folie, tous les fils et les neveux de Sha-Hussein, au nombre de cent, qu'il se fit réciter l'évangile de saint Jean sur la tête pour se purifier et pour se guérir. Ces contes persans ont été débités par nos moines, et imprimés à Paris.

Ce tyran, qui avait assassiné son oncle, fut enfin assassiné à son tour par son neveu Eshreff, qui fut aussi cruel et aussi tyran que Mahmoud.

Le sha Thamaseb implora toujours l'assistance de la Russie. C'est ce même Thamaseb ou Thamas, secouru depuis et rétabli par le célèbre Kouli-Kan, et ensuite détrôné par Kouli-Kan même.

Ces révolutions et les guerres que la Russie eut ensuite à soutenir contre les Turcs dont elle fut victorieuse, l'évacuation des trois provinces de Perse, qui coûtaient à la Russie beaucoup plus qu'elles ne rendaient, ne sont pas des événements qui concernent Pierre-le-Grand ; ils n'arrivèrent que plusieurs années après sa mort : il suffit de dire qu'il finit sa carrière militaire par ajouter trois provinces à son empire du côté de la Perse, lorsqu'il venait d'en ajouter trois autres vers les frontières de la Suède.

CHAPITRE XVII.

Couronnement et sacre de l'impératrice Catherine Ire. Mort de Pierre-le-Grand.

Pierre, au retour de son expédition de Perse, se vit plus que jamais l'arbitre du Nord. Il se déclara le protecteur de la famille de ce même Charles XII dont il avait été dix-huit ans l'ennemi. Il fit venir à la cour le duc de Holstein, neveu de ce monarque ; il lui destina sa fille aînée, et se prépara dès-lors à soutenir ses droits sur le duché de Holstein-Slesvick ;

il s'y engagea même dans un traité d'alliance qu'il conclut avec la Suède [a].

Il continuait les travaux commencés dans toute l'étendue de ses états, jusqu'au fond du Kamtschatka; et pour mieux diriger ces travaux il établissait à Pétersbourg son académie des sciences [b]. Les arts florissaient de tous côtés ; les manufactures étaient encouragées, la marine augmentée, les armées bien entretenues, les lois observées : il jouissait en paix de sa gloire; il voulut la partager d'une manière nouvelle avec celle qui, en réparant le malheur de la campagne du Pruth, avait, disait-il, contribué à cette gloire même.

Ce fut à Moscou qu'il fit couronner et sacrer sa femme, Catherine [c], en présence de la duchesse de Courlande, fille de son frère aîné, et du duc de Holstein, qu'il allait faire son gendre. La déclaration qu'il publia mérite attention; on y rappelle l'usage de plusieurs rois chrétiens de faire couronner leurs épouses ; on y rappelle les exemples des empereurs Basilide, Justinien, Héraclius, et Léon-le-Philosophe. L'empereur y spécifie les services rendus à l'état par Catherine, et surtout dans la guerre contre les Turcs, lorsque son armée réduite, dit-il, à vingt-deux mille hommes, en avait plus de deux cent mille à combattre. Il n'était point dit dans cette ordonnance que l'impératrice dût régner après lui ; mais il y préparait les esprits par cette cérémonie inusitée dans ses états.

Ce qui pouvait peut-être encore faire regarder Ca-

[a] Février 1724. — [b] Février 1724. — [c] 18 mai 1724.

therine comme destinée à posséder le trône après son époux, c'est que lui-même marcha devant elle à pied le jour du couronnement, en qualité de capitaine d'une nouvelle compagnie qu'il créa, sous le nom de *chevaliers de l'impératrice*.

Quand on fut arrivé à l'église, Pierre lui posa la couronne sur la tête; elle voulut lui embrasser les genoux; il l'en empêcha; et, au sortir de la cathédrale, il fit porter le sceptre et le globe devant elle. La fête fut digne en tout d'un empereur. Pierre étalait dans les occasions d'éclat autant de magnificence qu'il mettait de simplicité dans sa vie privée.

Ayant couronné sa femme, il se résolut enfin à donner sa fille aînée, Anne Pétrowna, au duc de Holstein. Cette princesse avait beaucoup des traits de son père; elle était d'une taille majestueuse et d'une grande beauté. On la fiança au duc de Holstein [a], mais sans grand appareil. Pierre sentait déjà sa santé très altérée, et un chagrin domestique, qui peut-être aigrit encore le mal dont il mourut, rendit ces derniers temps de sa vie peu convenables à la pompe des fêtes.

Catherine avait un jeune chambellan [b], nommé Moëns de La Croix, né en Russie, d'une famille flamande : il était d'une figure distinguée; sa sœur, madame de Balc, était dame d'atour de l'impératrice : tous deux gouvernaient sa maison. On les accusa l'un et l'autre auprès de l'empereur : ils furent mis en prison, et on leur fit leur procès pour avoir reçu des présents. Il avait été défendu, dès l'an 1714, à

---

[a] 24 novembre 1724. — [b] *Mémoires du comte de Bassevitz.*

tout homme en place d'en recevoir, sous peine d'infamie et de mort ; et cette défense avait été plusieurs fois renouvelée.

Le frère et la sœur furent convaincus : tous ceux qui avaient ou acheté ou récompensé leurs services furent nommés dans la sentence, excepté le duc de Holstein et son ministre, le comte de Bassevitz : il est vraisemblable même que des présents faits par ce prince à ceux qui avaient contribué à faire réussir son mariage, ne furent pas regardés comme une chose criminelle.

Moëns fut condamné à perdre la tête, et sa sœur, favorite de l'impératrice, à recevoir onze coups de knout. Les deux fils de cette dame, l'un chambellan, et l'autre page, furent dégradés et envoyés, en qualité de simples soldats, dans l'armée de Perse.

Ces sévérités, qui révoltent nos mœurs, étaient peut-être nécessaires dans un pays où le maintien des lois semblait exiger une rigueur effrayante. L'impératrice demanda la grace de sa dame d'atour, et son mari irrité la refusa. Il cassa, dans sa colère, une glace de Venise, et dit à sa femme : « Tu vois « qu'il ne faut qu'un coup de ma main pour faire ren- « trer cette glace dans la poussière dont elle était sor- « tie. » Catherine le regarda avec une douleur attendrissante, et lui dit : « Hé bien, vous avez cassé ce « qui fesait l'ornement de votre palais, croyez-vous « qu'il en devienne plus beau ? » Ces paroles apaisèrent l'empereur ; mais toute la grace que sa femme put obtenir de lui, fut que sa dame d'atour ne recevrait que cinq coups de knout au lieu de onze.

Je ne rapporterais pas ce fait, s'il n'était attesté par un ministre témoin oculaire, qui lui-même ayant fait des présents au frère et à la sœur, fut peut-être une des principales causes de leur malheur. Ce fut cette aventure qui enhardit ceux qui jugent de tout avec malignité, à débiter que Catherine hâta les jours d'un mari qui lui inspirait plus de crainte par sa colère que de reconnaissance par ses bienfaits.

On se confirma dans ces soupçons cruels par l'empressement qu'eut Catherine de rappeler sa dame d'atour immédiatement après la mort de son époux, et de lui donner toute sa faveur. Le devoir d'un historien est de rapporter ces bruits publics qui ont éclaté dans tous les temps et dans tous les états à la mort des princes enlevés par une mort prématurée, comme si la nature ne suffisait pas à nous détruire; mais le même devoir exige qu'on fasse voir combien ces bruits étaient téméraires et injustes.

Il y a une distance immense entre le mécontentement passager que peut causer un mari sévère, et la résolution désespérée d'empoisonner un époux et un maître auquel on doit tout. Le danger d'une telle entreprise eût été aussi grand que le crime. Il y avait alors un grand parti contre Catherine en faveur du fils de l'infortuné czarovitz. Cependant ni cette faction ni aucun homme de la cour ne soupçonnèrent Catherine, et les bruits vagues qui coururent ne furent que l'opinion de quelques étrangers mal instruits, qui se livrèrent, sans aucune raison, à ce plaisir malheureux de supposer de grands crimes à ceux qu'on croit intéressés à les commettre. Cet intérêt même était fort douteux dans Catherine; il n'était pas sûr qu'elle dût succéder; elle avait été couronnée, mais seulement en qualité d'épouse du souverain, et non comme devant être souveraine après lui.

La déclaration de Pierre n'avait ordonné cet appareil que comme une cérémonie, et non comme un droit de régner : elle rappelait les exemples des empereurs romains qui avaient fait couronner leurs épouses, et aucune d'elles ne fut maîtresse de l'empire. Enfin, dans le temps même de la maladie de Pierre, plusieurs crurent que la princesse Anne Pétrowna lui succéderait conjointement avec le duc de Holstein son époux, ou que l'empereur nommerait son petit-fils pour son successeur : ainsi, bien loin que Catherine eût intérêt à la mort de l'empereur, elle avait besoin de sa conservation.

Il était constant que Pierre était attaqué depuis long-temps d'un abcès et d'une rétention d'urine qui lui causait des douleurs aiguës. Les eaux minérales d'Olonitz, et d'autres qu'il mit en usage, ne furent que d'inutiles secours : on le vit s'affaiblir sensiblement depuis le commencement de l'année 1724. Ses travaux, dont il ne se relâcha jamais, augmentèrent son mal et hâtèrent sa fin : son état parut bientôt mortel[a]; il ressentit des chaleurs brûlantes qui le jetaient dans un délire presque continuel : il voulut écrire dans un moment d'intervalle que lui laissèrent ses douleurs[b], mais sa main ne forma que des caractères inlisibles, dont on ne put déchiffrer que ces mots en russe : *Rendez tout à*....

[a] Janvier 1725. — [b] *Mémoires et manuscrits du comte de Bassevitz.*

Il cria qu'on fît venir la princesse Anne Pétrowna, à laquelle il voulait dicter; mais lorsqu'elle parut devant son lit, il avait déjà perdu la parole, et il tomba dans une agonie qui dura seize heures. L'impératrice Catherine n'avait pas quitté son chevet depuis trois nuits; il mourut enfin entre ses bras, le 28 janvier, vers les quatre heures du matin.

On porta son corps dans la grand'salle du palais, suivi de toute la famille impériale, du sénat, de toutes les personnes de la première distinction, et d'une foule de peuple: il fut exposé sur un lit de parade, et tout le monde eut la liberté de l'approcher, et de lui baiser la main jusqu'au jour de son enterrement, qui se fit le $\frac{10}{21}$ mars 1725.

On a cru, on a imprimé qu'il avait nommé son épouse Catherine héritière de l'empire par son testament; mais la vérité est qu'il n'avait point fait de testament[1], ou que du moins il n'en a jamais paru; né-

---

[1] M. A.-A. Renouard, dans son édition des *OEuvres de Voltaire*, rapporte le passage suivant, extrait des *Mémoires d'un voyageur qui se repose* (par Dutens):

« Parlant un jour avec lui (le marquis de Breille) de la mort de Pierre-« le-Grand, j'alléguai le testament de ce prince, qu'on avait produit devant « le sénat de Russie, et j'ajoutai que Voltaire en avait nié l'existence dans « son *Histoire de la Russie*. J'ai de meilleures autorités à citer, répliqua le « marquis, que Voltaire et son histoire. Lorsque j'étais ambassadeur à « Vienne, j'étais fort lié avec l'ambassadeur de Russie, lequel m'a dit plus « d'une fois qu'il était seul avec l'impératrice Catherine dans la chambre du « czar lorsqu'il mourut. Avant de déclarer sa mort, elle voulut s'assurer s'il « n'avait point fait de testament; et n'en trouvant point dans le bureau de « ce prince, ils convinrent ensemble d'en faire un, qu'elle dicta à ce même « seigneur russe qui lui était dévoué; et c'est le testament qu'on a imprimé « depuis. J'avais promis le secret à l'ambassadeur russe, ajouta le marquis, et

gligence bien étonnante dans un législateur, et qui prouve qu'il n'avait pas cru sa maladie mortelle.

On ne savait point, à l'heure de sa mort, qui remplirait son trône : il laissait Pierre, son petit-fils, né de l'infortuné Alexis ; il laissait sa fille aînée, la duchesse de Holstein. Il y avait une faction considérable en faveur du jeune Pierre. Le prince Menzikoff, lié avec l'impératrice Catherine dans tous les temps, prévint tous les partis et tous les desseins. Pierre était prêt d'expirer quand Menzikoff fit passer l'impératrice dans une salle où leurs amis étaient déjà assemblés ; on fait transporter le trésor à la forteresse, on s'assure des gardes ; le prince Menzikoff gagna l'archevêque de Novogorod ; Catherine tint avec eux et avec un secrétaire de confiance, nommé Macarof, un conseil secret où assista le ministre du duc de Holstein.

L'impératrice, au sortir de ce conseil, revint auprès de son époux mourant, qui rendit les derniers soupirs entre ses bras. Aussitôt les sénateurs, les officiers-généraux accoururent au palais ; l'impératrice les harangua ; Menzikoff répondit en leur nom ; on délibéra, pour la forme, hors de la présence de l'impératrice. L'archevêque de Plescou, Théophane, déclara que l'empereur avait dit, la veille du couronnement de Catherine, qu'il ne la couronnait que pour la faire

« je n'en parle à présent que parceque j'ai appris qu'il est mort depuis plu-
« sieurs années. »

Dutens n'avait pas oublié qu'il avait été maltraité par Voltaire : voyez tome XXXII, page 295. B.

régner après lui; toute l'assemblée signa la proclamation, et Catherine succéda à son époux le jour même de sa mort.

Pierre-le-Grand fut regretté en Russie de tous ceux qu'il avait formés, et la génération qui suivit celle des partisans des anciennes mœurs le regarda bientôt comme son père. Quand les étrangers ont vu que tous ses établissements étaient durables, ils ont eu pour lui une admiration constante, et ils ont avoué qu'il avait été inspiré plutôt par une sagesse extraordinaire que par l'envie de faire des choses étonnantes. L'Europe a reconnu qu'il avait aimé la gloire, mais qu'il l'avait mise à faire du bien, que ses défauts n'avaient jamais affaibli ses grandes qualités, qu'en lui l'homme eut ses taches, et que le monarque fut toujours grand. Il a forcé la nature en tout, dans ses sujets, dans lui-même, et sur la terre, et sur les eaux; mais il l'a forcée pour l'embellir. Les arts, qu'il a transplantés de ses mains dans des pays dont plusieurs alors étaient sauvages, ont, en fructifiant, rendu témoignage à son génie, et éternisé sa mémoire; ils paraissent aujourd'hui originaires des pays mêmes où il les a portés. Lois, police, politique, discipline militaire, marine, commerce, manufactures, sciences, beaux-arts, tout s'est perfectionné selon ses vues; et, par une singularité dont il n'est point d'exemple, ce sont quatre femmes, montées après lui successivement sur le trône, qui ont maintenu tout ce qu'il acheva, et ont perfectionné tout ce qu'il entreprit.

Le palais a eu des révolutions après sa mort; l'état n'en a éprouvé aucune. La splendeur de cet empire s'est augmentée sous Catherine Ire; il a triomphé des Turcs et des Suédois sous Anne Pétrowna; il a conquis, sous Élisabeth, la Prusse et une partie de la Poméranie; il a joui d'abord de la paix, et il a vu fleurir les arts sous Catherine II.

C'est aux historiens nationaux d'entrer dans tous les détails des fondations, des lois, des guerres, et des entreprises de Pierre-le-Grand; ils encourageront leurs compatriotes en célébrant tous ceux qui ont aidé ce monarque dans ses travaux guerriers et politiques. Il suffit à un étranger, amateur désintéressé du mérite, d'avoir essayé de montrer ce que fut le grand homme qui apprit de Charles XII à le vaincre, qui sortit deux fois de ses états pour les mieux gouverner, qui travailla de ses mains à presque tous les arts nécessaires, pour en donner l'exemple à son peuple, et qui fut le fondateur et le père de son empire.

Les souverains des états depuis long-temps policés se diront à eux-mêmes: « Si, dans les climats « glacés de l'ancienne Scythie, un homme, aidé de « son seul génie, a fait de si grandes choses, que de- « vons-nous faire dans des royaumes où les travaux « accumulés de plusieurs siècles nous ont rendu tout « facile? »

FIN DE L'HISTOIRE DE PIERRE-LE-GRAND.

PIÈCES ORIGINALES,

SELON

LES TRADUCTIONS FAITES ALORS PAR L'ORDRE
DE PIERRE Ier.

CONDAMNATION D'ALEXIS[1].

Le 24 juin 1718.

En vertu de l'ordonnance expresse émanée de sa majesté czarienne, et signée de sa propre main, le 13 juin dernier, pour le jugement du czarovitz Alexis Pétrovitz, sur ses transgressions et ses crimes contre son père et son seigneur, les soussignés ministres, sénateurs, états militaire et civil, après s'être assemblés plusieurs fois dans la chambre de la régence du sénat, à Pétersbourg; ayant ouï plus d'une fois la lecture qui a été faite des originaux et des extraits des témoignages qui ont été rendus contre lui, comme aussi des lettres d'exhortation de sa majesté czarienne au czarovitz, et des réponses qu'il y a faites, écrites de sa propre main, et des autres actes appartenants au procès, de même que des informations criminelles, et des confessions, et des déclarations du czarovitz,

---

[1] Voyez seconde partie, chapitre x, page 300. B.

tant écrites de sa propre main que faites de bouche à son seigneur et père, et devant les soussignés établis par l'autorité de sa majesté czarienne, à l'effet du présent jugement: ils ont déclaré et reconnu que, quoique selon les droits de l'empire russien il n'ait jamais appartenu à eux, étant sujets naturels de la domination souveraine de sa majesté czarienne, de prendre connaissance d'une affaire de cette nature, qui, selon son importance, dépend uniquement de la volonté absolue du souverain, dont le pouvoir ne dépend que de Dieu seul, et n'est point limité par aucune loi; se soumettant pourtant à ladite ordonnance de sa majesté czarienne leur souverain, qui leur donne cette liberté, et après de mûres réflexions, et en conscience chrétienne, sans crainte ni flatterie, et sans avoir égard à la personne, n'ayant devant les yeux que les lois divines applicables au cas présent, tant de l'ancien que du nouveau Testament, les saintes écritures de l'Évangile et des apôtres, comme aussi les canons et les règles des conciles, l'autorité des saints pères et des docteurs de l'Église; prenant aussi des lumières des considérations des archevêques et du clergé assemblés à Pétersbourg par ordre de sa majesté czarienne, lesquelles sont transcrites ci-dessus; et se conformant aux lois de toute la Russie, et en particulier aux constitutions de cet empire, aux lois militaires et aux statuts qui sont conformes aux lois de beaucoup d'autres états, surtout à celles des anciens empereurs romains et grecs, et d'autres princes chrétiens; les soussignés ayant été aux avis, sont convenus unanimement, sans contradiction, et ils ont prononcé que le czarovitz Alexis Pétrovitz est digne de mort pour ses crimes susdits, et pour ses transgressions capitales contre son souverain et son père, étant fils et sujet de sa majesté czarienne; en sorte que, quoique sa majesté czarienne ait promis au czarovitz, par la lettre qu'il lui a envoyée par M. Tolstoy, conseiller privé, et par le capitaine Romanzoff, datée de Spa, le 10 juillet 1717, de lui pardonner son évasion, s'il retournait de son bon gré et volontairement, ainsi que le czarovitz même l'a avoué avec remercîment dans sa réponse à cette lettre, écrite de Naples, le 4 octobre 1717, où il a marqué qu'il remerciait sa majesté czarienne pour le pardon qui lui était donné seulement pour son évasion volontaire ; il s'en est rendu indigne depuis par ses oppositions aux volontés de son père, et par ses autres transgressions qu'il a renouvelées et continuées, comme il est amplement déduit dans le manifeste publié par sa majesté czarienne le 3 février de la présente année, et parcequ'entre autres choses il n'est pas retourné de son bon gré.

Et quoique sa majesté czarienne, à l'arrivée du czarovitz à Moscou, avec son écrit de confession de ses crimes, et où il en demandait pardon, eût pitié de lui, comme il est naturel à un père d'en avoir de son fils, et qu'à l'audience qu'elle lui donna dans la salle du château, le même jour 3 de février, elle lui promît le pardon de toutes ses transgressions; sa majesté czarienne ne lui fit cette promesse qu'avec cette condition expresse, qu'elle exprima en présence de tout le monde, savoir : que lui czarovitz déclarerait, sans aucune restriction ni réserve, tout ce qu'il avait commis et tramé jusqu'à ce jour-là contre sa majesté czarienne, et qu'il découvrirait toutes les personnes qui lui ont donné des conseils, ses complices, et généralement tous ceux qui ont su quelque chose de ses desseins et de ses menées; mais que s'il célait quelqu'un ou quelque chose, le pardon promis serait nul et demeurerait révoqué; ce que le czarovitz reçut alors et accepta, au moins en apparence, avec des larmes de reconnaissance, et il promit par serment de déclarer tout sans réserve. En confirmation de quoi il baisa la sainte croix et les saintes écritures dans l'église cathédrale.

Sa majesté czarienne lui confirma aussi la même chose de sa propre main le lendemain, dans les articles d'interrogatoire insérés ci-dessus, qu'elle lui fit donner, ayant écrit à leur tête ce qui suit :

« Comme vous avez reçu hier votre pardon, à con-
« dition que vous déclareriez toutes les circonstances
« de votre évasion et ce qui y a du rapport; mais que
« si vous céliez quelque chose, vous seriez privé de la
« vie ; et comme vous avez déjà fait de bouche quel-
« ques déclarations, vous devez, pour une plus ample
« satisfaction, et pour votre décharge, les mettre par
« écrit selon les points marqués ci-dessous : »

Et à la conclusion, il était encore écrit de la main de sa majesté czarienne dans le septième article :

« Déclarez tout ce qui a du rapport à cette affaire,
« quand même cela ne serait point spécifié ici, et

« purgez-vous comme dans la sainte confession ; mais
« si vous cachez ou célez quelque chose qui se dé-
« couvre dans la suite, ne m'imputez rien; car il vous
« a été déclaré hier devant tout le monde qu'en ce
« cas-là le pardon que vous avez reçu serait nul et
« révoqué. »

Nonobstant cela, le czarovitz a parlé dans ses réponses et dans ses confessions sans aucune sincérité; il a célé et caché non seulement beaucoup de personnes, mais aussi des affaires capitales, et ses transgressions, et en particulier ses desseins de rébellion contre son père et son seigneur, et ses mauvaises pratiques qu'il a tramées et entretenues long-temps pour tâcher d'usurper le trône de son père, même de son vivant, par différentes mauvaises voies, et sous de méchants prétextes, fondant son espérance et les souhaits qu'il fesait de la mort de son père et son seigneur sur la déclaration dont il se flattait du petit peuple en sa faveur.

Tout cela a été découvert ensuite par les informations criminelles, après qu'il a refusé de le déclarer lui-même, comme il a paru ci-dessus.

Ainsi il est évident par toutes ces démarches du czarovitz, et par les déclarations qu'il a données par écrit et de bouche, et en dernier lieu par celle du 22 juin de la présente année, qu'il n'a point voulu que la succession à la couronne lui vînt après la mort de son père, de la manière que son père aurait voulu la lui laisser, selon l'ordre de l'équité, et par les voies et les moyens que Dieu a prescrits; mais qu'il l'a desirée, et qu'il a eu dessein d'y parvenir, même du vivant de son père et son seigneur, contre la volonté de sa majesté czarienne, et en s'opposant à tout ce que son père voulait, et non seulement par des soulèvements de rebelles qu'il espérait, mais encore par l'assistance de l'empereur, et avec une armée étrangère qu'il s'était flatté d'avoir à sa disposition, au prix même du renversement de l'état, et de l'aliénation de tout ce qu'on aurait pu lui demander de l'état pour cette assistance.

L'exposé qu'on vient de faire fait donc voir que le czarovitz, en cachant tous ces pernicieux desseins, et en célant beaucoup de personnes qui ont été d'intelligence avec lui, comme il a fait jusqu'au dernier examen, et jusqu'à ce qu'il a été pleinement convaincu de toutes ses machinations, a eu en vue de se réserver des moyens pour l'avenir, quand l'occasion se présenterait favorable de reprendre ses desseins, et de pousser à bout l'exécution de cette horrible entreprise contre son père et son seigneur, et contre tout cet empire.

Il s'est rendu par là indigne de la clémence et du pardon qui lui a été promis par son seigneur et son père; il l'a aussi avoué lui-même, tant devant sa majesté czarienne qu'en présence de tous les états ecclésiastiques et séculiers, et publiquement devant toute l'assemblée; et il a aussi déclaré verbalement et par écrit devant les juges soussignés, établis par sa majesté czarienne, que tout ce que dessus était véritable et manifeste par les effets qui en avaient paru.

Ainsi, puisque les susdites lois divines et ecclésiastiques, les civiles, et militaires, et particulièrement les deux dernières, condamnent à mort sans miséricorde, non seulement ceux dont les attentats contre leur père et seigneur ont été manifestés par des évidences, où prouvés par des écrits, mais même ceux dont les attentats n'ont été que dans l'intention de se rebeller, ou d'avoir formé de simples desseins de tuer leur souverain ou d'usurper l'empire; que penser d'un dessein de rébellion, tel qu'on n'a guère ouï parler de semblable dans le monde, joint à celui d'un horrible double parricide contre son souverain? premièrement comme son père de la patrie, et encore comme son père selon la nature (un père très clément, qui a fait élever le czarovitz depuis le berceau avec des soins plus que paternels, avec une tendresse et une bonté qui ont paru en toutes rencontres, qui a tâché de le former pour le gouvernement, et de l'instruire avec des peines incroyables, et une application infatigable dans l'art militaire, pour le rendre capable et digne de la succession d'un si grand empire); à combien plus forte raison un tel dessein a-t-il mérité une punition de mort!

C'est avec un cœur affligé et des yeux pleins de larmes que nous, comme serviteurs et sujets, prononçons cette sentence, considérant qu'il ne nous appartient point, en cette qualité, d'entrer en jugement de si grande importance, et particulièrement de prononcer une sentence contre le fils du très souverain et très clément czar notre seigneur. Cependant sa volonté étant que nous jugions, nous déclarons par la présente notre véritable opinion, et nous prononçons cette condamnation avec une conscience si pure et si chrétienne, que nous croyons pouvoir la soutenir devant le terrible, le juste, et l'impartial jugement du grand Dieu.

Soumettant au reste cette sentence que nous rendons, et cette condamnation que nous fesons, à la souveraine puissance, à la volonté, et à la clémente révision de sa majesté czarienne, notre très clément monarque.

PAIX DE NEUSTADT[1].

AU NOM DE LA TRÈS SAINTE ET INDIVISIBLE TRINITÉ. Soit notoire par les présentes, que, comme il s'est élevé il y a plusieurs années une guerre sanglante, longue, et onéreuse, entre sa majesté le feu roi Charles XII, de glorieuse mémoire, roi de Suède, des Goths, et des Vandales, etc., ses successeurs au trône de Suède, madame Ulrique, reine de Suède, des Goths et des Vandales, etc., et le royaume de Suède, d'une part; et entre sa majesté czarienne Pierre Ier, empereur de toute la Russie, etc., et l'empire de Russie, de l'autre part : les deux parties ont trouvé à propos de travailler aux moyens de mettre fin à ces trou-

[1] Voyez page 364. B.

bles, et par conséquent à l'effusion de tant de sang innocent ; et il a plu à la providence divine de disposer les esprits des deux parties à faire assembler leurs ministres plénipotentiaires, pour traiter et conclure une paix ferme, sincère, et stable, et une amitié éternelle entre les deux états, provinces, pays, vassaux, sujets, et habitants ; savoir, M. Jean Liliensted, conseiller de sa majesté le roi de Suède, de son royaume, et de sa chancellerie, et M. le baron Otto-Reinhold Stroemfeld, intendant des mines de cuivre et des fiefs des dalders, de la part de sadite majesté; et de la part de sa majesté czarienne, M. le comte Jacob-Daniel Bruce, son aide-de-camp général, président des colléges des minéraux et des manufactures, et chevalier des ordres de Saint-André et de l'aigle blanc, et M. Henri-Jean-Frédéric Osterman, conseiller privé de la chancellerie de sa majesté czarienne : lesquels ministres plénipotentiaires, s'étant assemblés à Neustadt, ont fait l'échange de leurs pouvoirs ; et après avoir imploré l'assistance divine, ils ont mis la main à cet important et très salutaire ouvrage, et ont conclu, par la grace et la bénédiction de Dieu, la paix suivante, entre la couronne de Suède et sa majesté czarienne.

Art. I*er*. Il y aura dès à présent, et jusqu'à perpétuité, une paix inviolable par terre et par mer, de même qu'une sincère union et une amitié indissoluble, entre sa majesté le roi Frédéric I*er*, roi de Suède, des Goths, et des Vandales, ses successeurs à la couronne et au royaume de Suède; ses domaines, provinces, pays, villes, vassaux, sujets, et habitants, tant dans l'empire romain que hors dudit empire, d'une part; et sa majesté czarienne Pierre Ier, empereur de toute la Russie, etc., ses successeurs au trône de Russie, et tous ses pays, villes, vassaux, sujets, et habitants, d'autre part; de sorte qu'à l'avenir les deux parties pacifiantes ne commettront ni ne permettront qu'il se commette aucune hostilité, secrètement ou publiquement, directement ou indirectement, soit par les leurs ou par les autres : elles ne donneront non plus aucun secours aux ennemis d'une des deux parties pacifiantes, sous quelque prétexte que ce soit, et ne feront avec eux aucune alliance qui soit contraire à cette paix : mais elles entretiendront toujours entre elles une amitié sincère, et tâcheront de maintenir l'honneur, l'avantage, et la sûreté mutuelle; comme aussi de détourner, autant qu'il leur sera possible, les dommages et les troubles dont l'une des deux parties pourrait être menacée par quelque autre puissance.

II. Il y a de plus, de part et d'autre, une amnistie générale des hostilités commises pendant la guerre, soit par les armes ou par d'autres voies, de sorte qu'on ne s'en ressouviendra ni s'en vengera jamais; particulièrement à l'égard de toutes les personnes d'état et des sujets, de quelque nation que ce soit, qui sont entrés au service de l'une des deux parties pendant la guerre, et qui par cette démarche se sont rendus ennemis de l'autre partie, excepté les Cosaques russiens qui ont passé au service du roi de Suède : sa majesté czarienne n'a pas voulu accorder qu'ils fussent compris dans cette amnistie générale, nonobstant toutes les instances qui ont été faites de la part du roi de Suède en leur faveur.

III. Toutes les hostilités, tant par mer que par terre, cesseront ici et dans le grand-duché de Finlande, dans quinze jours, ou plus tôt s'il est possible, après la signature de cette paix; mais dans les autres endroits dans trois semaines, ou plus tôt s'il est possible, après qu'on aura fait l'échange de part et d'autre. Pour cet effet, on publiera d'abord la conclusion de la paix : et au cas qu'après l'expiration de ce terme on vînt à commettre quelque hostilité par mer ou par terre, de l'un ou de l'autre côté, de quelque nom que ce soit, par ignorance de la paix conclue, cela ne portera aucun préjudice à la conclusion de cette paix; mais on sera obligé de restituer et les hommes et les effets pris et enlevés après ce temps-là.

IV. Sa majesté le roi de Suède cède par les présentes, tant pour soi-même que pour ses successeurs au trône et au royaume de Suède, à sa majesté czarienne et ses successeurs à l'empire de Russie, en pleine, irrévocable, et éternelle possession, les provinces qui ont été conquises et prises par les armes de sa majesté czarienne dans cette guerre, sur la couronne de Suède; savoir, la Livonie, l'Estonie, l'Ingermanie, et une partie de la Carélie, de même que le district du fief de Vibourg, spécifié ci-dessous dans l'article du réglement des limites; les villes et forteresses de Riga, Dunemunde, Pernau, Revel, Dorpt, Narva, Vibourg, Kexholm, et les autres villes, forteresses, ports, places, districts, rivages, et côtes, appartenants auxdites provinces, comme aussi les îles d'Oesel, Daghoe, Moen, et toutes les autres îles depuis la frontière de Courlande, sur les côtes de Livonie, Estonie, et Ingermanie, et du côté oriental de Revel, sur la mer qui va à Vibourg, vers le midi et l'orient ; avec tous les habitants qui se trouvent dans ces îles et dans les susdites provinces, villes, et places ; et généralement toutes leurs appartenances, dépendances, prérogatives, droits, et émoluments, sans aucune exception, ainsi que la couronne de Suède les a possédés.

Pour cet effet, sa majesté le roi de Suède renonce à jamais, de la manière la plus solennelle, tant pour soi que pour ses successeurs et pour tout le royaume de Suède, à toutes les prétentions qu'ils ont eues jusqu'ici, ou peuvent avoir sur lesdites provinces, îles, pays, et places, dont tous les habitants seront, en vertu des présentes, déchargés du serment qu'ils ont prêté à la couronne de Suède ; de sorte que sa majesté et le royaume de Suède ne pourront plus se les attribuer, dès à présent, ni les redemander à jamais, sous quelque prétexte que ce soit ; mais ils seront et resteront incorporés à perpétuité à l'empire de Russie ; et sa majesté et le royaume de Suède s'engagent par les présentes de laisser et maintenir toujours sa majesté czarienne et ses successeurs à l'empire de Russie dans la paisible possession desdites provinces, îles, pays, et places ; et l'on cherchera, et remettra à ceux qui seront autorisés de sa majesté czarienne toutes les archives et papiers qui concernent principalement ces pays, lesquels ont été enlevés et portés en Suède pendant cette guerre.

V. Sa majesté czarienne s'engage, en échange, et promet de restituer et d'évacuer à sa majesté et à la couronne de Suède, dans le terme de quatre semaines après l'échange de la ratification de ce traité de paix, ou plus tôt s'il est possible, le grand-duché de Finlande, excepté la partie qui en a été réservée ci-dessous dans le réglement des limites, laquelle appartiendra à sa majesté czarienne; de sorte que sa majesté czarienne et ses successeurs n'auront ni ne feront jamais aucune prétention sur ledit duché, sous quelque prétexte que ce soit. Outre cela, sa majesté czarienne s'engage et promet de faire payer promptement, infailliblement, et sans rabais, la somme de deux millions d'écus aux autorités du roi de Suède, pourvu qu'ils produisent et donnent les quittances valables, dans les termes fixés, et en telle sorte de monnaie dont on est convenu par un article séparé, lequel est de la même force comme s'il était inséré ici de mot à mot.

VI. Sa majesté le roi de Suède s'est aussi réservé, à l'égard du commerce, la permission pour toujours de faire acheter annuellement des grains à Riga, Revel, et Arensbourg, pour cinquante mille roubles: lesquels grains sortiront desdites places sans qu'on en paie aucun droit ou autres impôts, pour être transportés en Suède, moyennant une attestation par laquelle il paraisse qu'ils ont été achetés pour le compte de sa majesté suédoise, ou par des sujets qui sont chargés de cet achat de la part de sa majesté le roi de Suède : ce qui ne se doit pas entendre des années dans lesquelles sa majesté czarienne se trouverait obligée, par manque de récolte, ou par d'autres raisons importantes, de défendre la sortie des grains généralement pour toutes les nations.

VII. Sa majesté czarienne promet aussi, de la manière la plus solennelle, qu'elle ne se mêlera point des affaires domestiques du royaume de Suède, ni de la forme de régence qui a été réglée et établie sous serment, et unanimement par les états dudit royaume; qu'elle n'assistera personne, en aucune manière, qui que ce puisse être, ni directement ni indirectement, mais qu'elle tâchera d'empêcher et de prévenir tout ce qui y est contraire, pourvu que cela vienne à la connaissance de sa majesté czarienne; afin de donner par là des marques évidentes d'une amitié sincère et d'un véritable voisin.

VIII. Et comme on a, de part et d'autre, l'intention de faire une paix ferme, sincère, et durable, et qu'ainsi il est très nécessaire de régler tellement les limites, qu'aucune des deux parties ne se puisse donner aucun ombrage, mais que chacune possède paisiblement ce qui lui a été cédé par ce traité de paix, elles ont bien voulu déclarer que les deux empires auront, dès à présent et à jamais, les limites suivantes, qui commencent sur la côte septentrionale de Sinus Finicus, près de Vickolax, d'où elles s'étendent à une demi-lieue du rivage de la mer jusque vis-à-vis de Villayoki, et de là plus avant dans le pays; en sorte que, du côté de la mer et vis-à-vis de Rohel, il y aura une distance de trois quarts de lieue dans une ligne diamétrale jusqu'au chemin qui va de Vibourg à Lapstrand, à la distance de trois lieues de Vibourg, et qui va dans la même distance de trois lieues vers le nord, par Vibourg, dans une ligne diamétrale jusqu'aux anciennes limites qui ont été ci-devant entre la Russie et la Suède, et même avant la réduction du fief de Kexholm, sous la domination du roi de Suède. Ces anciennes limites s'étendent, du côté du nord, à huit lieues; de là elles vont, dans une ligne diamétrale, au travers du fief de Kexholm jusqu'à l'endroit où la mer de Porojeroi, qui commence près du village de Kudumagube, touche les anciennes limites qui ont été entre la Russie et la Suède; tellement que sa majesté le roi et le royaume de Suède posséderont toujours tout ce qui est situé vers l'ouest et le nord, au-delà des limites spécifiées; et sa majesté czarienne et l'empire de Russie posséderont à jamais ce qui est situé en-deçà du côté d'orient et du sud. Et comme sa majesté czarienne cède ainsi à perpétuité à sa majesté le roi et au royaume de Suède une partie du fief de Kexholm, qui appartenait ci-devant à l'empire de Russie, elle promet de la manière la plus solennelle, pour soi et ses successeurs au trône de Russie, qu'elle ne redemandera ni ne pourra redemander jamais cette partie du fief de Kexholm, sous quelque prétexte que ce soit; mais ladite partie sera et restera toujours incorporée au royaume de Suède. A l'égard des limites dans les pays des Lapmarques, elles resteront sur le même pied qu'elles étaient avant le commencement de cette guerre entre les deux empires. On est convenu, de plus, de nommer des commissaires de part et d'autre, immédiatement après la ratification du traité principal, pour régler les limites de la manière susdite.

IX. Sa majesté czarienne promet en outre de maintenir tous les habitants des provinces de Livonie, d'Estonie, et d'Oesel, nobles et roturiers, les villes, magistrats, et les corps de métiers, dans l'entière jouissance des priviléges, coutumes, et prérogatives, dont ils ont joui sous la domination du roi de Suède.

X. On n'introduira pas non plus la contrainte des consciences dans les pays qui ont été cédés ; mais on y laissera et maintiendra la religion évangélique, de même que les églises, les écoles, et ce qui en dépend, sur le même pied qu'elles étaient du temps de la dernière régence du roi de Suède, à condition que l'on y puisse aussi exercer librement la religion grecque.

XI. Quant à la réduction et liquidation qui se firent du temps de la régence précédente du roi de Suède en Livonie, Estonie, et Oesel, au grand préjudice des sujets et des habitants de ce pays-là (ce qui a porté, de même que l'équité de l'affaire même, le feu roi de Suède, de glorieuse mémoire, à donner l'assurance, par une patente qui fut publiée le 13 avril 1700, « que « si quelques uns de ses sujets pouvaient prouver loya-« lement que les biens qui ont été confisqués étaient « les leurs, on leur rendrait justice à cet égard »; et alors plusieurs sujets desdits pays furent remis dans la possession de leurs biens confisqués), sa majesté czarienne s'engage et promet de faire rendre justice à un chacun, soit qu'il demeure dans le terroir ou hors du terroir, qui a une juste prétention sur des terres en Livonie, Estonie, ou dans la province d'Oesel, et la peut vérifier dûment; de sorte qu'ils rentreront alors dans la possession de leurs biens ou terres.

XII. On restituera aussi incessamment, en conformité de l'amnistie qui a été accordée et réglée ci-dessus dans l'article second, à ceux de Livonie, d'Estonie, et de l'île d'Oesel, qui ont tenu pendant cette guerre le parti du roi de Suède, les biens, terres, et maisons, qui ont été confisqués et donnés à d'autres, tant dans les villes de ces provinces, que dans celles de Narva et Vibourg, soit qu'ils leur soient dévolus pendant la guerre par héritage ou par d'autres voies, sans aucune exception et restriction; soit que les propriétaires se trouvent à présent en Suède ou en prison, ou quelque autre part, après que chacun se sera auparavant légitimé auprès du gouvernement général, en produisant ses documents touchant son droit; mais ces propriétaires ne pourront rien prétendre des revenus qui ont été levés par d'autres pendant cette guerre et après la confiscation, ni aucun dédommagement de ce qu'ils ont souffert par la guerre ou autrement. Ceux qui rentrent de cette manière dans la possession de leurs biens ou terres seront obligés de rendre hommage à sa majesté czarienne, leur souverain d'à présent, et de se comporter au reste comme de fidèles vassaux et sujets : après qu'ils auront prêté le serment accoutumé, il leur sera permis de sortir du pays, d'aller demeurer ailleurs dans le pays de ceux qui sont alliés et amis de l'empire de Russie, et de s'engager au service des puissances neutres, ou d'y continuer, s'ils s'y sont déjà engagés, suivant qu'ils le jugeront à propos. Mais à l'égard de ceux qui ne veulent pas rendre hommage à sa majesté czarienne, on fixe et on leur accorde le terme de trois ans après la publication de la paix, pour vendre dans ce temps-là leurs biens, terres, et ce qui leur appartient, le mieux qu'ils pourront, sans en payer davantage que ce que chacun doit payer en conformité des ordonnances et statuts du pays. En cas qu'il arrivât à l'avenir qu'un héritage fût dévolu, suivant les droits du pays, à quelqu'un, et que celui-ci n'eût pas prêté le serment de fidélité à sa majesté czarienne, il sera obligé de le faire à l'entrée de son héritage, ou de vendre ces biens dans l'espace d'une année.

De la même manière, ceux qui ont avancé de l'argent sur des terres situées en Livonie, Estonie, et dans l'île d'Oesel, et qui en ont reçu des contrats légitimes, jouiront paisiblement de leurs hypothèques, jusqu'à ce qu'on leur en paie et le capital et l'intérêt; mais ces hypothécaires ne pourront rien prétendre des intérêts qui sont échus pendant la guerre, et qui ne sont pas peut-être levés; mais ceux qui, dans l'un ou l'autre cas, ont l'administration des biens susdits, seront obligés de rendre hommage à sa majesté czarienne. Tout ceci s'entend aussi de ceux qui restent sous la domination de sa majesté czarienne, lesquels auront la même liberté de disposer des biens qu'ils ont en Suède et dans les pays qui ont été cédés à la couronne de Suède, par cette paix. D'ailleurs on maintiendra aussi réciproquement les sujets des parties pacifiantes qui ont de justes prétentions dans les pays des deux puissances, soit au public ou à des personnes particulières, et on leur rendra une prompte justice, afin qu'un chacun soit ainsi mis et remis dans la possession de ce qui lui appartient de droit.

XIII. Toutes les contributions en argent cesseront dans le grand-duché de Finlande, que sa majesté czarienne restitue, suivant l'article V, à sa majesté le roi et au royaume de Suède, à compter depuis la date de la signature de ce traité; mais on y fournira pourtant gratis les vivres et les fourrages nécessaires aux troupes de sa majesté czarienne, jusqu'à ce que ledit duché soit entièrement évacué, sur le même pied que cela s'est pratiqué jusqu'ici; et l'on défendra et inhibera, sous des peines très rigoureuses, d'enlever à leur délogement aucuns ministres ni paysans de la nation finlandaise, malgré eux, ni de leur faire aucun tort. Outre cela, on laissera toutes les forteresses et châteaux de Finlande dans le même état où ils sont à présent; mais il sera permis à sa majesté czarienne de faire emporter, en évacuant ledit pays et places, tout le gros et petit canon, leurs attirails, magasins, et autres munitions de guerre que sa majesté czarienne y a fait transporter, de quelque nom que ce soit. Pour cette fin, et pour le transport du bagage de l'armée, les habitants fourniront gratis les chevaux et les chariots nécessaires jusqu'aux frontières. Même, si l'on ne pouvait pas exécuter tout cela dans le terme stipulé, et qu'on fût obligé d'en laisser une partie en arrière, elle sera bien gardée, et remise ensuite à ceux qui sont autorisés de sa majesté czarienne, dans quelque temps qu'elle le souhaite, et on fera aussi transporter ladite partie jusqu'aux frontières. En cas que les troupes de sa majesté czarienne aient trouvé et envoyé hors du pays quelques archives et papiers touchant le grand-duché de Finlande, elle en fera faire une exacte recherche, et fera rendre de bonne foi ce qui s'en trouvera à ceux qui sont autorisés de sa majesté le roi de Suède.

XIV. Tous les prisonniers, de part et d'autre, de quelque nation, condition, et état qu'ils soient, seront élargis immédiatement après la ratification de ce traité de paix, sans payer aucune rançon; mais il faut qu'un chacun ait auparavant acquitté les dettes qu'il a contractées, ou qu'il donne caution suffisante pour le paiement d'icelles. On leur fournira gratis, de part et d'autre, les chevaux et les chariots nécessaires, dans le temps fixé pour leur départ, à proportion de la distance des places où ils se trouvent actuellement, jusqu'aux frontières. Touchant les prisonniers qui ont embrassé le parti de l'un ou de l'autre, ou qui ont dessein de rester dans les états de l'une ou de l'autre partie, ils auront indifféremment cette permission-là. Ceci s'entend aussi de tous ceux qui ont été enlevés, de part et d'autre, pendant cette guerre, lesquels pourront aussi, ou rester où ils sont, ou retourner chez eux, excepté ceux qui ont, de leur propre mouvement, embrassé la religion grecque, sa majesté czarienne le voulant ainsi ; pour laquelle fin les deux parties pacifiantes feront publier et afficher des édits dans leurs états.

XV. Sa majesté le roi et la république de Pologne, comme alliés de sa majesté czarienne, sont compris expressément dans cette paix, et on leur réserve l'accès tout de même comme si le traité de paix à renouveler entre eux et la couronne de Suède eût été inséré ici de mot à mot. Pour cette fin, cesseront toutes les hostilités, de quelque nom qu'elles soient, partout et dans tous les royaumes, pays, et domaines, qui appartiennent aux deux parties pacifiantes, et qui sont situés tant dans l'empire romain que hors de l'empire romain, et il y aura une paix stable et durable entre les susdites deux couronnes. Et comme aucun ministre plénipotentiaire de la part de sa majesté et la république de Pologne n'a assisté au congrès de paix qui s'est tenu à Neustadt, et qu'ainsi on n'a pu renouveler à-la-fois la paix entre sa majesté le roi de Pologne et la couronne de Suède par un traité solennel, sa majesté le roi de Suède s'engage et promet d'envoyer au congrès de paix ses plénipotentiaires, pour entamer les conférences, dès qu'on aura concerté le lieu du congrès, afin de conclure, sous la médiation de sa majesté czarienne, une paix durable entre ces deux rois, à condition que rien n'y soit contenu qui puisse porter du préjudice à ce traité de paix perpétuelle fait avec sa majesté czarienne.

XVI. On réglera et on confirmera la liberté du commerce qu'il y aura par mer et par terre entre les deux puissances, leurs états, sujets, et habitants, dès qu'il sera possible, par le moyen d'un traité à part sur ce sujet, à l'avantage des états de part et d'autre ; mais, en attendant, il sera permis aux sujets russiens et suédois de trafiquer librement dans l'empire de Russie et dans le royaume de Suède, dès qu'on aura ratifié ce traité de paix, en payant les droits ordinaires de toutes sortes de marchandises ; de sorte que les sujets de Russie et de Suède jouiront réciproquement des mêmes priviléges et prérogatives qu'on accorde aux plus grands amis des susdits états.

XVII. La paix étant conclue, on restituera de part et d'autre aux sujets de Russie et de Suède, non seulement les magasins qu'ils avaient avant la naissance de la guerre dans certaines villes marchandes de ces deux puissances, mais on leur permettra aussi d'établir des magasins dans les villes, ports, et autres places, qui sont sous la domination de sa majesté czarienne et du roi de Suède.

XVIII. En cas que des vaisseaux de guerre ou marchands suédois viennent à échouer ou périr par tempête ou par d'autres accidents sur les côtes et rivages de Russie, les sujets de sa majesté czarienne seront obligés de leur donner toute sorte de secours et d'assistances, de sauver l'équipage et les effets, autant qu'il leur sera possible, et de rendre fidèlement ce qui a été poussé à terre, s'ils le réclament, moyennant une récompense convenable. Les sujets de sa majesté le roi de Suède en feront autant à l'égard des vaisseaux et des effets russiens qui auront le malheur d'échouer ou de périr sur les côtes de Suède. Pour laquelle fin, et pour prévenir toute insolence, vol, et pillage, qui se commettent ordinairement à l'occasion de ces fâcheux accidents, sa majesté czarienne et le roi de Suède feront émaner une très rigoureuse inhibition à cet égard, et feront punir arbitrairement les infracteurs.

XIX. Et pour prévenir aussi par mer toute occasion qui pourrait faire naître quelque mésintelligence entre les deux parties pacifiantes, autant qu'il est possible, on a conclu et résolu que si les vaisseaux de guerre suédois, un ou plusieurs, soit qu'ils soient petits ou grands, passent dorénavant une des forteresses de sa majesté czarienne, ils feront la salve de leur canon, et ils seront d'abord ressalués de celui de la forteresse russienne; *et vice versâ*, si les vaisseaux de guerre russiens, un ou plusieurs, soit qu'ils soient petits ou grands, passent dorénavant une des forteresses de sa majesté le roi de Suède, ils feront la salve de leur canon, et ils seront d'abord ressalués de celui de la forteresse suédoise. En cas que les vaisseaux suédois et russiens se rencontrent en mer, ou en quelque port ou autre endroit, ils se salueront les uns les autres de la salve ordinaire, de la même manière que cela se pratique en pareil cas entre la Suède et le Danemark.

XX. On est convenu de part et d'autre de ne plus défrayer les ministres des deux puissances, comme auparavant; leurs ministres plénipotentiaires et envoyés, sans ou avec caractère, devant s'entretenir à l'avenir eux-mêmes et toute leur suite, tant en voyage qu'à la cour, et dans la place où ils ont ordre d'aller résider; mais si l'une ou l'autre des deux parties reçoit à temps la nouvelle de la venue d'un envoyé, elles ordonneront à leurs sujets de lui donner toute l'assistance dont il aura besoin, afin qu'il puisse continuer sûrement sa route.

XXI. De la part de sa majesté le roi de Suède, on comprend aussi dans ce traité de paix sa majesté le roi de la Graude-Bretagne, à la réserve des griefs qu'il y a entre sa majesté czarienne et ledit roi, dont on traitera directement, et l'on tâchera de les terminer amiablement. Il sera permis aussi à d'autres puissances, qui seront nommées par les deux parties pacifiantes dans l'espace de trois mois, d'accéder à ce traité de paix.

XXII. En cas qu'il survienne à l'avenir quelques différents entre les états et les sujets de Suède et de Russie, cela ne dérogera pas à ce traité de paix éternelle, mais il aura et tiendra sa force et son effet; et on nommera incessamment des commissaires de part et d'autre pour examiner et vider équitablement le différent.

XXIII. On rendra aussi, dès à présent, tous ceux qui sont coupables de trahisons, meurtres, vols, et autres crimes, et qui passent de la Suède en Russie, et de la Russie en Suède, seuls ou avec femmes et enfants, en cas que la partie lésée du pays d'où ils se sont évadés les réclame, de quelque nation qu'ils soient, et dans le même état où ils étaient à leur arrivée, avec femmes et enfants, de même qu'avec tout ce qu'ils ont enlevé, volé, ou pillé.

XXIV. L'échange des ratifications de cet instrument de paix se fera à Neustadt dans l'espace de trois semaines, à compter de la signature, ou plus tôt, s'il est possible. En foi de tout ceci, on a dressé deux exemplaires de la même teneur de ce traité de paix, lesquels ont été confirmés par les ministres plénipotentiaires de part et d'autre, en vertu des pouvoirs qu'ils avaient de leurs maîtres, qui les avaient signés de leurs mains propres, et y avaient fait apposer leurs sceaux.

Fait à Neustadt, le 30 août[1] 1721, v. st., depuis la naissance de notre Sauveur.

JEAN LILIENSTED; OTTO-REINHOLD STROEMFELD; JACOB-DANIEL BRUCE; HENRI-JEAN-FRÉDÉRIC OSTERMAN.

ORDONNANCE DE L'EMPEREUR PIERRE Ier,

POUR LE COURONNEMENT DE L'IMPÉRATRICE CATHERINE[2].

Nous, Pierre Ier, empereur et autocrateur de toute la Russie, etc. Savoir fesons à tous les ecclésiastiques, officiers civils et militaires, et autres de la na-

---

[1] Correspondant au 10 septembre, nouveau style. B.
[2] Voyez seconde partie, chapitre XVII, page 380. B.

tion russienne, nos fidèles sujets : Personne n'ignore l'usage constant et perpétuel établi dans les royaumes de la chrétienté, suivant lequel les potentats font couronner leurs épouses, ainsi que cela se pratique actuellement, et l'a été diverses fois dans les temps reculés par les empereurs de la véritable croyance grecque; savoir l'empereur Basilide, qui a fait couronner son épouse Zénobie; l'empereur Justinien, son épouse Lupicine; l'empereur Héraclius, son épouse Martine; l'empereur Léon-le-Philosophe, son épouse Marie, et plusieurs autres qui ont pareillement fait mettre la couronne impériale sur la tête de leurs épouses, mais dont nous ne ferons point mention ici, à cause que cela nous mènerait trop loin.

Il est aussi connu jusqu'à quel point nous avons exposé notre propre personne, et affronté les dangers les plus éminents, en faveur de notre patrie, pendant le cours de la dernière guerre de vingt et un ans consécutifs; laquelle nous avons terminée, par le secours de Dieu, d'une manière si honorable et si avantageuse, que la Russie n'a jamais vu de pareille paix, ni acquis la gloire qu'on a remportée par cette guerre. L'impératrice Catherine, notre très chère épouse, nous a été d'un grand secours dans tous ces dangers, non seulement dans ladite guerre, mais encore dans quelques autres expéditions, où elle nous a accompagné volontairement, et nous a servi de conseil autant qu'il a été possible, nonobstant la faiblesse du sexe; particulièrement à la bataille contre les Turcs, sur la rivière du Pruth, où notre armée était réduite à vingt-deux mille hommes, et celle des Turcs composée de deux cent soixante et dix mille hommes. Ce fut dans cette circonstance désespérée qu'elle signala surtout son zèle par un courage supérieur à son sexe, ainsi que cela est connu à toute l'armée et dans tout notre empire. A ces causes, et en vertu du pouvoir que Dieu nous a donné, nous avons résolu d'honorer notre épouse de la couronne impériale, en reconnaissance de toutes ses peines; ce qui, s'il plaît à Dieu, sera accompli cet hiver à Moscou; et nous donnons avis de cette résolution à tous nos fidèles sujets, en faveur desquels notre affection impériale est inaltérable.

FIN DES PIÈCES ORIGINALES.

TABLE

DES MATIÈRES DE L'HISTOIRE DE RUSSIE.

Préface du nouvel Éditeur. Page j
Préface historique et critique de l'auteur. 1

PREMIÈRE PARTIE.

Avant-propos. 25

Chapitre I. Description de la Russie, 26. — De la Livonie, 31. — Gouvernement de Revel, de Pétersbourg, et de Vibourg, ibid.—Archangel, 33. — Laponie russe. Gouvernement d'Archangel, 34. — Moscou, 37. — Smolensko, 40. — Gouvernements de Novogorod et de Kiovie ou Ukraine, 41. — Gouvernements de Belgorod, de Véronise, et de Nischgorod, 43.—Astracan, 44.—Oremhourg, 45.—Gouvernements de Casan et de la grande Permie, 46. — Gouvernements de la Sibérie, des Samoïèdes, des Ostiaks, du Kamtschatka, 47.

Chap. II. Suite de la description de la Russie. Population, finances, armées, usages, religion. État de la Russie avant Pierre-le-Grand, 60. — Titre du czar, 68.—Religion, 69.—Suite de l'état où était la Russie avant Pierre le-Grand, 76.

Chap. III. Des ancêtres de Pierre-le-Grand, 78.—Alexis Michaëlovitz, fils de Michel, 82. — Fœdor Alexiovitz, 85.

Chap. IV. Ivan et Pierre. Horrible sédition de la milice des strélitz, 87.

Chap. V. Gouvernement de la princesse Sophie. Querelle singulière de religion. Conspiration, 92.

Chap. VI. Règne de Pierre Ier. Commencement de la grande réforme, 100.

Chap. VII. Congrès et traité avec les Chinois, 108.

Chap. VIII. Expédition vers les Palus-Méotides. Conquête d'Azof. Le czar envoie des jeunes gens s'instruire dans les pays étrangers, 112.

Chap. IX. Voyages de Pierre-le-Grand, 119.

Chap. X. Conjuration punie. Milice des strélitz abolie. Changements dans les usages, dans les mœurs, dans l'état, et dans l'Église, 132.

Chap. XI. Guerre contre la Suède. Bataille de Narva, 143.

Chap. XII. Ressources après la bataille de Narva, ce désastre entièrement réparé. Conquête de Pierre auprès de Narva même. Ses travaux dans son empire. La personne qui fut depuis impératrice, prise dans le sac d'une ville. Succès de Pierre; son triomphe à Moscou, 150.

Chap. XIII. Réforme à Moscou. Nouveaux succès. Fondation de Pétersbourg. Pierre prend Narva, etc., 159.

Chap. XIV. Toute l'Ingrie demeure à Pierre-le-Grand, tandis que Charles XII triomphe ailleurs. Élévation de Menzikoff. Pétersbourg en sûreté. Desseins toujours exécutés malgré les victoires de Charles, 168.

Chap. XV. Tandis que Pierre se soutient dans ses conquêtes et police ses états, son ennemi Charles XII gagne des batailles, domine dans la Pologne et dans la Saxe. Auguste, malgré une victoire des Russes, reçoit la loi de Charles XII. Il renonce à la couronne; il livre Patkul, ambassadeur du czar; meurtre de Patkul condamné à la roue, 173.

Chap. XVI. On veut faire un troisième roi en Pologne. Charles XII part de Saxe avec une armée florissante; traverse la Pologne en vainqueur. Cruautés exercées. Conduite du czar. Succès de Charles, qui s'avance enfin vers la Russie, 179.

Chap. XVII. Charles XII passe le Borysthène, s'enfonce en Ukraine, prend mal ses mesures. Une de ses armées est défaite par Pierre-le-Grand : ses munitions sont perdues. Il s'avance dans des déserts. Aventures en Ukraine, 185.

Chap. XVIII. Bataille de Pultava, 196.

Chap. XIX. Suite de la victoire de Pultava. Charles XII réfugié chez les Turcs. Auguste, détrôné par lui, rentre dans ses états. Conquêtes de Pierre-le-Grand, 203.

SECONDE PARTIE.

Chap. I. Campagne du Pruth, 214.

Chap. II. Suite de l'affaire du Pruth, 238.

Chap. III. Mariage du czarovitz, et déclaration solennelle du mariage de Pierre avec Catherine, qui reconnaît son frère, 243.

Chap. IV. Prise de Stetin. Descente en Finlande. Événements de 1712, 252.

Chap. V. Succès de Pierre-le-Grand. Retour de Charles XII dans ses états, 269.

Chap. VI. État de l'Europe au retour de Charles XII. Siége de Stralsund, etc., 275.

Chap. VII. Prise de Vismar. Nouveaux voyages du czar, 280.

Chap. VIII. Suite des voyages de Pierre-le-Grand. Conspiration de Görtz. Réception de Pierre en France, 285.

Chap. IX. Retour du czar dans ses états. Sa politique, ses occupations, 295.

Chap. X. Condamnation du prince Alexis Pétrovitz, 300.

Chap. XI. Travaux et établissements vers l'an 1718 et suiv., 335.

Chap. XII. Du commerce, 341.— Du commerce avec la Chine, 343.— Du commerce de Pétersbourg et des autres ports de l'empire, 346.

Chap. XIII. Des lois, 347.

Chap. XIV. De la religion, 350.

Chap. XV. Des négociations d'Aland. De la mort de Charles XII. De la paix de Neustadt, 357.

Chap. XVI. Des conquêtes en Perse, 366.

Chap. XVII. Couronnement et sacre de l'impératrice Catherine Ire. Mort de Pierre-le-Grand, 379.

Pièces originales, selon les traductions faites alors par l'ordre de Pierre Ier, 388.

    Condamnation d'Alexis, ibid.

    Paix de Neustadt, 397.

    Ordonnance de l'empereur Pierre Ier, pour le couronnement de l'impératrice Catherine, 411.

FIN DE LA TABLE.

www.ingramcontent.com/pod-product-compliance
Lightning Source LLC
Chambersburg PA
CBHW070922230426
43666CB00011B/2277